DIREITO E ECONOMIA EM DOIS MUNDOS

Doutrina jurídica
e pesquisa empírica

DIREITO E ECONOMIA EM DOIS MUNDOS

Doutrina jurídica e pesquisa empírica

ANA KATARINA CAMPELO
BRUNO MEYERHOF SALAMA
CRISTIANO CARVALHO
EUGÊNIO BATTESINI
EVERTON NUNES DA SILVA
GIACOMO BALBINOTTO NETO
GUSTAVO SAMPAIO A. RIBEIRO
LEANDRO MARTINS ZANITELLI
LUCIANA YEUNG
MARCELO GUERRA MARTINS
MARCIA CARLA PEREIRA RIBEIRO
MARIA TEREZA LEOPARDI MELLO
MARIANA PARGENDLER
PAULO EDUARDO ALVES DA SILVA
PAULO FURQUIM DE AZEVEDO

Texto central
THOMAS S. ULEN

Prefácio
CELSO FERNANDES CAMPILONGO

Apresentação
NUNO GAROUPA

Organizadores
ANTÔNIO MARISTRELLO PORTO
PATRÍCIA SAMPAIO

CENTRO DE PESQUISA EM DIREITO E ECONOMIA

Copyright © Antônio Maristrello Porto; Patrícia Sampaio

Direitos desta edição reservados à
EDITORA FGV
Rua Jornalista Orlando Dantas, 37
22231-010 | Rio de Janeiro, RJ | Brasil
Tels.: 0800-021-7777 | 21-3799-4427
Fax: 21-3799-4430
editora@fgv.br | pedidoseditora@fgv.br
www.fgv.br/editora

Impresso no Brasil | *Printed in Brazil*

Todos os direitos reservados. A reprodução não autorizada desta publicação, no todo ou em parte, constitui violação do copyright (Lei nº 9.610/98).

Os conceitos emitidos neste livro são de inteira responsabilidade dos autores.

1ª edição — 2014

PREPARAÇÃO DE ORIGINAIS: Sandra Frank
DIAGRAMAÇÃO: Estúdio 513
REVISÃO: Aleidis de Beltran | Fernanda Mello
PROJETO GRÁFICO DE CAPA: 2abad | inspirado no painel de azulejos do Centro de Formação e Aperfeiçoamento da Câmara dos Deputados (Cefor), Brasília (DF), criado por Athos Bulcão em 2003

Ficha catalográfica elaborada pela
Biblioteca Mario Henrique Simonsen

Direito e economia em dois mundos : doutrina jurídica e pesquisa empírica / Organizadores: Antônio Maristrello Porto; Patrícia Sampaio. — Rio de Janeiro : Editora FGV, 2014.

320 p. — (Série CPDE)
Inclui bibliografia.
ISBN: 978-85-225-1351-2

1. Direito e economia. I. Porto, Antônio Maristrello. II. Sampaio, Patrícia. III. Fundação Getulio Vargas. IV. Série.

CDD — 340.11

Sumário

Prefácio   7
CELSO FERNANDES CAMPILONGO

Apresentação   19
NUNO GAROUPA

Introdução   23
ANTÔNIO MARISTRELLO PORTO | PATRÍCIA SAMPAIO

PARTE I. Texto central
1. Um Prêmio Nobel para a Ciência Jurídica: teoria,   29
trabalho empírico e o método científico no estudo do direito
THOMAS S. ULEN

PARTE II. O debate sobre direito e método científico
2. Onde estão as fronteiras entre direito e economia?   93
Comentários a Thomas Ulen: "A Nobel Prize in Legal Science"
PAULO FURQUIM DE AZEVEDO

3. Para além do "empreendedorismo intelectual": fatores   105
de demanda na cientificização da produção jurídica
MARIANA PARGENDLER | BRUNO MEYERHOF SALAMA

4. É possível uma "ciência" do direito? Situação   121
e perspectivas para a dogmática jurídica brasileira
CRISTIANO CARVALHO

5. O direito, a pesquisa empírica e a economia 145

MARIA TEREZA LEOPARDI MELLO

6. Primeiros passos para o Prêmio Nobel em Direito 157

MARCIA CARLA PEREIRA RIBEIRO

7. Direito, economia e empirismo 175

LUCIANA YEUNG

8. Um Nobel em Direito? Reflexões sobre o caráter 193
científico e a pesquisa em direito a partir das
provocações de Thomas Ulen

PAULO EDUARDO ALVES DA SILVA

PARTE III. Direito e método

9. O direito comporta testes empíricos? 213

MARCELO GUERRA MARTINS

10. Projetos de reconstrução e pluralismo metodológico 245

GUSTAVO SAMPAIO A. RIBEIRO

11. Breves considerações sobre a contribuição da 251
comparação para o desenvolvimento da ciência jurídica

EUGÊNIO BATTESINI

PARTE IV. Aplicação do método empírico
ao estudo do direito

12. Regulação responsiva e efeito solapador das sanções 265

LEANDRO MARTINS ZANITELLI

13. Impacto da lei de consentimento presumido 291
na taxa de doação de órgãos de doadores cadáveres

EVERTON NUNES DA SILVA | ANA KATARINA CAMPELO | GIACOMO BALBINOTTO NETO

Autores 313

Prefácio

CELSO FERNANDES CAMPILONGO*

Prognósticos são arriscados. Tão arriscados quanto as tentativas de não correr riscos. Retribuo a deferência de prefaciar este livro com um prognóstico: Antônio Maristrello Porto e Patrícia Sampaio organizaram uma obra que nasce como marco no meio jurídico nacional. Combinam duas coisas importantes: *análise econômica do direito* e *pesquisas empíricas*. Corro o risco dos prognósticos: digo que o tiro é certeiro. Os dois campos são promissores. O exercício de futurologia, neste caso, possui bons motivos. Tratarei de apresentá-los.

A *análise econômica do direito* (AED) começa a ganhar espaços e reconhecimento cada vez maiores entre nós. Antes sucessivamente rotulada, ideologicamente, como conservadora, reacionária e neoliberal, se revelou, aos poucos, ferramenta indispensável em diversos campos da experiência jurídica. As mudanças no padrão estatal de regulação econômica, o surgimento das agências reguladoras e de seu direito, a afirmação do sistema brasileiro de defesa da concorrência, a retomada do crescimento econômico, a incorporação de milhões de brasileiros ao mercado consumidor, a estabilidade da moeda, das

---

* Professor titular do Departamento de Filosofia e Teoria Geral do Direito da Universidade de São Paulo (USP). Professor da Faculdade de Direito da Pontifícia Universidade Católica de São Paulo (PUC-SP).

instituições e da democracia, os investimentos em infraestrutura e inovação tecnológica, os esforços de inserção internacional das empresas brasileiras e a globalização são fatores que impuseram rápidas transformações na metodologia jurídica.

Entre os vários enfoques adotados para a compreensão das mudanças, até mesmo em razão dos desafios criados pelo novo quadro econômico e pelas políticas de desenvolvimento, os valiosos instrumentos das várias escolas de *law and economics* apresentaram-se entre os mais profícuos. O elenco de autores reunidos neste livro, não apenas pela qualidade dos trabalhos aqui publicados, mas pela ampla produção que exibem em seus currículos, é exemplo disso. Ainda na linha da *AED*, vários outros autores poderiam ser citados. A lista da literatura nacional já é extensa. Apenas uma pequena amostra dessa gama de trabalhos poderá ser aqui arrolada.

Vejo *análise econômica do direito* como instrumento de acesso e comunicação do jurista com a complexidade econômica. Seu aparato conceitual, recepcionado com indispensável cautela crítica, aproxima juristas formados em sistemas jurídicos diversos e pode representar compromisso entre as amplas categorias das ciências sociais e os modelos de tipificação específicos do direito. *Estudos empíricos econômico-jurídicos* podem "baixar a guarda" dos juristas tradicionais e apresentar, com argumentos menos ideológicos e mais racionais, ferramentas que expandam e combinem eficiência e justiça, constante aspiração do direito.

Entretanto, vale lembrar que, muito antes de a *análise econômica do direito* existir, diversas e destacadas teorias procuraram explicar as relações entre direito e economia. Convém relembrar parte desses estudos. Compreender as fronteiras, relações e pontos de contato entre as duas disciplinas e os dois sistemas não é tarefa simples. Autores que buscaram esse objetivo, mesmo antes do florescimento da *análise econômica do direito*, em meados do século XX, sempre fizeram esse registro. Um bom ponto de partida, em termos modernos, é Adam Smith (1723-1790). Suas considerações sobre a filosofia do direito e a economia são vistas, até hoje, como premonitórias das atuais e especializadíssimas subdisciplinas que unem direito e economia.

Entre os mais significativos e precursores esforços pode-se arrolar, na sequência das contribuições de Smith, já no século XIX, além das indicações deixadas por Marx (1818-1883), os trabalhos de F. Rivet (*Des rapports du droit et de la législation avec l'économie politique*. Paris: Guillaumin, 1864) e Marco Minghetti (*Della economia pubblica e delle sue attinenze colla morale e col diritto*. Firenze: Le Monnier, 1858 — com segunda edição em 1868), clássicos antes de dificílimo acesso e hoje disponíveis na internet. Dignos de especial menção, ainda, os trabalhos de Rudolf von Jhering (*Jurisprudência en broma y en serio*, especialmente o capítulo "Pobres y ricos en el antiguo proceso civil romano", original de 1884; *A finalidade do direito*, em especial o segundo volume, 1877--1883), Anton Menger (*El derecho civil y los pobres*, 1890) e Rudolf von Stammler (*Economia y derecho*, 1896).

Na Europa, a passagem da "jurisprudência dos conceitos" para a "jurisprudência dos interesses" abriu caminhos e pontes para a aproximação entre direito e economia, como acertadamente destacou Max Rümelin ("Developments in legal theory and teaching during my life-time", 1930, na importante coletânea sobre a "jurisprudência dos interesses" organizada por Magdalena Schoch, com introdução de Lon L. Fuller e trabalhos dos mais relevantes autores dessa escola, como Heck, Oertmann, Stoll, Binder e Isay: *The jurisprudence of interests*, Cambridge, MA: Harvard University Press, 1948). Rümelin dizia: "a jurisprudência dos interesses provocou forte aproximação entre economia e direito, assim como os estudos históricos e a jurisprudência sociológica, e tudo isso conduz o jurista à pesquisa factual". Com imperdoável atraso entre nós, o presente livro é testemunho do quanto isso continua importante.

Nas primeiras décadas do século XX — além da contribuição fundamental de Weber — o destaque recai em Benedetto Croce (*Riduzione della filosofia del diritto alla filosofia dell'economia*, 1907, reeditada em versão ampliada na última parte da sua *Filosofia della pratica*, 1909), Karl Renner (*Os institutos de direito privado e suas funções sociais*, 1904), Pasukanis (*Teoria geral do direito e marxismo*, 1924), John R. Commons (*The legal foundations of capitalism*, 1923) e na ampla literatura jurídico-econômica norte-americana construída após o Sherman Act, de 1890 (ver, por todos, Hans B. Thorelli, *The federal antitrust policy: ori-*

gination of an American tradition, 1954, e Martin J. Sklar, *The corporative reconstruction of American capitalism, 1890-1916: the market, the law, and politics*, 1988). Todos procuram destacar ou incorporar à análise jurídica os elementos de fato e a realidade, muitas vezes cruel, que as transformações econômicas e os mercados impõem à aplicação do direito.

O breve panorama estaria incompleto se não incluísse juristas que, no entreguerras, notadamente após a crise de 1929, estudaram o tema, levantaram objeções ao liberalismo jurídico do período precedente e defenderam o dirigismo estatal, bem como seus opositores, defensores de uma "ordenação natural" dos mercados. As correntes vão do modelo radical de economia totalmente planificada ao extremo oposto, é dizer, ao puro liberalismo, com a posição intermediária da *mixed economy*. Vale destacar, desse período, o movimento conhecido como "ordoliberalismo" e, de modo particular, a obra de Franz Böhm (*Wettbewerb und monopolkampf*, 1933), e seus desdobramentos, depois da II Guerra, na chamada "economia social de mercado". Na Itália, entre outros, registrem-se os trabalhos de filósofos do direito como Del Vecchio (*Diritto ed economia*, 1935), Cesarini-Sforza (*Principi economico-giuridici del corporativismo*, 1938) e Capograssi (*Pensieri vari su economia e diritto*, 1940) ou de professores de direito comercial, como Lorenzo Mossa, que remetem à tradição de comercialistas do século XIX — basta pensar em Goldschmidt (orientador de Weber) e Vivante, que redescreveram a disciplina em torno do conceito de empresa com sensibilidade histórica, social e, especialmente, econômica. Isso sem mencionar a grande quantidade de juristas inspirados nos trabalhos de Keynes.

Nos Estados Unidos, desde os anos 1930, ao lado dos primeiros e seminais ensaios de Ronald Coase e de outros personagens da "escola de Chicago", de um lado, e dos adeptos do New Deal, de outro, floresceram estudos e correntes doutrinárias, como o realismo jurídico, não apenas abertos à interdisciplinaridade, mas particularmente sensíveis às relações entre direito e economia. As contribuições de Oliver Wendell Holmes e de Jerome Frank, por exemplo, são significativas para o entendimento da construção das pontes entre direito e economia. Ilustrativos dessas preocupações são o trabalho de Henry Carter Adams (*Two essays. Relation of the State to industrial action & Economics and jurisprudence*, 1954) e o excelente panorama de contextualização das origens históricas dessas relações entre direito e economia naquele país, nos trabalhos de James Willard Hurst (*Law and the conditions of freedom in the nineteenth-century United States*, 1956; *Law and economic growth: the legal history of the Lumber industry in Wisconsin 1836-1915*, de 1964; *Law and markets in United States*, 1982).

Na Itália, ao lado dos essenciais e clássicos trabalhos de Tullio Ascarelli — durante a II Grande Guerra professor na Faculdade de Direito da USP e inspirador de juristas brasileiros vocacionados para destacar as íntimas relações entre direito e economia —, chamam a atenção os estudos de Vincenzo Palazzolo (*Contributo allo studio dei rapporti fra economia e diritto*, 1960) e os escritos de Luigi Mengoni (*Forma giuridica e materia economica*, 1963). Importantes para a análise das relações entre direito e economia, partindo de diferentes perspectivas, são os trabalhos da chamada "escola austríaca": Von Mises, Hayek, Bruno Leoni e, de certo modo, Mestmäcker (confira-se, desse autor, *A legal theory without law. Posner v. Hayek on economic analysis of law*, 2007). Não menos relevantes e inspiradores os estudos de Schumpeter e Karl Polanyi ou os trabalhos na linhagem da *rational choice* (Buchanan, Tullock), da *bounded rationality* (Simon), do *behavioral law and economics* (Sunstein) e da teoria dos jogos. Da perspectiva marxista, sublinhe-se a obra de Norbert Reich, *Derecho y mercado*, 1985. Tudo paralelamente à *análise econômica do direito*, quando não absorvido ou em conflito com ela.

Como se vê dessa rápida e assumidamente lacunosa apresentação, a relação entre direito e economia foi objeto de inúmeros escritos nos últimos 200 anos. Panorama bastante detalhado pode ser encontrado em Carlos Otero Diaz (*La influencia de la economia en el derecho*, 1966), Natalino Irti, organizador (*Diritto ed economia: problemi e orientamenti teorici*, 1999), Valerio Pocar e Nicola Velicogna, organizadores (*Ragioni del diritto e ragioni dell'economia*, 1990), *Droit et économie*, volume clássico dos Archives de Philosophie du Droit, t. 37, 1992, e *Philosophie du droit et droit économique*, obra coletiva de 1999, com edição portuguesa de 2001. Importante sublinhar como o tema "direito e economia", em suas várias abordagens, é recorrente na história, filosofia, teoria e sociologia do direito.

Na literatura brasileira vale consultar os levantamentos bibliográficos feitos por Egon Bockmann Moreira ("Anotações sobre a história do direito econômico brasileiro", partes I e II. *Revista de Direito Público da Economia*, n. 6, 2004; n. 11, 2005), Eugênio Battesini e Giácomo Balbinotto (*A história do pensamento em direito e economia revisitada: conexões com o estudo da responsabilidade civil no Brasil*, 2010) e, especialmente, o trabalho de Fernando Herren Aguillar, *Direito econômico*, 3. ed., 2012. Quem examina esse material nota, com facilidade, que o debate sobre direito e economia é muito anterior à *law and economics* e de forma alguma se limita a ela. Além dos trabalhos mais clássicos e numerosos sobre direito econômico (José Ferreira de Souza, Alberto Muniz da Rocha Barros, Eros Grau, Fábio Comparato, Modesto Carvalhosa, Geraldo de Camargo Vidigal, Fabio Nusdeo, Affonso Insuela Pereira, Washington Peluso Albino de Souza, Nabantino Ramos, Orlando Gomes, João Bosco Leopoldino da Fonseca, Isabel Vaz, Alberto Venâncio, Werter Faria, Pedro Dutra, Ney Prado, Letácio Jansen, entre tantos outros), dos estudos na área do direito comercial (Waldemar Ferreira, Alfredo Lamy, José Luiz Bulhões Pedreira, Fábio Coelho, Ana Frazão, Roberto Pfeifer, Rodrigo Mendes, Francisco Satiro, entre muitos outros) e das investigações mais recentes também sobre "direito e desenvolvimento", antitruste e regulação (Calixto Salomão, Paula Forgioni, Gilberto Bercovici, Diogo Coutinho, Vicente Bagnoli, Amanda Flávio de Oliveira, Emerson Fabiani, Jean-Paul Veiga da Rocha, Marcelo Huck, Alessandro Octaviani, Luis Fernando Massonetto, José Maria Arruda de Andrade, Tadeu De Chiara, Fernando Facury Scaff, Marcus Faro de Castro, Alexandre Faraco, Wagner Balera, Ricardo Sayeg, Nelson Nazar, Ivo Waisberg, Paulo Brancher, entre outros involuntariamente não citados), muito do que tem sido investigado sobre direito e economia escapou ou foge, por completo, da *law and economics*.

Então, por acaso, na atualidade, o enfoque teria sido canalizado e reduzido à *análise econômica do direito*? Claro que não. Por mais influente e decisiva que seja essa contribuição — e, indiscutivelmente, ela o é —, outros caminhos, não tão em voga, podem ser destacados. Chamo a atenção para três, que também não são os únicos, mencionando autores de maior destaque em cada linha:

(i) a análise de inspiração *neoinstitucionalista*, com Douglas North à frente;

(ii) o enfoque *sistêmico-funcionalista*: encabeçado por Niklas Luhmann (*El derecho de la sociedad*, original de 1993, edição em espanhol de 2002; *Die Wirtschaft der Gesellschaft*, 1988; *The economy as social system*, original de 1971, integra a edição em inglês *The differentiation of society*, 1982; e *Economia e diritto: problemi di collegamento strutturale, in l'informazione nell'economia e nel diritto*, Milão, Cariplo, n. 6, série Relazione, 1989) e Gunther Teubner (*O direito como sistema autopoiético*, 1989; *Direito e policontexturalidade*, 2004), entre os juristas; Dirk Baeker, Michael Hutter e Alex Viskovatoff, entre os economistas; e Elena Esposito, entre os sociólogos;

(iii) a orientação *político-jurídica* de Natalino Irti (ver, especialmente, *L'ordine giuridico del mercato*, 1998).

Nada disso subtrai méritos da *análise econômica do direito*. Ela renovou métodos e ferramentas da análise jurídica; aportou aos estudos jurídicos contribuições que, nos últimos 50 anos, deram dianteira operacional à teoria econômica, se comparada às teorias do direito e da política; forjou, por fim, corpo de produção científica invejável. O que os ensaios reunidos neste livro procuram fazer é justamente destacar esse impulso e mostrar como as *pesquisas empíricas* poderão, agora, representar novo salto, tendente a consolidar e comprovar muitos dos seus postulados mais controvertidos.

A mais importante corrente da *AED* provém de Chicago. A partir da publicação, em 1973, do manual *Economic analysis of law*, de R. Posner, que incorporava as principais teses da "escola de Chicago", a identificação e o alinhamento entre esses dois campos passaram a ser automáticos: construir uma "teoria positiva", em termos econômicos, do sistema jurídico, com suporte no paradigma do mercado e da eficiência econômica era o objetivo que unia *AED* e Chicago.

Mas essa não foi a única versão da *AED*. A tendência liberal-reformista, muito mais intervencionista e encabeçada por Guido Calabresi, afirmou-se ao mesmo tempo. Ambos enfrentaram o desafio de oferecer uma teoria racionalizadora da decisão judicial. Esses enfoques, voltados ao desenvolvimento de ferramentas e metodologias para analisar e resolver problemas do sistema jurídico, já presentes na "jurisprudência dos interesses" e no "realismo jurídico", desembocaram na aplicação de pesquisas empíricas e no resgate de métodos das ciências sociais. Confiram-se os ilustrativos apanhados dessa discussão, voltados ao jurista da *civil law*, feitos por Pedro Mercado Pacheco (*El analisis económico del derecho*, 1994) e Andrés Roemer (*Introducción al analisis económico del derecho*, 1994). Do prisma histórico, bastante ilustrativos são Heath Pearson, *Origins of law and economics: the economists' new science of law, 1830-1930*, de 1997, e Charles Rowley e Francesco Parisi, *The origins of law and economics*, 2005. Para uma breve introdução, ver Arnaldo Sampaio Moraes Godoy, *Direito e economia: introdução ao movimento law and economics*, 2005. É no bojo dessas tradições que desponta o relevante trabalho do professor *Thomas Ulen*, justamente homenageado neste livro por ser um dos pioneiros e maiores incentivadores da junção da *AED* com os *estudos empíricos*.

É muito difícil fazer um balanço da crescente produção científica nacional na *AED*. Alguns centros — entre eles as faculdades de direito da FGV, no Rio e em São Paulo — merecem particular destaque: cursos, seminários, atividades, projetos de pesquisa e publicações estão bastante concentrados nessas duas instituições. Outro centro irradiador desse debate, sem dúvida, está nas agências reguladoras e, especialmente, no Cade e na sua Superintendência-Geral (antiga Secretaria de Direito Econômico): presidentes, conselheiros, secretários, procuradores e técnicos dessas entidades (agências e SBDC), ao lado de advogados e economistas que militam nessas áreas, formaram o celeiro que, nos últimos 20 anos, renovou a cultura sobre "direito e economia" entre nós.

No campo da sociologia jurídica, ao lado de produção internacional que expandiu verdadeiro programa de investigações sobre a "sociologia econômica do direito" — confiram-se, por exemplares, três trabalhos: Lauren Edelman, *Rivers of law and contested terrain: a law and society approach to economic rationality*, 2002; Richard Swedberg, *The case for an economic sociology of law*, 2003; Benoit Frydman, *Les nouveaux rapports entre droit et économie: trois hypothèses concurrentes*, 2000 —, também no Brasil surgiram abordagens, principalmente com os trabalhos de José Eduardo Faria (*Direito e economia na democratização brasileira*, 1994; *O direito na globalização econômica*, 1997; *Direito e conjuntura*, 2008; *O Estado e o direito depois da crise*, 2011) e de vários outros professores, como José

Reinaldo de Lima Lopes (ver "Raciocínio jurídico e economia", *RDPE*, n. 8, 2004), Ronaldo Porto Macedo Jr., Camila Duran e eu mesmo, para me limitar ao Departamento de Filosofia e Teoria Geral do Direito da USP, ao qual estou vinculado, ciente de que o elenco nacional é muito maior.

José Eduardo Faria merece menção especial. Grande parte da nova geração paulista de juristas com destaque no campo "direito/economia" foi por ele formada e orientada num projeto que marca, até hoje, a Faculdade de Direito da USP: o Projeto PET-Capes em Sociologia do Direito. O direito constitucional econômico e o direito administrativo econômico engrossam as fileiras que aproximam "direito e economia" e também se valem da *AED*. Estudiosos brasileiros do movimento conhecido como "Law and Finance", muitos provenientes da sociologia do direito, também integram essa frente. Veja-se, ainda, na tentativa de fechar o panorama, de André Franco Montoro Filho, Marcelo Moscogliato e Oscar Pilagallo, *Direito e economia*, 2008.

Porém, de todos esse nichos, sem dívida a vertente mais caudalosa e frutífera reside, obviamente, entre os autores que, deliberada e assumidamente, constroem suas análises com base na metodologia da *law and economics*. Listo alguns trabalhos individuais e coletâneas expressivas, sempre com a ressalva das imperdoáveis, involuntárias e inevitáveis omissões: Luciano Benetti Timm, *Direito e economia*, 2005, e *Direito e economia no Brasil*, 2012; Armando Castelar Pinheiro, *Judiciário e economia no Brasil*, 2000; Armando Castelar Pinheiro e Jairo Saddi, *Direito, economia e mercados*, 2006; Decio Zylbersztajn e Rachel Stajn, *Direito e economia*, 2005; Bruno Meyerhof Salama, *Direito e economia: textos escolhidos*, 2010; Alexandre Morais da Rosa e José Manuel Aroso Linhares, *Diálogos com a law & economics*, 2009; Maria Lúcia Labate Mantovanini Pádua Lima, *Direito e economia: 30 anos de Brasil — Agenda contemporânea*, três tomos, 2011, e um pioneiro estudo de Guiomar Estrella Faria, *Interpretação econômica do direito*, 1994. Merecem destaques, com vários trabalhos afinados com a *AED*, tanto a *Revista de Direito Administrativo* da FGV-Rio quanto a *Revista Direito GV*, de São Paulo, além da *Revista de Direito Público da* Economia (RDPE). Em todas essas publicações, a lista de colaboradores ou as referências bibliográficas complementam minha parcial apresentação.

As referências dobrariam de tamanho se, no lugar do enfoque na relação entre direito e economia pela ótica dos juristas, meu foco recaísse sobre os economistas. Nas faculdades de economia brasileiras essa atração para o direito encontra guarida análoga. Alguns diplomas jurídicos recentes — como a Lei de Recuperação de Empresas — retratam bem os avanços na simbiose. Basta que se pense no trabalho de grupos como a "Casa das Garças", o Ipea e mesmo nas grandes consultorias econômicas brasileiras para que, rapidamente, se perceba a necessidade prática do trabalho de mãos dadas entre juristas e economistas. O exame do documento "Reformas microeconômicas e crescimento de longo prazo", do Ministério da Fazenda, de 2004, encabeçado em sua elaboração pela Secretaria de Política Econômica (Marcos Lisboa), mas que contou com a colaboração da Secretaria de Reforma do Judiciário (Sergio Renault), sintetiza e exemplifica a inevitabilidade e oportunidade dessa união: são mais de 100 páginas da prática de "direito e economia".

Cabe uma palavra sobre os *estudos jurídicos empíricos — empirical legal studies* (ELS). Primeiramente, pode-se estabelecer analogia entre a obra agora prefaciada e seus principais congêneres no exterior: o livro de Robert Lawless, Jennifer Robbennolt e Thomas Ulen, *Empirical methods in law* (Wolters Kluwer, 2009) e o compêndio organizado por Peter Cane e Herbert M. Kritzer, *Empirical legal research* (Oxford, 2010). São todas obras de referência. Exceção feita ao pioneiro livro de Miracy Gustin e Maria Tereza Fonseca Dias, *(Re)pensando a pesquisa "jurídica"* (Del Rey, 3. ed., 2010), praticamente não existe nada publicado no Brasil sobre o assunto. Cabe a pergunta: por que, apesar do enorme crescimento da pós-graduação em direito no Brasil, os estudos empíricos ainda engatinham?

Os *estudos jurídicos empíricos*, de forma geral, podem ser agrupados em três vertentes: (i) estudos sobre "direito e sociedade", ou sobre o "direito da sociedade", é dizer, trabalhos de *sociologia jurídica*; (ii) estudos empiricamente orientados sobre "direito-e-economia", isto é, *análise econômica do direito* (enfoque prevalecente no presente volume); e (iii) estudos sobre o comportamento judicial, na linha de aproximação entre *direito* e *ciência política*. Qualquer que seja a abordagem ou as combinações que se façam a partir dessas tendências ("sociologia econômica do direito", "economia política do direito", "Judiciário e economia", por exemplo), todas exigem métodos, estruturas de pesquisa e dedicação dos investigadores que, por enquanto, pouquíssimos cursos de pós-graduação, no Brasil, estão em condições de oferecer. Uma relevante contribuição deste livro está no desafio que apresenta aos juristas: pesquisem empiricamente! Universidades que queiram dignificar o título de verdadeiros centros de investigação e produção do conhecimento ou farão isso ou continuarão a perder relevância. Os mais destacados centros de investigação jurídica do mundo estudam a *AED* e fazem *pesquisa empírica*.

Direito e economia não são apenas disciplinas diversas. Também são sistemas de comunicação que, empiricamente, desempenham funções diferentes, com técnicas de programação, meios linguísticos, racionalidades decisórias e organizações formais distintos. É exatamente daí que nascem as condições para que se possa pensar nas "relações" entre os dois âmbitos. No estágio atual das pesquisas, pode-se dizer que os principais veículos de recíproca atração entre direito e economia estão nos *contratos*, na *propriedade* e na *regulação das falhas de mercado*. O direito possui técnicas que podem, perfeitamente, incentivar ou travar o funcionamento da economia. O reverso também é correto. O desafio das pesquisas empíricas está em fornecer respostas mais confiáveis aos operadores dos dois sistemas. Quando os incentivos funcionam? Como funcionam? Por que não funcionam? O valor dessa bela coletânea está na coragem de apresentar metodologias capazes de enfrentar e responder a essas questões.

Uma característica própria da AED — abraçar abertamente a hipótese da racionalidade individual — talvez seja estímulo especial para a pesquisa empírica na área do direito. Isto porque, assim, a AED pode incorporar a experiência das ciências econômicas com a formulação de teorias e proposições sobre o impacto de incentivos e restrições nas decisões de agentes racionais, testáveis empiricamente. A hipótese de racionalidade individual permitiu aos economistas formularem teorias empiricamente testáveis tanto sobre temas tradicionais da economia quanto de outras áreas das ciências sociais (criminalidade, casamento, fertilidade etc.). Em outras palavras, a hipótese da racionalidade individual (com todas as ressalvas quanto à eventual irracionalidade dessa ação) adotada pela AED pode ser uma base metodológica comum com outras ciências sociais, importante para favorecer a disseminação da pesquisa empírica sobre as relações entre o direito e a sociedade.

Se no individualismo metodológico da pesquisa econômica empírica reside um mérito, há nisso, também, um problema. O paralelismo entre o *homo oeconomicus* e o *homo juridicus* termina aqui. Tanto no direito quanto na economia, ao lado da ação individual, a ação coletiva impõe outros desafios ao pesquisador. Sabidamente, a racionalidade jurídica tem dificuldades especiais para lidar com grandes números e com questões complexas, como argutamente mostrou Neil Komesar (*Law's limits: the rule of law and the supply and demand of rights*, 2001). Como mensurar empiricamente, agora, o *homo oeconomicus-juridicus*? Não se trata de obstáculo insuperável, mas de desafio fantástico para a pesquisa empírica em "direito e economia".

Teorias jurídicas e teorias econômicas podem se orgulhar da enorme diversidade intelectual que as orienta no mundo atual. Os consensos são escassos. Há *teorias jurídicas formais*, no sentido de que invocam regras de dedução supostamente inatacáveis e de que se socorrem insistentemente de princípios de correção fundamental. Entre os economistas, encontramos posturas parecidas, reforçadas pela retórica da matemática. As demonstrações empíricas dessas teorias formais — sejam elas teorias da "justiça" ou da "eficiência" — exigem menos confiança nos princípios e mais abertura ao provável, ao contingente e à possibilidade de a verificação aprimorar nossa compreensão da realidade. Nesse sentido, *teorias empíricas* nos liberam parcialmente dos princípios e nos aproximam da realidade das construções "jurídicas do direito" e "econômicas da economia". Essas realidades, muitas vezes, se revelam paradoxais. Paradoxos que podem ser percebidos empiricamente, mas que não se amoldam ao mundo bem-arrumado dos princípios fundamentais.

Parabéns aos organizadores e colaboradores desta providencial e oportuna obra. Que o prognóstico se confirme. Mas isso, só estudos empíricos, no futuro, poderão confirmar!

Apresentação

NUNO GAROUPA*

Foi com enorme prazer que aceitei o convite para apresentar a obra editada pelos professores Antônio Maristrello Porto e Patrícia Sampaio sobre estudos empíricos do direito na sequência do colóquio organizado na Fundação Getulio Vargas, Rio de Janeiro. Este livro conta com um importante conjunto de capítulos escritos pelos melhores pesquisadores na área dos "estudos empíricos em direito" (numa tradução literal de *empirical legal studies*).

Este trabalho é inevitavelmente importante para os juristas, os advogados, o Judiciário e todos aqueles com interesse em compreender o *direito* no mundo complexo do século XXI. Em primeiro lugar, a promoção da pesquisa empírica no direito fora dos Estados Unidos ainda dá seus primeiros passos e exige uma divulgação da metodologia para um público mais geral. Em segundo lugar, a utilização de dados brasileiros no contexto da pesquisa empírica ajuda a compreender os diferentes aspectos relevantes das políticas públicas bem como a informar e melhorar a discussão das mesmas. Em terceiro lugar, a influência da pesquisa empírica na formação do advogado no Brasil, como, aliás, em quase todo o mundo, é ainda incipiente e precisa de

---

* University of Illinois College of Law.

mais atividades, colóquios, estudos e livros para ter um papel transformador no ensino do direito.

Hoje em dia, não faltam dados, informação quantitativa e indicadores de tudo e mais alguma coisa. Os próprios poderes públicos frequentemente usam dados para justificar suas políticas. A Justiça divulga números recorrentemente. Vivemos numa sociedade de informação, em que os dados têm um papel central. E, no entanto, muito da análise de dados é meramente intuitiva, frequentemente incompleta — quando não incorreta —, sem o rigor e a precisão da pesquisa empírica.

O primeiro inimigo de uma boa pesquisa empírica é precisamente a intuição. O direito e as políticas públicas na área da justiça respondem em larga medida a crenças que muitas vezes não têm fundamentação empírica, mas quase sempre estão baseadas em intuições, muitas delas amplamente divulgadas. Contudo, a intuição condiciona a pesquisa empírica porque orienta a própria aplicação do método, podendo criar erros em virtude de uma tautologia (o pesquisador encontra o que pensava ou o que queria encontrar porque, no fundo, ignora os dados). A intuição pode também levar à rejeição dos resultados da pesquisa quando eles não são consistentes com a percepção que temos da realidade.

A intuição do pesquisador pode, ao mesmo tempo, gerar uma profunda confusão entre uma correlação de variáveis e a causalidade, isto é, uma relação de causa e efeito. Esse erro de análise é infelizmente muito comum e tem consequências nefastas em termos de credibilidade. Na ânsia de superar uma análise meramente descritiva dos dados e querendo, muitas vezes, participar num debate de políticas públicas, o pesquisador pode ser tentado a dar o salto da mera correlação de variáveis e estabelecer uma relação causal que simplesmente não foi (e muitas vezes não pode ser) demonstrada.

Recomenda-se, pois, um ceticismo crítico na apreciação da pesquisa empírica para evitar que a intuição possa prejudicá-la e desperdiçá-la. O pesquisador deve estar aberto a interpretações distintas dos seus resultados, bem como a considerar a robustez da sua análise.

Na verdade, a forma de superar as limitações e as condicionantes impostas pela intuição é uma pesquisa empírica não só tecnicamente correta, mas que tenha por base uma sólida teoria e um profundo conhecimento jurídico. Seria um erro profundo que a pesquisa empírica em direito tivesse um desenvolvimento descontextualizado. A qualidade dos estudos depende, pois, de uma boa colaboração entre o conhecimento econométrico e o direito. Essa colaboração deve ocorrer no recolhimento e análise dos dados, bem como na interpretação e discussão dos resultados. É um desafio importante para a comunidade de pesquisadores do direito no Brasil, mas que o presente livro mostra que pode ser satisfeito com amplo sucesso.

Se os estudos empíricos no direito não podem nem devem ser desenvolvidos fora do contexto jurídico, a doutrina também não pode simplesmente ignorar a pesquisa empírica. Os dois mundos, pesquisa empírica e doutrina jurídica, não podem continuar de costas voltadas e fugir do diálogo absolutamente necessário. A solução passa por uma profunda simbiose que simultaneamente melhore e oriente a pesquisa empírica e permita à doutrina jurídica aproximar-se mais da realidade.

Essa é fundamentalmente a tese do texto do professor Thomas S. Ulen, originalmente publicado em inglês pela *Illinois Law Review*, agora traduzido para o português e publicado neste volume. Nesse trabalho, o professor Ulen, meu colega na Faculdade de Direito da Universidade de Illinois, defende que o direito tem de ser mais rigoroso na metodologia e na análise para, de alguma forma, ser mais científico. A pesquisa empírica tem um papel fundamental nesse processo, mas sem nunca descuidar da doutrina jurídica e do contexto institucional.

Este livro, organizado pelos professores Antônio Maristrello Porto e Patrícia Sampaio, é um passo importante na construção de um novo olhar sobre o direito, baseado no conhecimento empírico como forma de entender a realidade e fundamentar o desenvolvimento de doutrinas jurídicas para o século XXI. Tenho a certeza de que será um marco importante no pensamento jurídico brasileiro.

Introdução

ANTÔNIO MARISTRELLO PORTO
PATRÍCIA SAMPAIO

O Centro de Pesquisa em Direito e Economia da Escola de Direito da Fundação Getulio Vargas (CPDE) sente-se honrado em publicar a tradução para o português do artigo do professor Thomas S. Ulen, "A Nobel Prize in Legal Science: theory, empirical work, and the scientific method in the study of law",[1] seguido de um conjunto de textos dos mais renomados autores das áreas de direito e economia, os quais, tendo por ponto de partida o trabalho de Ulen, trazem reflexões acerca da cientificidade do direito e do uso do método empírico em seu estudo.

Thomas Ulen promove uma profunda digressão acerca do que torna uma área do conhecimento uma "ciência", enfatizando a relevância do método empírico de investigação para a conferência de um caráter mais científico ao direito. Por isso a pergunta que inicia seu artigo, qual seja, se um dia o direito será reconhecido como uma ciência, a ponto de ser merecedor de um Prêmio Nobel, tal como ocorre com a medicina, a química, a física e a economia.

A proposta investigativa de Ulen vem ao encontro da missão institucional do CPDE, que concentra suas pesquisas em áreas de inter-relação entre

---

[1] Texto originalmente publicado em inglês na *Illinois Law Review*, 2002.

direito e economia, especialmente com o uso do método empírico. Nesse sentido, o texto do professor Ulen constitui uma referência fundamental de inspiração.

Dentro do espírito de debate acadêmico que deve permear a construção de qualquer área do conhecimento, em agosto de 2012, o CPDE promoveu o fórum "Análise econômica do direito: teoria, empiria e método científico", para o qual foram convidados professores de prestigiadas instituições de ensino superior do país, visando promover reflexões acerca de se o direito estaria se tornando mais científico e quais seriam as possibilidades e os limites na adoção do método empírico na pesquisa em direito. Foi solicitado aos participantes que encaminhassem por escrito suas reflexões sobre o tema, tendo como ponto de partida comum o artigo seminal de Thomas Ulen, cujo resultado os leitores poderão apreciar nas páginas que se seguem.

A realização do evento, que resultou na publicação deste livro, não teria sido possível sem a participação e o estímulo de pessoas fundamentais, a quem registramos nossos agradecimentos.

Em primeiro lugar, ao professor Thomas S. Ulen, que desde o início mostrou grande entusiasmo com nossa proposta, tendo não só autorizado a tradução de seu texto para o português, mas também se prontificado a participar do fórum remotamente, via internet.

Somos igualmente agradecidos aos professores Nuno Garoupa e Celso Fernandes Campilongo, que aceitaram nosso convite para abrir e encerrar os trabalhos, tendo sido essenciais na condução das discussões e compilação das conclusões.

Este livro só se tornou possível graças às contribuições dos professores participantes do fórum, a quem externamos nossos agradecimentos.

Um agradecimento especial é devido ao professor Roberto Fragale Filho, que nos sugeriu o formato de realização do evento, concentrado em debates a partir de um texto central. Agradecemos também a Andrea Lavourinha, que muito se empenhou na organização do fórum e para que este livro se tornasse realidade.

O CPDE sempre será grato ao professor Luis Fernando Schuartz, idealizador do centro, constante fonte de inspiração de nossos trabalhos, pelo seu exemplo como professor e pesquisador, cuja memória esperamos que este trabalho possa, de alguma forma, homenagear.

Um agradecimento final é devido ao diretor da FGV Direito Rio, Joaquim Falcão, e aos vice-diretores Sergio Guerra e Rodrigo Vianna, pelo apoio essencial à realização do fórum e à publicação desta obra.

PARTE I

Texto central

1. Um Prêmio Nobel para a Ciência Jurídica: teoria, trabalho empírico e o método científico no estudo do direito*

THOMAS S. ULEN**

I. Introdução

Neste artigo, utilizo a ficção de um Prêmio Nobel em Ciência Jurídica para discutir o que acredito ser a direção predominante da mudança no conhecimento jurídico e, especificamente, o papel da teoria e dos métodos empíricos e experimentais no estudo do direito. Adianto, temeroso, a hipótese de que o conhecimento jurídico esteja se tornando mais "científico". Dizer que um estudo acadêmico é "científico" é, não raramente, entendido como

---

* Originalmente publicado em inglês na *Illinois Law Review*, 2002, com o título "A Noble Prize in Legal Science: Theory, Empirical Work, and the Scientific Method in the Study of Law", aqui mantido em sua formatação e sua padronização originais. Revisão técnica da tradução realizada por Antônio Maristrello Porto e Patrícia Sampaio. As notas dos revisores estão destacadas com a abreviação N.R.T.

** Gostaria de agradecer especialmente a Patrick Maher, do Departamento de Filosofia da Universidade de Illinois, em Urbana-Champaign, pela discussão de alguns dos tópicos deste texto. Meu amigo e colega Richard McAdams me ajudou imensamente com este artigo (e, é claro, na organização do simpósio e por tê-lo acompanhado até que estivesse pronto). Sua contribuição é tão extensa que merece ser creditado coautor. Também me foram grandemente úteis as discussões e comentários de Rafael Gely, Tom Ginsburg, Hank Greely, Owen Jones, Jay Kesan, Russell Korobkin, Brian Leiter, Guido Pincione, Richard Posner, Bruce Smith e Horacio Spector, bem como dos participantes dos seminários e conferências na Faculdade de Direito da Universidade de Cincinnati, na Faculdade de Direito da Universidad Torcuato Di Telia, no Max-Planck-Institut (Bonn) e na Associação de Direito e Economia Canadense de 2002. Também gostaria de reconhecer o auxílio de Charles M. Evans, da Faculdade de Direito da Universidade de Illinois, turma de 2003, na pesquisa.

uma forma de elogio desse estudo, diferenciando-o dos métodos "não científicos", que podem ser utilizados para caracterizar conhecimentos menos dignos de nota. Embora tenha em alta conta as realizações e métodos das diversas ciências, não invoco a palavra "científico" de forma conclusiva. Mesmo que só consiga delinear meu entendimento em linhas gerais, em vez de demonstrá-lo cientificamente, argumento que não só o estudo do direito é adequado à aplicação do método científico, como vem se desenvolvendo há muito de maneira semelhante a outras empreitadas científicas, mais do que se costuma considerar. Argumentarei, por exemplo, que o conhecimento acadêmico doutrinário possui um aspecto científico maior do que frequentemente se percebe.

Além disso, alegarei que as recentes tendências acadêmicas na área do direito mostram evidências de um movimento em direção a uma disciplina ainda mais científica. Embora ressalte a mudança gradual e contínua no meio acadêmico dos últimos 50 anos ou mais, acredito, não obstante, que, por meio do silencioso acréscimo de diversas mudanças nas últimas décadas, o conhecimento jurídico esteja prestes a alcançar uma maneira drasticamente diferente de fazer pesquisa jurídica rotineira. Em suma, a alteração deve tornar o direito muito mais similar às outras disciplinas universitárias que se reconhecem como praticando "ciência" e menos semelhante àquelas que conscientemente driblam o modelo de investigação científica.

O que levou a essa mudança no conhecimento jurídico? Essa é uma pergunta complicada e intrigante, que está além da minha capacidade de resposta. Uma parte significativa da resposta indubitavelmente será que o direito, como qualquer outra disciplina, passa por contínua mudança, e o efeito acumulado dessas várias pequenas mudanças pode não ser evidente até que um grande número delas tenha tido efeito. Outros enfatizaram mudanças ocorridas no próprio direito — alguns favoravelmente,[1] outros de maneira desfavorável.[2]

---

[1] Ver Richard A. Posner, "The Decline of Law as an Autonomous Discipline: 1962-1987", 100 *Harv. L. Rev.* 761, 777-80 (1987).

[2] Ver Anthony D. Kronman, *The Lost Lawyer* 165-67 (1993) (argumentado que a proeminência da teoria econômica na academia jurídica moderna é responsável pelo declínio do advogado pragmático).

Ressalto o fato irônico de que, ao mesmo tempo que o conhecimento jurídico esteja se tornando mais científico, como acredito, haja um perceptível declínio geral na posição e aceitação social da ciência. Talvez tenha havido um tempo em que a ciência e seus praticantes fossem universalmente tratados com reverência. Esse tempo passou. Pelo menos desde o argumento de C. P. Snow, na década de 1950, de que havia duas culturas — a literária ou artística e a científica —,[3] há uma clara divisão entre ciência e "tudo o mais" [que não é ciência][4] na área acadêmica. Os cientistas desconfiam das outras disciplinas por serem demasiado "leves". As outras disciplinas possuem normas diferentes e menos defensáveis — argumentam — para o estabelecimento do que constitui um progresso no conhecimento. Em vez disso, é por vezes argumentado, as artes cultivam e refinam as emoções ou intuições, levando a padrões diferentes e altamente subjetivos de conhecimento. Por sua vez, muitos partidários das artes liberais acreditam que a ciência é fria, lógica e calculista.[5] Censuram o argumento de que o que a ciência faz seja objetivo e, portanto, sujeito a padrões consensuais de legitimidade. Na verdade, pode-se argumentar que o desenvolvimento e a atração do pós-modernismo são alimentados em grande parte por sua visão cética da ciência.[6]

Fora da academia, há também um declínio palpável na fé da sociedade civil na ciência.[7] Muitos parecem sustentar que a ciência foi responsável por tantos problemas quanto o foi por soluções, que a ciência não é o surpreendente mecanismo de descoberta da verdade que alguns advogam ser, que o lucro, e não a busca do conhecimento, é a força motriz da investigação científica, e que a ciência percorre uma inexorável marcha em direção a descobertas para as quais os seres humanos não estão preparados.[8] À luz dessas críticas,

---

[3] Ver C. P. Snow, *The Two Cultures: and a Second Look* 4-5 (2d ed. 1965).

[4] Trechos entre colchetes são pequenas inserções feitas pelos revisores da tradução para maior fluência do texto.

[5] Henry Adams capturou a diferença percebida entre ciência e o resto: "Nenhum jato de areia de ciência foi até o momento capaz de remover a epiderme da história, do pensamento e do sentimento". Henry Adams, *The Education of Henry Adams* 90 (1918).

[6] Ver Thomas Nagel, *The Last Word* 77-79 (1997).

[7] Ver Robin Dunbar, *The trouble with science* 8-11 (1995).

[8] Esse é um tema comum, por exemplo, no debate sobre a ética da clonagem humana. Ver, a título ilustrativo, Leon R. Kass e James Q. Wilson, *The Ethics of Human Cloning* 3-24, 61-74 (1998). Ver também Francis Fukuyama, *Our Posthuman Future: Consequences of the Biotechnology Revolution* (2002).

reconheço a arrogância de arguir que a ascensão do método de investigação científica no direito seja necessariamente uma boa coisa. Mas porquanto reconheçamos que todas as mudanças pressupõem custos, acredito firmemente que uma evolução em direção a um estudo mais científico do direito trará maiores benefícios do que custos.

Procedo da seguinte forma: na seção II, explico brevemente o que se entende por "ciência" e "método científico". Também luto contra a visão muito arraigada e popular, em muitos setores do estudo acadêmico do direito, de que, conforme atualmente praticado por acadêmicos, ele não seja ciência, por não ser falseável. Trata-se de uma questão tão relevante que dedico espaço na seção III para perscrutar a filosofia da ciência com vistas a verificar se o positivismo lógico e seu fundamental critério de falseabilidade ainda possuem a distinção que muitos estudiosos do campo jurídico acreditam ter. Surpreendentemente, acredito que o positivismo lógico tenha há muito dado espaço à filosofia da ciência, com visões alternativas ao método científico e à verificação. Também analiso as visões mais novas com o objetivo de demonstrar sua aplicabilidade ao estudo do direito. Na seção IV, dedico-me ao exame do direito como uma ciência. Nela, sustento que o direito vem, há muito, seguindo implicitamente a visão da ciência e o papel da verificação na investigação científica, conforme advoga a moderna filosofia da ciência. Mostro, ainda, que os trabalhos teóricos e empíricos vêm crescendo no passado recente na academia jurídica. Mas também busco distinguir o tipo de teoria cujo uso vem-se difundindo no estudo do direito, do que é doutrina ou da filosofia do direito.

Especificamente, a teoria que atualmente vem ganhando ímpeto no meio acadêmico do direito é menos doutrinária e mais semelhante às teorias que caracterizam as ciências naturais e outras ciências sociais. O mais novo viés teórico do direito tende a fazer previsões sobre as consequências das normas e *standards* jurídicos no mundo real.[9] Embora essas mais novas teorias jurídicas

---

[9] Conforme esclarece Kaplow, "as discussões acerca das definições de normas e *standards* geralmente enfatizam a distinção sobre se o conteúdo do direito é obtido *ex ante* ou *ex post*. Por exemplo, uma norma pode determinar antecipadamente que tipo de conduta é permitida, deixando para o julgador decidir apenas se o fato ocorreu ou não (uma norma pode proibir 'dirigir acima de 55 milhas por hora em rodovias'). Um *standard* pode deixar tanto a especificação de qual é a conduta permitida, assim como questões factuais, para o julgador (um *standard* pode proibir 'dirigir com

devam ser logicamente coerentes e consistentes, ultimamente seu valor reside no quanto elas são confirmadas por trabalho empírico e experimental cuidadoso. Concluo especulando se as tendências que identifiquei resultarão em um Prêmio Nobel em Ciência do Direito.[10]

II. O método científico

Para que eu possa fazer comentários acerca de se o estudo do direito é "científico", primeiramente explico o que significa, para uma disciplina acadêmica, ser uma "ciência" e, para seus praticantes, utilizar o "método científico".

É surpreendente o quão recentemente essa questão apareceu na história da humanidade. Até aproximadamente 500 anos atrás, a ênfase na aquisição do conhecimento recaía na construção de discussões logicamente coerentes decorrentes de princípios elementares. Um modelo de como proceder foi o método introduzido por Euclides em *Os elementos*.[11] Com apenas alguns axiomas não verificados, mas visivelmente óbvios, Euclides deduzia teoremas geométricos complexos. As investigações que seguiram esse método se direcionaram genericamente àquela classe de questões que podem ser solucionadas apenas por argumentação lógica. E, de fato, muitas questões interessantes têm essa mesma natureza. Muitas tendem a ser filosóficas — O que é correto? O que é bom? —, mas há também algumas investigações do

---

excesso de velocidade em rodovias')". As implicações econômicas de normatizar por meio de *"rules"* ou *"standards"* são discutidas em Louis Kaplow, "Rules *versus* standards. An economic analysis". *Duke Law Journal*, v. 42, n. 3 (Dec., 1992), p. 557-629. (N.R.T.)

[10] Minha especulação sobre um Prêmio Nobel em Ciência do Direito é realmente apenas um recurso retórico. Entretanto, é um argumento notável sobre o grau e ritmo das mudanças em curso na área do conhecimento jurídico. A analogia que tenho em mente é entre o estudo do direito e as ciências para as quais a Real Academia Sueca de Ciências e o Banco Real da Suécia concedem os prêmios Nobel — fisiologia ou medicina, física, química e economia. No entanto, diversos analistas no simpósio realizado em Champaign, Illinois, em 13 de abril de 2001, indagaram se a analogia mais adequada para o direito não seria aos prêmios Nobel da Paz e da Literatura. Por certo quiseram sugerir que a análise mais nuançada, contextual, cultural e casuística que pode caracterizar os prêmios da paz e da literatura podem ser mais adequados a um Prêmio Nobel em Direito. É claro que entendo seu ponto de vista, mas o meu argumento será que a analogia entre o direito e as ciências naturais e sociais é mais apropriada. Um breve histórico dos prêmios e os procedimentos de seleção dos laureados são expostos no apêndice deste texto.

[11] Ver, para informações gerais, Euclid, *The Elements* (Heath ed., 1956).

direito que têm essa natureza. Por exemplo, se o Poder Legislativo criminaliza o uso ou venda de drogas causadoras de dependência, questiona-se se determinada substância como o álcool, a cafeína ou a heroína se enquadra nessa definição.

Mas há limitações à investigação do mundo partindo meramente da argumentação lógica. Por exemplo, há ocasiões em que os axiomas a partir dos quais a argumentação prossegue demandam confirmação experimental. Suponha que determinada investigação parta do pressuposto de que haja quatro elementos fundamentais — ar, fogo, água e terra — levando a um conjunto de proposições sobre o mundo, tendo como base o referido pressuposto. Agora suponha que alguém proponha que haja um quinto elemento fundamental, o flogisto, e demonstre que esse elemento exige alteração das conclusões advindas do pressuposto de apenas quatro elementos. Conquanto seja verdadeiro que a argumentação lógica possa, em princípio, resolver se há quatro ou cinco (ou um número diferente) elementos fundamentais, uma controvérsia dessa natureza também pode instigar um tipo diferente de investigação, a saber, uma investigação empírica sobre a questão.

É possível reconhecer, de forma ainda mais genérica, que haja uma classe mais ampla de questões importantes e interessantes — além dessas relacionadas à coerência e à dedução lógicas — que somente podem ser respondidas por observação, teste, reunião de dados e manipulação. Alguns exemplos são: "Que horas são?"; "Há mais homens ou mulheres nessa sala?"; e "Quando serão as próximas eleições presidenciais dos Estados Unidos?". O direito está, obviamente, familiarizado com a investigação baseada em fatos: a maioria dos julgamentos se relaciona a fatos de um caso em particular.[12] Mas estamos buscando nos aprofundar em questões mais amplas do direito que possam ser respondidas por trabalho empírico ou experimental.

---

[12] A distinção entre questões que podem ser resolvidas por argumentação lógica e aquelas que podem ser solucionadas por observação empírica é feita em Simon Blackburn, Think 282-87 (1999). Os filósofos costumam discutir essas questões considerando a diferença entre verdades necessárias e contingentes. As verdades necessárias são consideradas do domínio da filosofia, ao passo que as verdades contingentes são do domínio do empirismo. Ver Richard Rorty, "An Imaginative Philosopher: The Legacy of W. V. Quine", *Chron. Higher Educ*, Feb. 2, 2001, em B 7.

Em certa altura da Idade Média, especialmente no final, a importância da segunda classe de questões ganhou relevância, principalmente na Europa ocidental.[13] Observadores reconheceram que um novo método de adquirir reconhecimento estava se tornando comum e mostrando resultados.[14] A articulação contemporânea mais surpreendente daquela época acerca desse novo método de investigação foi levada a cabo por Sir Francis Bacon, o lorde chanceler da Inglaterra, em *Novum Organum*.[15] Bacon sustentou que o cientista deve ser um observador imparcial da natureza, reunindo observações. Padrões emergiriam da reunião e organização dos fatos do mundo natural, e eles se tornariam conhecimento científico.[16]

Hoje em dia, a maioria dos cientistas, ao serem solicitados a definir "ciência", respondem indicando um método de investigação como constituindo a essência da ciência. O "método científico", que Bacon e outros reconheceram ter surgido nos séculos XV e XVI, consiste em um conjunto de procedimentos para o "exame do mundo natural e descoberta de verdades importantes sobre ele".[17] Os cientistas de um campo em particular compartilham um enfoque sobre um objeto específico, um núcleo teórico a partir do qual aqueles versados nessa teoria podem derivar hipóteses e uma técnica consensualmente reconhecida para determinar se as hipóteses são aceitáveis por aqueles que trabalham nesse campo de investigação.

Para fins ilustrativos, considere a microeconomia moderna, um campo que é contíguo ao direito e para o qual há um Prêmio Nobel. Os estudiosos do campo da microeconomia compartilham um conjunto de saberes — a teoria da escolha racional conforme aplicada à tomada de decisão dos consumido-

---

[13] Por que esse deveria ser o caso naquele ponto da história humana é uma questão fascinante, mas que está além do escopo desta investigação. Ver, para informações gerais, Alfred W. Crosby, *The Measure of Realty* (1997); Lisa Jardine, *Ingenious Pursuits: Building the Scientific Revolution* (1999).

[14] Ver, para informações gerais, Crosby, nota 13 *supra*; Jardine, nota 13 *supra*.

[15] Ver, para informações gerais, Sir Francis Bacon, *Novum Organum* (Joseph Devey, M. A. ed., 1902).

[16] Ver David Goodstein, "How Science Works", in *Reference Manual On Scientific Evidence* 69 (Fed. Judicial Ctr. ed., 2000). Enigmaticamente, William Harvey, que descobriu o padrão de circulação do sangue humano, teria dito acerca do argumento de Bacon: "Esse é exatamente o modo como Lorde Chanceler faria ciência". Id. Perceba que o foco de Bacon era a observação como principal característica da ciência, e não a relação de retroalimentação entre o trabalho empírico e experimental e a teoria.

[17] Id.

res, à organização das empresas e à tomada de decisão interna, a decisões sobre oferta e demanda de insumos para a produção e a questões relacionadas à avaliação normativa de diferentes realidades econômicas do mundo. Além disso, os profissionais nesse campo reconhecem que hipóteses sobre a tomada de decisão devem ser derivadas do conhecimento teórico compartilhado acerca desse processo humano, e que há técnicas aceitáveis — as ferramentas da econometria — para avaliar empiricamente essas hipóteses, confirmando-as ou rejeitando-as.[18]

O direito tem, é claro, questionado o que constitui uma ciência, não com vistas a examinar seus próprios métodos investigativos, mas para decidir questões como que [espécies de] provas são aceitáveis. O motivo óbvio para a conexão entre o direito e a ciência é que não raramente há circunstâncias nas quais um julgador deve avaliar a credibilidade do testemunho cuja autoridade é alegadamente derivada da "ciência".[19] A simples conexão é a seguinte: se o testemunho puder ser demonstrado como "científico", o julgador ou tomador da decisão dará, presumivelmente, maior peso a ele do que se ele for uma mera opinião. Pode-se formar um quadro das questões envolvidas imaginando-se um astrólogo que pretenda testemunhar que uma leitura precisa dos sinais astrológicos do autor teria revelado que ele estava propenso a acidentes na data em que se sustenta que negligência do réu causou dano ao autor.[20] O testemunho do astrólogo deve ser considerado e a ele deve ser dado o peso de um testemunho científico?[21] Deve-se imputar à autora culpa concorrente por ignorar as informações astrológicas?

A Suprema Corte dos Estados Unidos da América estabeleceu um processo em quatro etapas para verificar se um testemunho deveria ser aceito como "ci-

---

[18] Há, por certo, muita controvérsia sobre se a economia é realmente uma "ciência" no mesmo sentido em que as ciências biológicas, químicas, físicas e naturais são ciências. Ver, para informações gerais, John Sutton, *Marshall's Tendencies* (2000).

[19] Ver, para informações gerais, David L. Faigman, *Legal Alchemy* (1999); Ellen E. Deason, "Incompatible Versions of Authority in Law and Science", 13 Soc. *Epistemology* 147 (1999).

[20] Talvez o testemunho procure dar ao autor culpa concorrente por não dar atenção à advertência astrológica, da qual tinha ou deveria ter conhecimento.

[21] Como veremos na próxima seção, os adeptos do positivismo lógico utilizavam alquimia, astrologia e psicanálise como exemplos de pseudociências, conjuntos de saberes aparentemente coerentes que se distinguem das verdadeiras ciências por fazer declarações que não podem ser falseáveis. Ver notas 27-33 *infra* e respectivos textos.

ência". Em Daubert v. Merrell Dow Pharmaceuticals, Inc., a corte estabeleceu essas quatro etapas:[22]

1. as bases teóricas dos métodos devem garantir previsões mensuráveis por meio das quais a teoria possa ser falseada;

2. de preferência, os métodos devem ser publicados em uma revista acadêmica que submeta seus textos à revisão por pares;

3. deve haver uma margem de erro conhecida que possa ser utilizada na avaliação dos resultados das asserções;

4. os métodos devem ser geralmente aceitos pela comunidade científica pertinente.[23]

Esses padrões incitaram certa controvérsia[24] que, mesmo interessante, não é central para minha análise. Para meu objetivo, é suficiente reconhecer que há determinada correspondência, embora inexata, entre as características da ciência e do método científico que defendi acima e os critérios que a Suprema Corte dos Estados Unidos instruiu que os tribunais federais seguissem para dar o peso de "científico" a um testemunho.[25]

Comecei esta seção chamando a atenção para o fato de que há algumas questões que podem ser solucionadas por argumentação lógica, e outras por observação empírica. Em seguida, reservei espaço à demonstração de que uma forma de caracterizar o método científico é considerá-lo um meio de adquirir

---

[22] 509 U.S. 579 (1993).

[23] Id. em 593-95. É interessante questionar se esses mesmos quatro critérios se aplicam ao direito. Certamente o critério 2 (publicação em uma revista científica revisada por pares) não o é. E possivelmente os critérios 1 e 3 não o sejam.

[24] Ver, por exemplo, David L. Faigman, "The Law's Scientific Revolution: Reflections and Ruminations on the Law's Use of Experts in Year Seven of the Revolution", 57 *Wash. & Lee L. Rev.* 661 (2000); David L. Faigman, "The Tipping Point in the Law's Use of Science: The Epidemic of Scientific Sophistication That Began with DNA Profiling and Toxic Torts", 67 *Brook. L. Rev.* Ill (2001).

[25] Há, é claro, outras importantes interligações entre o direito e a ciência. Uma em voga recentemente é a relação entre propriedade intelectual e normas científicas. Uma questão central é se a ampliação do objeto patenteável desde 1980 teria influenciado adversamente a investigação científica por estar em desacordo com as normas prevalecentes da ciência. Ver, por exemplo, Rebecca S. Eisenberg, "Proprietary Rights and the Norms of Science in Biotechnology Research", 97 *Yale L. J.* 177 (1987); Michael A. Heller & Rebecca S. Eisenberg, "Can Patents Deter Innovation? The Anti-commons in Biomedical Research", 280 *Science* 698 (1998); F. Scott Kieff, "Facilitating Scientific Research: Intellectual Property Rights and the Norms of Science — A Response to Rai and Eisenberg", 95 *Nw. U. L. Rev.* 691 (2001); Arti Rai, "Regulating Scientific Research: Intellectual Property Rights and the Norms of Science", 94 *Nw. U. L. Rev.* 77 (1999).

conhecimento sobre o mundo através de uma combinação desses dois estilos de investigação. Em especial, a ciência procura articular uma teoria logicamente consistente sobre uma classe de fenômenos e, em seguida, sujeitar a referida teoria à investigação sistemática para verificar se a teoria descreve e prevê de maneira precisa a classe de fenômenos em questão.

São muitos os êxitos palpáveis desse método de investigação do mundo. De fato, há um célebre argumento recente sustentando a proposição de que o aprofundamento do conhecimento em um vasto número de áreas depende da aplicação do método científico a esses campos, como a religião, que anteriormente se acreditava estarem abertos apenas a intuição, fé e argumentação lógica.[26] Reservo para a seção IV a discussão sobre se os progressos do direito também levarão à necessidade da adoção expressa do método científico.

III. Uma breve análise da filosofia da ciência

A seção anterior lançou foco sobre a discussão a respeito do que constituiria a ciência e o método científico. Nesta, avançarei além da informalidade daquela discussão para tratar da maneira como os filósofos da ciência abordam as questões centrais do que constitui a ciência e a verificação.[27]

A. Popper e o positivismo lógico

A mais famosa teoria filosófica da ciência moderna é a de Sir Karl Popper. Em *A lógica da descoberta científica*,[28] Popper, austríaco, argumentou que a ciência

---

[26] Ver, para informações gerais, Edward O. Wilson, Consilience: *The Unity Of Knowledge* (1998).

[27] Sou especialmente grato a Patrick Maher, do Departamento de Filosofia da Universidade de Illinois em Urbana-Champaign, e a Brian Letter, da Faculdade de Direito da Universidade do Texas, por sua ajuda nesta seção. Para um exame geral dos tópicos e leituras na filosofia da ciência, ver *Philosophy of Science: The Central Issues* (Martin Curd & J. A. Cover eds., 1998); Alex Rosenberg, *Philosophy of Science: A Contemporary Introduction* (2000); *The Structure of Scientific Theories* (Frederick Suppe ed., 2d ed. 1977).

[28] Karl R. Popper, *The Logic of Scientific Discovery* (Karl R. Popper et al. trans., 1959).

progride extraindo da teoria prevalecente em uma área previsões lógicas, mas inesperadas, que podem ser sujeitas à verificação ou refutação empírica. A ênfase de Popper no falseamento decorria da sua forte crença de que uma teoria nunca poderia se provar correta por meio da verificação por observação. A teoria de que o Sol nasce no leste havia sido confirmada todas as manhãs até o momento, mas, de acordo com Popper, essa teoria poderia ser refutada no espaço de duas semanas. Por mais persuasivos que milhares e milhares de anos de observação consistente possam parecer, a rigor, outra peça de evidência confirmatória não pode provar nada.

Em contraste, Popper assevera que uma evidência refutadora é particularmente poderosa porque ela quase conclusivamente refuta a hipótese. Por exemplo, a teoria de que todos os cisnes sejam brancos é decisivamente refutada pela observação de um cisne negro. Essa grande assimetria entre a teoria confirmatória e a de falseamento é o ponto nevrálgico da famosa teoria de Popper. Ela tem a importante consequência de elevar o ceticismo a um alto grau entre as características valorizadas na ciência. Toda teoria pode, no melhor dos cenários, de acordo com essa visão, ser apenas contingencialmente e fragilmente sustentada, uma vez que nenhuma evidência pode provar de forma conclusiva que uma teoria é verdadeira, pois a próxima evidência poderá falseá-la.

A teoria científica da descoberta e verificação popperiana representou um grande avanço na filosofia da ciência. Ainda assim, a despeito de seus óbvios atrativos, foi larga e exitosamente criticada. Há duas críticas centrais. Em primeiro lugar, encontrar a evidência falseadora não necessariamente refuta a teoria — certamente diz ao investigador que *algo* está errado, mas não é necessariamente a teoria.[29] Poderiam, em vez disso, ser os dados ou os métodos de verificação utilizados. Mais do que isso, um falseamento nem sempre é tão bem-definido quanto Popper sustenta. Para extrair uma previsão falseável de uma teoria, é frequentemente necessário fazer suposições adicionais àquelas feitas pela teoria. Se, após feitas essas suposições adicionais, a evidência fal-

---

[29] Ver Wesley C. Salmon, *Foundations of Scientific Inference* (1967); Wesley C. Salmon, "Rational Prediction", 32 *Brit. J. Phil. Sci.* 115 (1981).

seia a teoria, pode muito bem ser o caso de que o falseamento aponte para a inadequação das suposições adicionais, e não para a verossimilhança da teoria subjacente.[30]

Em segundo lugar, parece contrário ao bom senso sustentar que nenhuma quantidade de evidência seja suficiente para levar à crença racional em uma teoria. Considere novamente o exemplo acima sobre a teoria de que o Sol nasce no leste. Apesar da assunção de que, pelo menos desde o início da história humana registrada, o Sol tenha nascido no leste não seja, de acordo com a teoria popperiana, suficiente para confirmar aquela teoria, isso não afasta o dado de que essa regularidade confere *algum* peso em favor da teoria. Professor David Goodstein também ressalta que o verdadeiro comportamento dos cientistas sugere que eles acreditam que um número maior de evidências comprobatórias seja algo bom; ou seja, a maioria dos cientistas age em suas vidas profissionais como se valorizasse outro resultado que pareça confirmar uma previsão inesperada de uma teoria.[31]

Essas críticas foram tão vigorosas que até os popperianos convictos deram o braço a torcer.[32] A visão popperiana do que constitui a ciência aceitável pode ter sido desacreditada pelos críticos, e essa crítica pode ter sido aceita até mesmo pelos próprios popperianos. Entretanto, surpreendentemente, a visão popperiana está viva e em boa conta entre os estudiosos do direito.[33]

B. Teoria das mudanças de paradigmas de Kuhn

Talvez tão famosa quanto a teoria da falseabilidade de Popper seja a do tardio[34] Thomas Kuhn, um historiador da ciência. Em *A estrutura das revoluções*

---

[30] Ver Goodstein, nota 16 *supra*, em 71.
[31] Id. A possibilidade de confirmação de evidências comuns e recorrentes é o ponto central da inferência bayesiana. Ver discussão na seção III.C *infra*.
[32] Cumpre notar, no entanto, que o positivismo lógico, embora em uma forma moderna, ainda tem importantes defensores. Ver, por exemplo, Michael Friedman, *Reconsidering Logical Positivism* (1999).
[33] Uma recente tentativa de reviver alguns aspectos do positivismo lógico pode ser vista em Richard W. Miller, *Fact and Method: Explanation, Confirmation and Reality in the Natural and the Social Sciences* (1987).
[34] No original em inglês "late Thomas Kuhn". (N.R.T.)

científicas, Kuhn argumentou que o conceito central em qualquer ciência é o da "ciência normal" ou do "paradigma" prevalecente.[35] Um "paradigma", de acordo com Kuhn, é a combinação prevalecente de teoria, padrões e métodos aceitáveis de investigação e confirmação em uma comunidade científica.[36] O sentido é o de que, em dado período, os praticantes de determinada ciência endossam o mesmo paradigma. Eles empreendem suas investigações científicas dentro dos limites impostos pelo paradigma. O paradigma prevalecente sugere previsões sobre fenômenos relevantes. Em seguida, os investigadores perseguem essas previsões e, por meio de suas investigações, alteram e aprofundam o paradigma. Crucial para a noção de um paradigma é a visão de que há, ocasionalmente, observações anômalas que parecem não se encaixar facilmente no paradigma prevalecente. Com frequência, quando isso ocorre, aqueles que praticam o paradigma são capazes de readaptá-lo para acomodá-lo à observação anômala sem ter de abandoná-lo de uma vez por todas. Os avanços de um paradigma ocorrem progressivamente, e não por saltos.

No entanto, Kuhn sugeriu que revoluções científicas ocorrem porque, por vezes, as anomalias se acumulam tanto que se torna praticamente impossível adaptar o paradigma prevalecente para dar conta delas.[37] Por fim, alguém propõe um novo paradigma que suplanta o existente por dar conta não só de todos os fenômenos explicados sem falhas pelo anterior, mas também de todos aqueles fenômenos que eram anômalos para o antigo paradigma.

Kuhn ilustrou sua teoria em um trabalho anterior sobre a revolução copernicana.[38] A visão ptolemaica de nosso sistema solar sustentava que a Terra era o centro do sistema e que todos os outros planetas e o Sol giravam ao seu redor. Essa teoria era consistente com a vasta maioria das observações que se apresentavam, mas havia anomalias. Alguns planetas pareciam apresentar "laçadas" em suas órbitas em volta da Terra. Isso significava que, com o decorrer do tempo, eles pareciam mover-se da esquerda para a direita no céu, e então parar e voltar

---

[35] Thomas S. Kuhn, *The Structure of Scientific Revolutions* (3d ed. 1996) [doravante Kuhn, *Scientific Revolutions*].
[36] Id. em 10-11.
[37] Id. em 52-53.
[38] Thomas S. Kuhn, *The Copernican Revolution: Planetary Astronomy in the Development of Western Thought* (10th ed. 1979) [doravante Kuhn, Copernican Revolution].

da direita para a esquerda, e depois pareciam parar novamente e reverter o campo mais uma vez, retomando sua passagem da esquerda para a direita.[39] Para Copérnico, Johannes Kepler, Tycho Brahe e outros, essas laçadas eram anômalas: não havia nada na "teoria" ptolemaica sobre o movimento planetário que pudesse explicar facilmente essa movimentação inconstante. No entanto, hábeis astrônomos procuraram explicar as anomalias dentro da visão ptolemaica do sistema solar e fizeram isso muito bem, ou seja, foram bem-sucedidos o suficiente para os praticantes aceitarem suas emendas ao paradigma prevalecente.

Mas Kepler e outros sentiram que havia uma explicação mais simples para as anomalias, a começar pela visão totalmente diferente de que o Sol era o centro do sistema solar e que a Terra e os outros planetas giravam ao redor do Sol. Entre outras coisas, essa visão alternativa explicava as "laçadas" nos movimentos planetários como sendo devidas ao fato de que a Terra e os planetas anômalos se movem em torno do Sol, e as laçadas eram fruto dos movimentos relativos da Terra e desses planetas.[40]

Como, perguntou Kuhn, os astrônomos escolheram entre a visão ptolemaica, com o centro na Terra, e a visão do sistema solar de Copérnico?[41] Kuhn sugeriu que o paradigma mais simples, que oferece previsões mais frutíferas, que é mais coerente com as observações e promete maiores avanços, prevalecerá no futuro.[42]

Alguns analistas dessa cativante explicação para os progressos científicos sugerem que uma importante implicação da teoria kuhniana era a de que um paradigma é tão bom quanto outro. Houve afirmações de que a visão copernicana do sistema solar não é de qualquer forma "melhor que" ou "mais real do que" a ptolemaica; ela é simplesmente mais econômica.[43] Kuhn rejeitou explicitamente essa visão.[44]

---

[39] Id. em 48-49, 166-67.

[40] Ver id. em 209-17.

[41] Ver seção V. C *infra*, sobre como, de acordo com uma moderna teoria da filosofia da ciência, os cientistas escolhem entre explicações concorrentes da mesma evidência.

[42] Kuhn, *Scientific Revolutions*, nota 35 *supra*, em 153-59.

[43] Kuhn aparentemente acreditava na ideia de que as revoluções científicas representavam tipicamente um avanço no entendimento humano. Mas outros autores adotam uma visão mais cética. A visão de que os críticos modernos teriam ido longe demais na crítica ao papel da razão nas questões humanas, incluindo a ciência, é extraordinariamente retratada em Stephen Toulmin, *The Return to Reason* (2001).

[44] Ver Kuhn, *Copernican Revolution*, nota 38 *supra*, em 169.

A teoria de Kuhn, que é estimulante e inicialmente tão atraente quanto a de Popper, também foi alvo de críticas. A crítica central é a de que a teoria de Kuhn não postula qualquer forma para saber ou predizer com antecedência quando uma mudança de paradigma pode ocorrer. A ideia de que as anomalias se acumulam para um paradigma, que se torna, no fim das contas, de difícil manutenção, sendo mais econômico adotar um paradigma diferente, pode fazer sentido como uma descrição ampla das revoluções científicas, mas não é particularmente útil no exame do estado de qualquer paradigma em especial, em um momento determinado do tempo. Alguém observando aqueles que sustentam o paradigma seria pressionado a dizer se o número de anomalias em um particular momento no tempo seria banal, mediano ou significativo para tornar iminente uma mudança de paradigma.

Outro ponto frequentemente levantado pelos críticos de Kuhn é o de que "mesmo quando uma mudança de paradigma é verdadeiramente profunda, os paradigmas que ela diferencia não são necessariamente incomensuráveis", conforme Kuhn sugeriu que seriam.[45] As revoluções não são verdadeiramente revolucionárias, mas, sim, evolutivas. O progresso científico não é realizado em saltos bem-definidos a partir de um paradigma distinto do outro, mas em mudanças discretas e progressivas que, quando observadas em retrospecto, levam a uma mudança drástica no decorrer do tempo. Os cientistas raramente descrevem seu próprio trabalho como revolucionário. É muito mais comum que caracterizem seu trabalho como fundamentado no trabalho de outros. Isaac Newton expressou essa visão de maneira bem conhecida em uma carta a um admirador que o havia elogiado quanto aos seus maravilhosos progressos científicos: "Se eu vi mais longe, foi por estar de pé sobre os ombros de gigantes".[46]

Como exemplo adicional da teoria kuhniana, e se aproximando mais do direito, considere o paradigma prevalecente dentro da teoria microeconômica: a teoria da escolha racional.[47] A teoria da escolha racional é a teoria para-

---

[45] Goodstein, nota 16 *supra*, em 73.

[46] A visão de o avanço científico ser progressivo em vez de revolucionário é retratada no célebre estudo de Robert K. Merton, *On the Shoulders of Giants* (1st ed., 1965).

[47] Como vimos, há mais aspectos em um paradigma que o núcleo teórico central. Kuhn e outros estudiosos quiseram dizer que o paradigma inclui os padrões ou normas da comunidade científica e os métodos que são utilizados pelos que endossam o paradigma.

digmática do processo decisório humano nas ciências sociais hoje em dia.[48] Provou ser tão profícua no exame dos fenômenos econômicos que foi utilizada com sucesso semelhante em disciplinas afins da economia, como ciência política, relações internacionais e direito. A teoria em questão sustenta que os seres humanos calculam de perto e com precisão os custos e benefícios de suas ações futuras — escolhem as ações que preveem trazerem os melhores benefícios líquidos para eles. Quase nunca cometem erros nessas decisões, apenas o fazendo com frequência se sistematicamente induzidos a tal.

Esse é o paradigma prevalecente nas ciências sociais, e muitos importantes trabalhos teóricos e empíricos têm sido conduzidos pela sua diligente aplicação por capacitados estudiosos. No entanto, tem havido um número crescente de resultados anômalos nas investigações das ciências sociais, resultados esses que são difíceis de conciliar com a teoria da escolha racional. Considere, por exemplo, a constatação de que os indivíduos em geral levam em conta custos irrecuperáveis em suas decisões de maneira diferente da postulada pela teoria da escolha racional, a qual propõe que os tomadores de decisão perceberão que um custo irrecuperável, uma vez incorrido, deve ser esquecido, como no dito popular "o que passou, passou". Assim, por exemplo, uma vez que alguém tenha adquirido um ingresso para uma temporada do teatro, sua decisão de assistir a uma apresentação deve se deter apenas nos custos variáveis associados a essa apresentação. Portanto, não deveria entrar em sua decisão de assistir o fato de ele ter adquirido o ingresso, fazendo valer seu dinheiro. Ele comprou o ingresso para a temporada a despeito de intencionar assistir a uma apresentação, a todas ou a nenhuma. Sua decisão com relação a qualquer produção em particular deve se deter apenas no seu humor naquele dia, no clima, nas obrigações de trabalho no dia seguinte, e assim por diante.

Por mais razoável que possa parecer esse relato de decisão envolvendo custos irrecuperáveis, não é aparentemente a forma como a maioria dos seres

---

[48] Muito desta seção se baseia em Russell B. Korobkin & Thomas S. Ulen, "Law and Behavioral Science: Removing the Rationality Assumption from Law and Economics", 88 *Cal. L. Rev.* 1051 (2000).

humanos toma decisões. Os custos irrecuperáveis entram frequente e decisivamente nas tomadas corriqueiras de decisão.[49]

Esses e outros resultados anômalos começaram a se acumular nas ciências sociais que se amparam na teoria da escolha racional. Seguindo os passos de Kuhn, alguém poderia perguntar se essas anomalias são tão numerosas para levar a uma iminente mudança de paradigma. Essa questão se revela impossível de responder. O grupo precisa enfrentar as anomalias, seja para modificar a teoria da escolha racional de modo a incluir os comportamentos anômalos, seja para abandoná-la integralmente em favor de outra.[50] Há atualmente uma grande dose de desconforto em alguns setores da teoria microeconômica por conta das anomalias,[51] mas não há uma forma de determinar com antecedência se será um exemplo de uma das revoluções científicas de Kuhn ou meramente um progresso adicional dentro do grande novelo da teoria econômica durante os 300 anos de sua evolução.

Houve tentativas de reconciliar Popper e Kuhn, mais notavelmente o trabalho de Imre Lakatos. Lakatos sugeriu que as comunidades científicas se engajassem em programas de pesquisa que não pudessem ser falseados por um ou por um pequeno número de resultados.[52] No entanto, pode haver um "programa de pesquisa degenerativo" por meio do acréscimo de resultados e observações anômalos. A comunidade pode resistir ao falseamento do programa verificado pelo crescimento das anomalias por meio de modificações introduzidas *ad hoc* no programa de pesquisa. Por exemplo, de acordo com a teoria newtoniana do movimento planetário, há movimentos anômalos no planeta Mercúrio.

---

[49] Id. em 1069-70.

[50] Uma afirmação comum é que "só uma teoria pode derrubar uma teoria". Aqueles que invocam essa visão em geral o fazem para justificar a manutenção do paradigma da escolha racional até que uma teoria bem-articulada venha substituí-lo. No entanto, essa não é a forma como os avanços científicos geralmente ocorrem. Antes, surgem anomalias e elas ou são explicadas por um paradigma modificado ou servem como observações que levam a outro paradigma (ainda indefinido).

[51] Pode haver desconforto, mas há um crescente reconhecimento da importância, dentro da área da economia, de relatar essas anomalias. Uma prova dessa importância é o fato de que o professor Matthew Rabin, do Departamento de Economia da Universidade da Califórnia, em Berkeley, um estudioso prolífico de economia comportamental — que se concentra nas anomalias das previsões da teoria da escolha racional — tenha recentemente ganhado a Medalha John Bates Clark da Associação Econômica Americana, um prêmio bienal para um proeminente economista de menos de 40 anos. Muitos vencedores da Medalha Clark posteriormente foram laureados com o Prêmio Nobel.

[52] Ver Imre Lakatos, *The Methodology of Scientific Research Programmes* (*Philosophical Papers, Volume I*) (G. Currie ed., 1980).

Os newtonianos podem salvar a teoria sustentando a existência de "Vulcano", um planeta invisível entre Mercúrio e o Sol. Por fim, no entanto, essas alterações introduzidas *ad hoc* devem integrar o programa de pesquisa, ou seja, Vulcano deve ser descoberto ou existir, ou o programa deve dar espaço a outro.

Um importante elemento da ciência e do método científico que deve ser mencionado, e que Kuhn enfatizou, é o de que há normas razoavelmente bem--definidas prevalecentes dentro da comunidade científica a respeito dos métodos de investigação e comportamento. Essa é uma questão muito vasta, que introduzo apenas para chamar atenção para o fato de que, na comunidade científica atual, há uma forte competição entre cientistas para desenvolver o conhecimento em suas várias áreas, assim como há um surpreendente número de cooperações entre cientistas com relação a dados e resultados, e há uma sofisticada ética para a publicação de resultados em revistas científicas revisadas por pares e a participação em encontros periódicos de pesquisadores trabalhando em uma área de especialidade.[53]

C. *Inferência bayesiana e descoberta científica*

Atualmente muitos filósofos da ciência, se não a maioria, endossam a teoria bayesiana.[54] Para abordar o que essa teoria descreve como o mister dos cientistas, primeiramente explicarei a inferência bayesiana e, em seguida, mostrarei como ela pode descrever o método científico.

1. VISÃO GERAL DA INFERÊNCIA BAYESIANA

A inferência bayesiana é um método probabilístico para incorporar sistematicamente novas informações às crenças anteriores de alguém.[55] Opõe-se à

---

[53] Goodstein, nota 16 *supra*, em 74-75.
[54] Ver, por exemplo, Colin Howson & Peter Urbach, *Scientific Reasoning: The Bayesian Approach* (1st ed. 1989); Patrick Maher, *Betting on Theories* (1993).
[55] Ver, para informações gerais, Howson & Urbach, nota 54 *supra*.

inferência probabilística clássica, por vezes denominada "Neyman-Pearson". A distinção pode ser demonstrada por um famoso exemplo de inferência. Suponha que alguém jogue uma moeda e conte os resultados de cara e de coroa. A diferença entre os métodos bayesiano e de Neyman-Pearson tem a ver com as inferências que as duas técnicas extraem do registro das faces da moeda.

As técnicas de Neyman-Pearson presumem que a moeda é honesta e que, após um grande número de lances, o número de caras e de coroas é igual. Uma longa série de caras não necessariamente levará alguém, partindo do ponto de vista de Neyman-Pearson, a questionar a assunção de que a moeda seja honesta. Em vez disso, provavelmente dirá: "Seja paciente. Se continuarmos a jogar a moeda para o alto, haverá um aumento compensador do número de coroas, de forma que, após um grande número de lances, a proporção de caras e coroas será igual".

Em contraste, um bayesiano poderá, como seu colega Neyman-Pearson, partir do pressuposto de que a moeda é honesta. Mas se o número de um dos dois possíveis resultados começar a prevalecer, o bayesiano irá, à luz das evidências acumuladas, "atualizar" sua "crença anterior" sobre a "honestidade" da moeda. A evidência pode persuadi-lo de que há uma forte probabilidade crescente de que a moeda seja viciada. Uma pessoa comprometida em avaliar os resultados dos lances da moeda partindo de uma perspectiva de Neyman-Pearson poderá, é claro, também concluir que a moeda não é "honesta". Mas a diferença é que os bayesianos possuem uma visão sistemática para chegar a essa conclusão, enquanto os seguidores de Neyman-Pearson devem se ater ao abandono de seu pressuposto de honestidade sem um meio sistemático para chegar a esse abandono.

2. UM EXEMPLO

A inferência bayesiana oferece um meio sistemático de determinar o valor probatório de novas informações. Mais do que isso, como veremos, esse estilo de inferência oferece um meio de avaliar o grau a partir do qual novas informações devem alterar as crenças anteriores de uma entidade. Considere um exemplo.

Suponha que você seja médico. Uma paciente vai ao seu consultório contar-lhe que descobriu um pequeno inchaço em seu seio e está preocupada com a possibilidade de ser cancerígeno. Você a examina e depois diz — amparado em tudo o que você sabe sobre câncer de mama, sobre essa paciente em especial, sobre mulheres com seu tipo de histórico médico e outras informações relevantes — que a probabilidade dela ter câncer de mama é 0,10. Isso parece uma probabilidade relativamente baixa e, ainda assim, para ser prudente, você recomenda uma mamografia. Você sabe que, em mulheres desse tipo que tiveram câncer, a mamografia detectará corretamente o câncer em 90% das vezes. Em mulheres que não tiveram câncer, a mamografia indicará falsamente o câncer em 20% das vezes. A mamografia tem resultado positivo, ou seja, indica que a paciente tem câncer de mama. Qual é a probabilidade de que a mulher realmente tenha câncer de mama?

Suponha que haja 100 mulheres que tenham o mesmo histórico médico e outras características similares às da paciente em questão. Suponha, ainda, que 10 delas realmente sofrem de câncer de mama, e 90 não. Por fim, suponha que, entre as 90 que não sofrem de câncer, 20% terão um resultado positivo na mamografia, ou seja, um falso positivo. Oitenta por cento daquelas 90 *não* terão um resultado positivo na mamografia, o que, por vezes, denomina-se "verdadeiro negativo". Das 10 que *de fato* sofrem de câncer, 90% obterão um resultado positivo na mamografia (um "verdadeiro positivo"), e 10% não obterão um resultado positivo na mamografia (um "falso negativo").

Podemos dispor em uma tabela esses resultados, como se segue:

Tabela 1 | Resultados da avaliação de câncer
(100 pacientes avaliados: 10 realmente sofrem de câncer, 90 não)

Resultado	Porcentagem precisa	Número	Caracterização
Sem câncer e com resultado positivo na mamografia	20	90 × 0,20 = 18	Falso positivo
Sem câncer e com resultado negativo na mamografia	80	90 × 0,80 = 72	Verdadeiro negativo
Com câncer e com resultado positivo na mamografia	90	10 × 0,90 = 9	Verdadeiro positivo
Com câncer e com resultado negativo na mamografia	10	10 × 0,10 = 1	Falso negativo

A paciente apresentou um resultado positivo; portanto, ela deve fazer parte de um dos dois grupos que tem um resultado positivo na mamografia. Há 27 pacientes que apresentam resultados positivos na mamografia. No entanto, dessas 27 pacientes, apenas nove realmente sofrem de câncer. Portanto, a probabilidade de que a paciente sofra de câncer é de 9/27 ou 0,33. É muito mais provável que ela seja uma daquelas que não apresentavam câncer e que obtiveram um resultado positivo do que uma paciente de fato com câncer.

3. TOMADA DE DECISÃO BAYESIANA E CIÊNCIA

A inferência bayesiana teve um impacto direto na filosofia da ciência. Especificamente, essa técnica foi útil em dar conta de como os cientistas devem escolher entre teorias concorrentes com base em evidências. A situação que é interessante nesse sentido ocorre quando há teorias alternativas para os mesmos fenômenos naturais e quando a questão advém do fato de as evidências penderem mais em favor de uma teoria do que de outra. Os filósofos da ciência se referem a esse ramo de seu estudo como "teoria da confirmação".

A confirmação se tornou uma preocupação central para a filosofia da ciência em decorrência dos estudos históricos de mudanças de paradigma de Thomas Kuhn. Alguns dos primeiros críticos de Kuhn apontaram que, quando dois paradigmas são concorrentes (ou quando quaisquer duas teorias são concorrentes), há alguns meios sistemáticos de a comunidade científica determinar qual dos dois paradigmas foi fortalecido ou enfraquecido pelas novas evidências. Buscando tratar dessa questão, alguns filósofos propuseram a inferência bayesiana como um modelo de como os cientistas fizeram as escolhas confirmadoras ou refutadoras.[56]

---

[56] Ver, para informações gerais, Howson & Urbach, nota 54 *supra*; Maher, nota 54 *supra*.

A aplicação da inferência bayesiana à questão da confirmação das teorias científicas é direta. Assuma que haja uma teoria que governe alguns — mas não todo o universo — dos versados em uma área. A probabilidade de que a teoria seja verdadeira, ou o grau da crença na teoria, constitui a probabilidade prévia na inferência bayesiana. Agora suponha que alguns cientistas, seguindo os protocolos de estudo e publicação em seu campo, publiquem uma nova evidência. Os cientistas devem analisar seu grau de crença na teoria com base na evidência?[57] Há um método formal para explicar o grau a partir do qual uma nova evidência, se probatória, deveria influenciar as crenças anteriores. Trata-se das equações bayesianas para atualizar as crenças anteriores para que se tornem crenças posteriores.

A visão bayesiana da confirmação científica, como outras teorias da filosofia da ciência que estamos analisando, possui críticos. O mais forte deles é o professor Clark Glymour.[58] Algumas das críticas de Glymour são técnicas e direcionadas às assunções subjacentes da probabilidade bayesiana e não apenas à sua aplicação na filosofia da ciência. Por exemplo, Glymour acha difícil aceitar a visão, geralmente associada aos bayesianos, de que os julgamentos probabilísticos representam graus de crença, que esses graus de crença necessariamente obedecem ao cálculo de probabilidade, e que os graus de crença mudam de acordo com as regras de condicionalidade verificadas nas fórmulas bayesianas.[59] Mais do que isso, ele menciona a consolidada crítica de que o bayesianismo "não oferece qualquer conexão entre o que é inferido e o caso em si".[60] Em outras palavras, se as probabilidades anteriores correspondem a graus de crença pessoais, tudo o que o bayesianismo nos oferece é um relato do quão racionalmente as pessoas devem analisar seus graus pessoais de crença, mas não trata efetivamente da forma como pessoas racionais vêm a acreditar em declarações verdadeiras ou como elas podem driblar as falsas. Uma resposta padrão a essa crítica é que, mesmo com as probabilidades anteriores

---

[57] Ver Wesley C. Salmon, "Rationality and Objectivity in Science, or Tom Kuhn Meets Tom Bayes", in *Scientific Theories, 14 Minnesota Studies in the Philosophy of Science* (C. Wade Savage ed., 1990).
[58] Ver Clark Glymour, *Theory and Evidence* 63-93 (1980).
[59] Ver id. em 67-75.
[60] Id. em 72.

sendo meramente pessoais, com o passar do tempo os graus de crença pessoal convergirão para se tornar a verdade objetiva para cada indivíduo e para todos os indivíduos.[61] Outra resposta que se pode dar é a de que, quando aplicados às teorias científicas, os graus de crença bayesianos representam não meros pecadilhos pessoais, mas constituem a crença consolidada de uma comunidade científica bem-definida e esclarecida.

O professor Glymour dirige suas outras críticas especificamente ao uso da inferência bayesiana para explicar a ciência. Por exemplo, ele não acredita que a argumentação probabilística seja uma parcela definida da argumentação científica por muito tempo, e certamente não o era nos grandes debates entre o século XVI e o início do século XX.[62] Não acho que esta seja uma crítica particularmente potente. Mesmo se considerarmos que a teoria da probabilidade e, em especial, sua versão bayesiana sejam desenvolvimentos relativamente novos na história humana, isso não significa que a argumentação probabilística implícita não seja parte do pensamento científico há muito mais tempo do que o de sua formalização. Por analogia, a teoria da escolha racional foi formalizada apenas por volta dos últimos 40 anos, mas economistas e historiadores deram grandes passos em seu histórico de investigação utilizando essa teoria em decisões feitas séculos antes de os economistas a formalizarem.

Glymour faz duas críticas adicionais ao bayesianismo aplicado à ciência. A primeira é a de que, mesmo que o relato forneça uma razoável confirmação para a comunidade científica, ele não explica outros aspectos fundamentais do processo de confirmação.[63] Por exemplo,

> existe uma variedade de noções metodológicas que um relato de confirmação deve explicar, e os truísmos metodológicos envolvendo essas noções que uma teoria de confirmação deve explicar: por exemplo, uma variedade de evidências e por que as desejamos, as hipóteses introduzidas *ad hoc* e por que as evitamos, o que separa a hipótese que integra uma teoria de algo "secundário" à teoria, a simplicidade e por

---

[61] Id.
[62] Id. em 91.
[63] Id. em 63-69.

que é tão frequentemente admirada, por que as teorias "deoccamizadas"[64] são tão frequentemente rechaçadas, o que determina quando uma evidência é pertinente para uma hipótese, o que, afinal, torna a confirmação de parte de uma teoria por parte de uma evidência mais forte do que a confirmação de outra parte da teoria (ou possivelmente a mesma parte) por outra (ou possivelmente a mesma) evidência.[65]

Em segundo lugar, Glymour afirma que a visão bayesiana não trata de fato do que queremos saber em debates científicos, isto é, o que conta como um argumento persuasivo:

O que queremos é uma explicação do argumento científico; e o que os Bayesianos nos oferecem é uma teoria do aprendizado. De fato, uma teoria do aprendizado pessoal. Mas os argumentos são mais ou menos impessoais; eu lanço mão de um argumento para persuadir alguém informado sobre as premissas, e ao fazer isso não estou revelando nada da minha autobiografia. Ao atribuir a mim mesmo graus de crença que me ajudam a percorrer o caminho entre as minhas premissas e a minha conclusão não se consegue explicar nada, não apenas porque a atribuição por si só já é arbitrária, mas também porque, mesmo se for uma atribuição adequada quanto aos meus graus de crença, isso não explica por que o que estou fazendo é *argumentar*, isto é, por que o que estou dizendo deveria ter uma mínima influência sobre os outros, ou por que devo desejar que o tivesse.[66]

Esses são pontos fortes, mas não insuperáveis. Podemos responder à primeira crítica, por exemplo, objetando que é verdade que o relato bayesiano não trata diretamente dos aspectos do método científico. Mas outros aspectos da filosofia da ciência, além da teoria da confirmação, tentam dar conta das perguntas que Glymour levanta sobre os elementos adicionais do método. Quanto ao segundo ponto, acredito que Glymour não considera o fato

---

[64] Uma *deoccamized theory* é "uma teoria pela qual um parâmetro é substituído por uma função de diversos outros parâmetros". Definição constante de Roger Rosenkrantz, "Why Glymour is a bayesian", p. 93. Texto disponível em: <www.mcps.umn.edu/philosophy/10_5Rosenkrantz.pdf>. Acesso em: out. 2012. (N.R.T.)
[65] Id. em 67-68.
[66] Id. em 74-75.

de que a teoria bayesiana implicitamente discute o que conta como um argumento convincente em sua discussão acerca do que deveria ser levado em conta como evidência comprobatória. Por corolário, a evidência que não tem valor comprobatório não alterará as probabilidades anteriores. Dessa forma, é uma resposta parcial a essa segunda crítica afirmar que o bayesianismo sugere que apenas a evidência comprobatória conte como um "argumento", ou seja, como evidência do que pode alterar uma das probabilidades ou graus de crença anteriores.

A visão bayesiana não resolve algumas das questões mais espinhosas da filosofia da ciência. Mas há um avanço muito importante com o advento do bayesianismo: a teoria parece oferecer uma visão particularmente boa — uma explicação positiva, não normativa, de como a comunidade científica aceita novas provas que confirmam ou refutam a teoria existente.

IV. Direito como ciência

Agora que temos uma noção do que constitui uma ciência e qual é a visão moderna da filosofia da ciência com relação à ciência e à verificação de hipóteses científicas, podemos investigar se o estudo acadêmico do direito é científico ou está em processo de se tornar científico.

Nesta seção, primeiro analisarei se o estudo do direito é uma ciência, com o entendimento dessa palavra que desenvolvi nas seções II e III. Advogo que já há alguns elementos do método científico no estudo do direito, mas acredito que haja importantes elementos definidores que estão faltando, a saber, um núcleo teórico ou paradigma disseminado e comumente aceito, assim como métodos de verificação empírica ou experimental. Considero o caso geral sobre se o conhecimento acadêmico teria conseguido o endosso da investigação científica, para depois considerar três exemplos específicos que ilustram, acredito, alguns bons indícios de que o método científico esteja há muito implícito no conhecimento jurídico — mais do que geralmente se acredita estar —, e que esteja se disseminando no estudo do direito. Concluo esta seção com a especulação sobre o que mais pode acontecer no futuro próximo para aumentar a natureza científica do conhecimento jurídico.

A. Teoria jurídica

Há alguns aspectos do método científico que o estudo do direito compartilha, entre outras ciências, com aquelas laureadas com o Prêmio Nobel; e há mais alguns aspectos daquele método que o estudo do direito não deve possuir.

O estudo do direito, em qualquer sociedade, preocupa-se com um mesmo objeto geral, a saber, todos os aspectos do sistema social da normatização promulgada e aplicada pelos órgãos legítimos de governo. Incluídos entre esses aspectos estão: a determinação do que constitui uma normatização legítima; como aqueles cujo comportamento pode ser afetado pela normatização podem (e de fato o fazem) responder àquela normatização; como os versados nessas normatizações legítimas — os juristas — treinam e agem dentro do sistema; como os tribunais, legisladores e órgãos do Poder Executivo afetam o direito; e como o relacionamento entre métodos de regulação não governamental, como a família e as normas sociais, afetam o comportamento e interagem com o sistema jurídico.

Conquanto possa haver acordo entre os estudantes de direito sobre o objeto de suas investigações, há menos acordo sobre os métodos por meio dos quais essas investigações podem ser levadas a efeito de maneira adequada, e sobre os tipos de conclusões por meio dos quais são encontrados e comprovados resultados inovadores — lembre-se de que um dos elementos de uma ciência era um método consolidado por meio do qual se podem estabelecer e refutar alegações, mesmo se houver discordância sobre o valor comprobatório de alegações específicas. Uma medida dessa falta de um elemento essencial dentro do estudo científico do direito é a sua dificuldade de comunicação transnacional. Chamo atenção, com isso, para a extrema dificuldade que têm os estudantes de direito de um país em se comunicar com a mesma forma e precisão de conteúdo com estudantes de direito de outro país, comparativamente ao que os cientistas de outras disciplinas fazem.

Para ver a diferença entre o direito e outras disciplinas nesse aspecto, considere a situação da medicina ou fisiologia (uma disciplina para a qual há um Prêmio Nobel). Suponha que um pesquisador na Moldávia publique um artigo alegando alguma contribuição para o tratamento bem-sucedido do câncer de próstata, tendo como base seus estudos de pacientes com a doença na Moldávia. Em primeiro lugar, reconheço que haveria um consenso entre todos os estudantes que poderiam estar interessados nesse resultado com relação aos métodos que o pesquisador da Moldávia utilizou para chegar a sua conclusão. Há dois aspectos nesse consenso. O objeto no qual o pesquisador se concentrou — "câncer de próstata" — deve ser o mesmo que aquele entendido pelos pesquisadores em todo o mundo. E, mais importante, os protocolos de pesquisa que utilizou para investigar os pacientes da Moldávia devem ser, em geral, os mesmos praticados em outros estudos do mesmo objeto. Em segundo lugar, e muito importante, os médicos em qualquer país do mundo podem entender e avaliar o estudo da Moldávia e, se os resultados passarem em um exame detalhado, aplicarão essas contribuições no tratamento em outros países. Presumindo que o estudo da Moldávia sobreviva à cuidadosa avaliação por outros estudiosos, ninguém alegaria que ele se aplica apenas aos pacientes com câncer de próstata na República da Moldávia.

Podemos estender as mesmas declarações para além das ciências físicas, biológicas e naturais, incluindo declarações sobre as ciências sociais. A título ilustrativo, considere a economia. De maneira geral, a teoria econômica e as técnicas econométricas são aplicáveis em todos os países do mundo. Os microeconomistas, por exemplo, compartilham dos mesmos princípios teóricos centrais — por exemplo, o uso da teoria da escolha racional para produzir hipóteses sobre o processo decisório —, a despeito de se o vivenciam na prática ou não. Em decorrência disso, suas hipóteses sobre como as pessoas podem se comportar são, em um sentido bem efetivo, independentes de tempo e local — aplicam-se a nômades em áreas remotas da Mongólia, assim como a citadinos de Paris, e se aplicam a decisões tomadas por fazendeiros de hoje e aos de 10 mil anos atrás. Há diferenças nas economias de diferentes países, mas essas diferenças podem ser explicadas em custos, tecnologia, instituições e gostos relativos. E, mais importante, há um consenso entre os economistas sobre o que constituiria um teste válido de qualquer hipótese e as técnicas por meio das quais os referidos testes deveriam ser executados. Ademais, uma inovação na teoria ou na prática — por exemplo, uma nova contribuição para o comportamento ou um método econométrico superior para obter e testar dados — seria potencialmente útil para um economista estudando qualquer decisão econômica. Por fim, cumpre ressaltar que um estudo do comportamento econômico da Moldávia — ou de qualquer comportamento da Moldávia, conforme previsto pela teoria da escolha racional — apoiado por resultados econométricos seria de potencial interesse para economistas em qualquer país.

Note que alguém pode responder que uma limitação da utilidade transnacional da economia pode surgir das grandes diferenças nas condições locais. Alguns países são ricos em recursos naturais, possuem um longo histórico de robusta inovação científica e religiosa e são abençoados com climas amenos e poucos desastres naturais ou antropogênicos. Outros são pobres em recursos valiosos, não têm tradição de empreendedorismo ou de inovação científica e tecnológica e são tão quentes que o trabalho ao ar livre é praticamente impossível em grande parte do ano. Algumas sociedades têm governos que facilitam o crescimento econômico, outras não. Algumas têm fronteiras abertas e respondem positivamente à concorrência externa, outras não.[67]

E, mesmo com essas vastas diferenças culturais, de recursos e governamentais, além de todas as outras, a mesma teoria econômica se aplica a todas. Nem é o caso de haver poucas teorias econômicas concorrentes, de modo que os vários países de hoje e de toda a história humana possam ser agrupados em famílias ou tipologias explicadas por uma dessas teorias alternativas. A mesma teoria que postula os mesmos processos decisórios e técnicas de validação econométrica também explica as grandes diferenças que existem nas economias. Assim, por exemplo, as diferenças no *mix* de segmentos agrícolas,

---

[67] Para uma discussão desses e outros fatores — em especial a influência da "cultura" — no desenvolvimento econômico, ver David Landes, *The Wealth and Poverty of Nations* (1998).

manufatureiros e de serviços através das fronteiras nacionais podem ser explicadas em grande parte por diferenças nas dotações de fatores, tecnologias, instituições, gostos e preferências da população, além dos preços relativos na economia. A teoria também pode extrapolar os limites estritos da economia e apelar para explicações específicas para determinados fatores históricos ou de trajetória, tais como disposições políticas com relação à democracia ou padrões históricos de vulnerabilidade à invasão estrangeira e exploração, ou convicções religiosas disseminadas.

O ponto central desse exemplo é que não há uma única teoria econômica do processo decisório humano e do desenvolvimento econômico, assim como não existe uma teoria única da física, química, microbiologia, genética humana, fisiologia ou medicina.[68]

Atenhamo-nos agora ao direito, no qual a situação apresenta um contraste gritante com os exemplos da fisiologia ou economia na Moldávia. Considere o que aconteceria se um estudante de direito na Moldávia fosse escrever algo sobre uma mudança no direito contratual que os tribunais daquele país pudessem ter levado a efeito. Vamos supor, para fins de argumentação, que esteja escrito em inglês e seja claro. A primeira coisa a reconhecer é que a redação acadêmica provavelmente seria interessante apenas para os estudantes de direito contratual da Moldávia, incluindo os profissionais, mas é altamente improvável que o trabalho interessasse aos estudantes de direito de outros países. A razão, simplesmente, é que os juristas tendem a escrever artigos acadêmicos apenas sobre seus próprios sistemas jurídicos e apenas para aqueles que atuam nesse respectivo sistema. É como se o médico moldávio fosse escrever apenas acerca do diagnóstico de câncer de próstata e técnicas de tratamento na Moldávia ou o economista da Moldávia tivesse uma teoria que fosse aplicável apenas para os tomadores de decisão do seu país.

Para expor claramente a questão, não existe qualquer teoria aceita de direito que se aplique a todos os sistemas jurídicos e à qual os juristas de todos os

---

[68] Construí um retrato forte e apenas um pouco exagerado da universalidade da teoria microeconômica, não para colocar a microeconomia em primeiro lugar, mas para mostrar que há ciências sociais que contam com a mesma uniformidade transnacional que as ciências físicas, biológicas e naturais.

países possam recorrer para explicar as instituições ou as regras de seus próprios sistemas.[69] Ou seja, os juristas não procuram explicar as similaridades ou as diferenças entre os sistemas jurídicos mediante recurso a uma teoria de direito central comum.[70]

Essa observação levanta a seguinte questão: "Por que deveria haver uma comunidade transnacional acadêmica — um núcleo teórico compartilhado, procedimentos compartilhados para o estabelecimento de declarações importantes na comunidade e critérios laborais compartilhados para um trabalho relevante — nas ciências físicas, naturais e biológicas, e em várias das ciências sociais, mas não no estudo acadêmico do direito?" Essa é uma questão muito abrangente, que poderia ocupar estudiosos por um longo período. Não tenho a intenção de tentar responder a essa pergunta aqui, mas suspeito fortemente que existam dois pontos fundamentais que constituirão o cerne de nossa resposta. Em primeiro lugar, os juristas, até há relativamente pouco tempo, eram altamente céticos com relação à teorização e rejeitavam sistematicamente as técnicas empíricas como sendo o método padronizado de resolver questões relacionadas a questões jurídicas. Em segundo lugar, os juristas em todos os países vêm se dedicando com mais afinco às questões práticas da decisão judicial e demonstrando pouco interesse em estudar o sistema jurídico como uma disciplina acadêmica. É claro, uma preocupação central dos juristas por

---

[69] Estou certo de que, para os estudiosos do direito na Europa, a teoria é uma parte vital de suas empreitadas. De fato, em muitas escolas de direito europeias os estudantes fazem cursos cedo em sua formação sobre a "teoria geral do direito". As duas teorias gerais concorrentes do direito que disputam a fidelidade entre os advogados do velho mundo são o positivismo e o direito natural. Sou relutante em caracterizar essas visões precipitadamente, mas, tendo trazido o tópico à baila, sinto-me obrigado a dizer algo, mesmo que sucintamente. O positivismo sugere que o direito deve ser encontrado apenas nas normas legítimas de um país — por exemplo, nas leis devidamente aprovadas pelo Poder Legislativo. O direito natural sugere que haja um conjunto de direitos anteriores, que é conferido pela natureza, lógica, e, talvez, Deus, ao qual os juristas deveriam dar passagem. Há profundas consequências práticas dessas visões concorrentes, em especial com relação à forma de interpretar a lei. Para os meus propósitos, a observação mais importante é que essas teorias concorrentes devem ter suas divergências solucionadas, caso haja, pelo argumento hipotético-dedutivo e não pelo trabalho empírico. Em outras palavras, são conflitos doutrinários ou filosóficos que os tornam diferentes da ciência.

[70] Note que limito minha observação ao fato de que não há teoria compartilhada do direito. Não sustento que não haja objeto compartilhado entre os estudantes do direito, nem que haja uma cacofonia de procedimentos para determinar declarações válidas dentro do direito. Acredito, como já afirmei, que haja um objeto compartilhado. Com relação aos procedimentos de validação, acredito, como esmiuçarei posteriormente, que os juristas vêm ignorando as técnicas empíricas como um método de validação de alegações sobre o direito há muito tempo.

centenas de anos tem sido a formação dos profissionais, e essa preocupação exige que familiarizemos nossos estudantes com os aspectos práticos do direito, fazendo disso um aspecto central do ensino jurídico. Por fim, acredito que, mesmo que o estudo do direito tenha começado a olhar com mais atenção para a ciência, ainda estamos em um estágio muito incipiente de desenvolvimento, embora os sinais da "cientifização" do conhecimento jurídico sejam progressivamente mais evidentes.

Afirmei acima que a explicação para a intrigante falta de uma teoria do direito é um tema que extrapola o meu escopo neste estudo, mas devo fazer mais algumas observações sobre esse assunto. Em primeiro lugar, descobri que, ao discutir o pequeno grau de teorização do direito com os colegas, muitas vezes eles apontam para dois fatores que tornariam uma teoria universal do direito impraticável: (1) as enormes diferenças no contexto cultural de cada sistema jurídico, e (2) a natureza histórica ou dependente da trajetória do desenvolvimento jurídico. Não está claro para mim por que esses pontos devem necessariamente levar a uma falta de teoria do direito de valor universal. É possível fazer exatamente as mesmas alegações sobre a antropologia, sociologia, economia, ciência política, ou qualquer outra ciência social. As sociedades são tão diferentes umas das outras que existem poucos, ou talvez nenhum, temas unificados que possam formar o núcleo de uma teoria universal.[71] E, ainda assim, os estudiosos dessas e outras ciências sociais têm procurado, e em alguns casos encontrado, teorias transnacionais. No mínimo, os estudiosos nas áreas de ciências sociais, em que não existe uma teoria universal, ainda assim compartilham valores acadêmicos comuns com relação ao que leva uma pesquisa a ter valor, o que é quase sempre transnacionalmente aceito.

O estudo do direito novamente parece ser diferente das outras disciplinas que estudam outros arranjos sociais. Em princípio, não há qualquer razão para que não se consiga articular uma teoria que explique as diferenças (ou semelhanças) entre os sistemas jurídicos, de acordo com fatores como dife-

---

[71] Poder-se-ia fazer uma alegação semelhante com relação aos botânicos e biólogos interessados na vida animal: a flora e a fauna são muito locais, mas há teorias e categorizações que se aplicam a *todos* os tipos de plantas e animais, a despeito do lugar no mundo onde são encontrados.

renças de custos de recursos, tecnologia, instituições, gostos individuais e sociais, e a história da sociedade (ou dependência da trajetória). Mas há muito pouco desse tipo de trabalho em curso dentro da academia jurídica. Como prova, cito o fato de que não há qualquer teoria padrão amplamente aceita para mudanças ou diferenças jurídicas.

Em segundo lugar, outra explicação por vezes levantada para o pequeno grau de teorização do direito é que o estudo central dos juristas de qualquer nação historicamente recai nas doutrinas e práticas da comunidade jurídica nacional. Acredito que haja dois elementos relacionados a essa alegação. Uma alegação — com a qual simpatizo — é a de que por muito tempo o foco do conhecimento jurídico tem sido lançado à prática do direito. Ou seja, o papel do conhecimento jurídico em quase todos os países e, em especial, nos Estados Unidos, tem sido subsidiar os juristas em atividade. Alguns dos trabalhos mais importantes dos chamados estudiosos doutrinários enfocam a determinação de padrões unificadores para o amálgama de pronunciamentos em um país para determinado tema jurídico.[72] O fato de que haja, como o juiz Harry Edwards veementemente demonstrou, uma "alienação crescente" entre a academia jurídica e os magistrados e advogados é um forte testemunho do fato de que esse processo de teorização do direito tomou força muito recentemente.[73]

A outra alegação — com a qual não simpatizo — é a de que os aspectos interessantes de qualquer sistema jurídico são suas particularidades, e não suas generalidades. O advogado em exercício pode muito bem precisar conhecer as particularidades de uma doutrina em sua jurisdição para representar os interesses de um cliente de maneira eficaz. Mas um jurista, a não ser que atue como conselheiro do profissional, não necessariamente precisa conhecer essas

---

[72] Considero o que seria um estudo de caráter científico no âmbito da escola doutrinária na parte IV. C *infra*.

[73] Ver, por exemplo, Harry T. Edwards, "The Growing Disjunction Between Legal Education and the Legal Profession", 91 *Mich. L. Rev.* 34 (1992) (argumentando que os interesses dos acadêmicos do direito e os dos praticantes do direito e magistrados divergem, levando a uma profunda mudança no relacionamento entre a formação jurídica e a prática do direito). Também o reitor Anthony Kronman, em *The Lost Lawyer* (1993), arguiu veementemente que a sabedoria prática que caracterizou os grandes advogados de meio século atrás foi abandonada em favor do cientificismo vulgar que mal se ajusta ao direito. Ver também R. George Wright, "Whose Phronesis? Which Phronemoi?: A Response to Dean Kronman on Law School Education", 26 *Cum. L. Rev.* 817 (1995-96).

particularidades. Uma analogia pode ajudar. Assim como existem economistas acadêmicos que estudam amplas generalidades da economia, sem levar em conta tempo e lugar, há também economistas que trabalham para bancos, grupos de reflexão, organizações não governamentais e outras entidades, e as preocupações centrais de suas vidas profissionais são as particularidades da economia em que atuam. É de se conjecturar que um entendimento teórico central e compartilhado constitui um insumo para a compreensão desses economistas acerca das particularidades com as quais devem se preocupar. Sugiro que sua relação com economistas acadêmicos seja tal qual aquela dos advogados praticantes com os doutrinadores acadêmicos do direito.

Naturalmente, deve haver mais aspectos nessa análise do que esses fatores. Poderíamos, por exemplo, arguir que exatamente os mesmos fatores aqui expostos para explicar a falta de uma teoria central de direito se aplicariam à fisiologia ou medicina: as técnicas podem ser totalmente locais, os estudiosos poderiam ficar em segundo plano com relação à formação profissional, mas esse não parece ser o caso de outras disciplinas. Na verdade, aqueles que pretendem ensinar, pesquisar ou praticar medicina, economia ou administração não raro vêm aos Estados Unidos para estudar antes de voltar para seus países de origem. Isso também acontece no direito, mas em uma medida surpreendentemente menor do que ocorre em outras atividades acadêmicas.

Concluo que não há um caso convincente para o "excepcionalismo jurídico", ou seja, para a visão de que o direito é inerentemente diferente das outras disciplinas acadêmicas que são consideradas científicas. O estudo do direito poderia ser uma ciência com entendimentos teóricos transnacionais e um método experimental e empírico para confirmar alegações dentro desses entendimentos. O enigma é: se poderia ser uma ciência, por que não o é?

B. Trabalho empírico e experimental no estudo do direito

Na seção anterior, objetei que há uma intrigante falta de uma teoria central compartilhada que transponha as fronteiras nacionais no estudo acadêmico do direito e, em vez disso, que o foco recai nas particularidades contextuais. Mas há mais a ser pensado em minha investigação sobre por que o estudo do direito ainda não é uma "ciência jurídica" para a qual o Prêmio Nobel possa ser concedido. A segunda ausência que chama a atenção de um observador do conhecimento jurídico é a de um trabalho empírico e experimental, pelo menos em comparação com outras disciplinas acadêmicas que estudam os fenômenos sociais. Nesta seção, primeiro levantarei algumas considerações gerais sobre o valor do trabalho empírico no direito.[74] Defendo que mesmo que tenha havido pouca teorização palpável e investigativa acerca do direito, houve — pelo menos desde a época do realismo jurídico — uma forte demanda dentro da academia jurídica por verificação empírica ou refutação de suas alegações. Em seguida, ilustro esse ponto examinando três estudos empíricos sobre importantes questões jurídicas. Parte da minha motivação para enfocar esses estudos é reforçar minha alegação geral de que o trabalho empírico é uma parte absolutamente vital do desenvolvimento de uma ciência jurídica madura.

1. O VALOR DO TRABALHO EMPÍRICO NO ESTUDO DO DIREITO

Alguém poderia objetar que a escassez de trabalho empírico e experimental não é independente da falta de uma teoria central compartilhada do direito. Se uma disciplina acadêmica não inclui teoria como parte de seu cânone, então é pouco provável que haja necessidade de técnicas de validação empírica da teoria. Mas com relação ao direito, a questão é mais complicada do que isso.

A disciplina não costuma desenvolver um corpo empírico de referências se a verificação empírica não for uma parte importante da missão da disciplina. Os estudos de filosofia e literatura são exemplos importantes das disciplinas nas quais as técnicas empíricas não são altamente relevantes ou valorizadas. As proposições de filósofos, por exemplo, são, em boa parte, concebidas para

---

[74] Devo doravante me referir apenas ao trabalho "empírico", mas incluo sob essa alcunha o trabalho experimental, cujo valor no estudo do direito foi ilustrado na contribuição de Randy Picker a este simpósio e no trabalho de Russell B. Korobkin, "The Status Quo Bias and Contract Default Rules", 83 *Cornell L. Rev.* 608 (1998).

resolução por meio de métodos hipotético-dedutivos. Ao decidir o que é certo e bom, nenhum filósofo apela para um cuidadoso exame empírico do comportamento real em diferentes sociedades (embora costume apelar, um tanto curiosamente, para "intuições" amplamente difundidas, mas desarticuladas). Mas o direito não é assim. Embora a coerência lógica da doutrina seja um elemento extremamente importante do direito, outro elemento importante é sua eficácia. Há um valor transparente para o trabalho empírico em determinar como as pessoas respondem a várias normas e *standards* jurídicos. Dessa maneira, conquanto a ausência de teoria possa explicar a ausência, *entre os estudiosos*, de um ardente desejo de validar ou refutar a teoria com base em trabalho empírico, entre os *profissionais* do direito deve haver um profundo interesse na validação empírica.

A intrigante ausência de uma teoria central do direito curiosamente não levou à total ausência de trabalho empírico nessa área. Na verdade, como vou mostrar em breve, até mesmo os teóricos da doutrina jurídica tiveram interesse no trabalho empírico e, de fato, levaram-no a efeito de forma significativa. A razão para esse interesse no empirismo, na ausência de teoria, reside, creio eu, no padrão de desenvolvimento da doutrina norte-americana no século XX.[75] Quando o formalismo jurídico deu lugar ao realismo jurídico, nos idos dos anos 1930 e 1940, o desejo pelo trabalho empírico floresceu.

Um adepto do formalismo jurídico não possui uma motivação especial para valorizar o trabalho empírico ou experimental.[76] Tal como acontece com argumentos filosóficos, o teste de validação formalista é o método hipotético-dedutivo. As doutrinas devem ser coerentes dentro da área de investigação particular e através das subdisciplinas do direito. É de se objetar que, uma vez que o formalista consiga obter determinada coerência lógica, sua tarefa, que em algum ponto perturbou o sistema, leve-o de volta ao equilíbrio da coerência. No entanto, os adeptos do realismo jurídico acharam isso estéril

---

[75] Ver, para informações gerais, Neil Duxbury, *Patterns of American Jurisprudence* (1995).

[76] Argumento abaixo que esse reavivamento do formalismo deve ser distinguido do formalismo do fim do século XIX e início do século XX. Acredito que o novo formalismo esteja muito alinhado ao desenvolvimento de uma teoria jurídica universal, que, como objetei, é um elemento muito importante do método científico.

e preferiram centrar-se nos efeitos do direito e na determinação do que o direito *é* por meio de — como coloca o juiz Holmes — uma "previsão do que um tribunal fará".[77] Há um impulso empírico inevitável em direção a esse ponto de vista do direito. Para recorrer ao exemplo mais óbvio, você deve fazer uma investigação sistemática das decisões de um tribunal para que possa formular uma previsão objetivamente exata de como o tribunal agirá em determinado conflito. E, para ampliar a visão, uma vez que os realistas sugeriram que as consequências de uma lei devem fazer parte da avaliação de sua validade, deve haver, inevitavelmente, algum método para determinar as consequências de uma lei. Em decorrência dos desenvolvimentos dos últimos 60 anos ou mais, o trabalho empírico se tornou uma parte — mas apenas parte — do conhecimento jurídico.

Este terreno levou, até recentemente, a determinado tipo de trabalho empírico. A maior parte tem sido descritiva, em vez de analítica, voltada à contagem ou ao dimensionamento, em vez de ao planejamento. Não é de se espantar. Uma disciplina que conte com uma teoria central realiza um trabalho empírico que está intimamente vinculado à sondagem de aspectos dessa teoria. Enquanto tal, o trabalho empírico em geral procura explicar alguma proposição advinda da teoria central. Também pode haver descrição e tabulação [de dados] importantes concebidas para lançar luz sobre o assunto da disciplina, mas o poder explicativo do trabalho empírico reside em seu especial atrelamento às disciplinas que possuem uma teoria central.

É necessário deixar claro que não estou depreciando alguns tipos de trabalho empírico e exaltando outros. Pelo contrário, estou procurando fazer uma distinção entre os objetivos específicos aos quais podem servir dois tipos: o descritivo ou o analítico. Estou chamando a atenção para o fato de que há uma correlação entre o tipo de trabalho empírico que os membros de uma disciplina levam a efeito e o fato de a disciplina contar com um núcleo teórico compartilhado. Gostaria de ilustrar essas proposições na próxima seção.

---

[77] O. Holmes, "The Path of the Law", 10 *Harv. L. Rev.* 457, 460-61 (1890).

2. TRÊS EXEMPLOS DE TRABALHO EMPÍRICO NO ESTUDO DO DIREITO

Pontuei que, pelo menos desde a revolução do realismo jurídico, os juristas têm valorizado o trabalho empírico e têm conduzido um trabalho empírico importante. Também asseverei que o trabalho empírico poderia ser descritivo, em vez de analítico, na medida em que não existe qualquer núcleo teórico compartilhado no estudo do direito. Nesta seção, procurarei ilustrar essas proposições examinando três estudos empíricos sobre temas jurídicos.

a) *Promissory estoppel*[78] e a teoria contratual

Um dos temas que espero retratar neste texto é que sempre houve um elemento de investigação científica nos estudos jurídicos. E, além disso, como nas outras ciências naturais e sociais, tem havido retroalimentação da observação empírica para a teoria, levando a nova observação empírica. Em outras palavras, um estudioso submete uma teoria predominante à confirmação empírica, descobre que essa investigação empírica não confirma, no fim das contas, a teoria, e a revisa à luz das observações. Outro estudioso, então, pode levar a cabo um trabalho empírico para confirmar a teoria revista. Essa descrição prototípica da forma como a ciência avança não se aplica a todos os estudos jurídicos, mas, surpreendentemente, tem sido uma vertente importante do trabalho acadêmico do estudo do direito. Mas é uma simples vertente, e não o quadro completo.

Para ilustrar esta vertente científica no direito, considerarei brevemente dois artigos importantes sobre a *promissory estoppel*: um do professor Stanley Henderson[79] e o outro dos professores Daniel A. Farber e John H. Matheson.[80]

---

[78] *"Promissory estoppel"* constitui um instituto do direito contratual de origem anglo-saxã que sustenta que "uma promessa feita sem contrapartida pode, no entanto, tornar-se exigível para evitar injustiça nos casos em que o promitente deveria ter razoavelmente esperado que o promissário confiasse na promessa e o promissário realmente confiou na promessa e sofreu um prejuízo". Definição constante de *Black's Law Dictionary*, 7. ed. St. Paul: West Group, 2000, p. 453, trad. livre. (N.R.T.)

[79] Stanley D. Henderson, "Promissory Estoppel and Traditional Contract Doctrine", 78 *Yale L. J.* 343 (1969).

[80] Daniel A. Farber & John H. Matheson, "Beyond Promissory Estoppel: Contract Law and the 'Invisible Handshake'", 52 *U. Chi. L. Rev.* 903 (1985).

A teoria de acordo com a qual um tribunal pode determinar que se dê eficácia a uma promessa com base na *promissory estoppel* é, e tem sido há muito tempo, conhecida.[81] O entendimento comum dessa doutrina é a de que se trata de uma das duas bases da exigibilidade dos contratos. A base mais comum para a exigibilidade de uma promessa baseia-se na contraprestação em um contexto de negociação. Geralmente se acredita que a confiança razoável que leva a um prejuízo, por parte do promissário, forma a base da execução contratual em relativamente raros casos.[82]

No final dos anos 1960, o professor Henderson pesquisou todos os casos nos Estados Unidos, dos últimos 10 anos, nos quais o autor apelou para a *promissory estoppel*, de acordo com os termos do art. 90 da Consolidação do Direito dos Contratos.[83] A referida investigação empírica o levou a questionar se e como os tribunais fazem cumprir promessas contratuais no âmbito da teoria da *promissory estoppel* com base no prejuízo sofrido em razão da confiança razoável depositada pelo promissário sobre a promessa. Em primeiro lugar, ele achou intrigante que os tribunais não tivessem "estipulado, no art. 90, uma identidade específica para que se possa confiar no princípio da *promissory estoppel*...".[84] Em vez disso, os tribunais têm estado tão apegados à noção de promessas de negociação como sendo a classe adequada de promessas exigíveis, que eles vêm recorrendo à exigibilidade baseada na confiança no âmbito das negociações em vez de estabelecê-la como uma base separada para sua exigibilidade.[85] Por exemplo, as "ações de confiança são comumente vistas como uma ferramenta para resolver os motivos que incidem sobre a questão

---

[81] Ver Restatement (Second) of Contracts §90 (1981) ("Uma promessa por meio da qual o promitente deveria plausivelmente esperar induzir uma ação ou abstenção do promissário ou de um terceiro, e que não induz à referida ação ou abstenção, é vinculante se a injustiça apenas puder ser evitada com a exigibilidade da promessa. O remédio conferido em decorrência da violação da promessa pode ser limitado de acordo com [parâmetros de] justiça").

[82] Ver Farber & Matheson, nota 80 *supra*, em 945.

[83] No original, "Restatement of contracts". Os *"restatements"* são "obras bastante influentes, publicadas pelo American Law Institute, que descrevem o direito em uma determinada área e guiam o seu desenvolvimento. Embora sejam frequentemente citadas em decisões e comentários, não são normas de aplicação obrigatória pelos tribunais". Definição constante de Black's *Law Dictionary*, 7. ed. St. Paul: West Group, 2000, p. 1053, trad. livre. (N.R.T.)

[84] Henderson, nota 79 *supra*, em 346.

[85] Id. em 346-47.

da troca".[86] Essa tendência, por conseguinte, leva a sustentar o afastamento da confiança como a base para a exigibilidade contratual: "Nessa abordagem, a confiança funciona não como um terreno para fazer valer os contratos, mas como um veículo para a identificação de algum outro motivo para a sua exegibilidade".[87]

Em segundo lugar, a pesquisa do professor Henderson acerca dos casos envolvendo *promissory estoppel* indicou que, em cada um deles, as partes haviam se comprometido com uma negociação ou troca comercial.[88] Isso é particularmente surpreendente tendo em conta as origens da doutrina da *promissory estoppel* e das supostas premissas para que uma promessa de negociação seja exigível. Os estudantes de direito contratual associam a doutrina da *promissory estoppel* a casos de promessa gratuita, como no famoso caso de Hamer v. Sidway[89] — circunstâncias, de modo mais geral, nas quais não há negociação de resultados. Em contraste, considerava-se que não havia necessidade de expandir o fundamento da exigibilidade dos contratos para abranger promessas que envolvam barganha,[90] porque, nessas situações, a presença de uma contrapartida seria suficiente. À luz dessas proposições bem-estabelecidas, a constatação do professor Henderson de que a teoria da *promissory estoppel* estaria invariavelmente associada a casos de barganha ou negociação comercial era intrigante.

Como costumava acontecer na ocasião em que escreveu o artigo, o professor Henderson, tendo feito essas descobertas significativas sobre a efetiva utilização da *promissory estoppel*, relutava em tirar grandes conclusões teóricas de seus achados empíricos:

---

[86] Id. em 348.

[87] Id.

[88] Id. em 352. O professor Henderson relata que houve 100 decisões em sua pesquisa nas quais a *"promissory estoppel foi considerada a base da decisão em uma clara operação de barganha"*. Id. em 352 n. 37. Ele chama ainda a atenção para o fato de que, em um terço dos casos, a *promissory estoppel* era a única ou a base alternativa da [alegação de sua] exigibilidade. O professor Henderson está alegando que o método de pleitear ações por inadimplemento contratual nos anos 1960 tinha passado a ter como premissa da ação de execução de contratos ambas as teorias da contraprestação e da *promissory estoppel* simultaneamente, fazendo-se uso "das mesmas alegações e evidências para embasar as mesmas teorias". Id. em 352.

[89] 27 N.E. 256 (1891).

[90] *"Bargain promises"*, no original em inglês. Na tradução será utilizada a terminologia "promessa que envolve barganha" como tradução de *"bargain promise"*, em oposição à *"gratuitous promise"*, traduzida como "promessa gratuita". (N.R.T.)

Dadas as enormes diferenças factuais entre os casos do Artigo 90, qualquer tentativa de eliminar os problemas da *promissory estoppel* com uma única fórmula seria prejudicial, porque nenhuma fórmula pode ser abrangente o suficiente para resolver cada caso de maneira satisfatória. Mas o impacto maior da *promissory estoppel* nos últimos anos pode ter sido o fato de que ela tenha feito toda a questão da classificação ou definição menos importante na decisão de casos envolvendo contratos.[91]

O professor Henderson observa que há uma mudança ocorrendo por meio da "manipulação silenciosa de rótulos familiares".[92]

Dezesseis anos após o levantamento do professor Henderson, os professores Farber e Matheson realizaram uma nova pesquisa de ações nas quais autores recorreram à *promissory estoppel*.[93] Seus resultados foram ainda mais potentes do que os do professor Henderson. Farber e Matheson examinaram cada caso no qual o art. 90 da Consolidação foi citado — mais de 200 casos — nos 10 anos anteriores ao seu artigo. Em seguida, tiraram quatro conclusões importantes. Em primeiro lugar, "a *promissory estoppel* é regularmente aplicada a um espectro de contextos comerciais" — casos envolvendo licitações de construção, remuneração de funcionários, arrendamentos, compra de ações e outros.[94]

Em segundo lugar, a "*promissory estoppel* não é apenas mais uma teoria retrógrada sobre reparação de danos".[95] Em outras palavras, os tribunais estão agora confortáveis o suficiente com a doutrina para aplicá-la em praticamente qualquer litígio contratual. Essa constatação está, naturalmente, em desacordo com o conhecimento comum segundo o qual a *promissory estoppel* é inadequada ou desnecessária nas promessas que envolvem barganha. Mas o direito em ação é aparentemente diferente do direito nos livros.

Em terceiro lugar, "a confiança desempenha um papel muito pequeno na determinação dos danos".[96] Não é de se espantar. A primeira Consolidação

---

[91] Henderson, nota 79 *supra*, em 387.
[92] Id.
[93] Ver, para informações gerais, Farber & Matheson, nota 80 *supra*.
[94] Id. em 907.
[95] Id. em 908.
[96] Id. em 909.

tinha sustentado que a parte lesada teria direito à plena indenização por danos decorrentes de expectativas, mesmo que a confiança razoável que causa prejuízo fosse a base para sua exigibilidade.[97] Mas alguns casos subsequentes tinham permitido a recuperação apenas dos gastos realizados em razão da confiança, e a segunda Consolidação aparentemente reconheceu esse avanço, permitindo a reparação parcial em vez da integral indenização por danos decorrentes de expectativas.[98]

Em quarto lugar, e na opinião dos autores a constatação mais importante, foi que a confiança já não importa muito para determinar a responsabilidade contratual no âmbito do art. 90.[99] Em vez disso, os tribunais se mostram aparentemente dispostos a basear a responsabilidade em outros fatores que não a confiança razoável na promessa e o prejuízo que ela causou.[100]

Observei acima que o professor Henderson tinha sido relutante em traduzir seus resultados empíricos em uma revisão explícita da teoria acerca da exigibilidade dos contratos. É um importante sinal do quanto as coisas mudaram no meio acadêmico jurídico em meados dos anos 1980 o fato de que os professores Farber e Matheson tenham utilizado suas descobertas empíricas para fazer revisões radicais na teoria sobre a exigibilidade dos contratos.

Os autores observam que há dois fatores que caracterizam os casos que têm expandido a obrigatoriedade da promessa. Em primeiro lugar, "a principal motivação do promitente ao fazer a promessa é, em geral, obter um benefício econômico".[101] Em segundo lugar, "as promessas [que os tribunais entendem] exigíveis geralmente ocorrem no contexto de uma relação que seja, ou que se espera ser, permanente, em vez de no contexto de uma operação isolada".[102] Farber e Matheson alegam que esses contratos relacionais tornaram-se muito mais comuns, e eles exigem que as partes possuam um alto nível de confian-

---

[97] Restatement of Contracts §90 (1932).
[98] Restatement (Second) of Contracts §90 cmt. b (1981).
[99] Farber & Matheson, nota 80 *supra*, em 910.
[100] Farber e Matheson fornecem uma análise mais abrangente de Vastoler v. American Can Co., 700 F. 2d 916 (3d Cir. 1983), como um exemplo dessa proposição. Farber & Matheson, nota 80 *supra*, em 910-12.
[101] Farber & Matheson, nota 80 *supra*, em 925.
[102] Id.

ça uma na outra. Os compromissos são, portanto, feitos para "promover a atividade econômica e a obtenção dos benefícios econômicos sem qualquer troca especificamente negociada".[103] Isso os leva a elaborar um hipotético art. 71 sobre a "exigibilidade das promessas" para a (terceira) Consolidação do Direito dos Contratos: "A promessa é exigível quando efetuada para a promoção de uma atividade econômica".[104] Essa é uma drástica revisão da teoria do contrato tradicional, que leva em consideração seus resultados empíricos: "A regra proposta é uma ruptura importante com o direito contratual tradicional na medida em que não requer nem a satisfação das noções tradicionais de contraprestação, nem a comprovação específica de prejuízo associado com a *promissory estoppel*".[105] Farber e Matheson argumentam que essa teoria não só se encaixa no que os tribunais estão fazendo, mas que normativamente se encaixa na necessidade crescente de confiança mútua em uma sociedade complexa e impessoal.[106]

b) A regra dos danos irreparáveis

Para o meu segundo exemplo, levo em conta outra conclusão importante na consideração empírica do estudo das doutrinas contratuais — o estudo do professor Douglas Laycock acerca da regra dos danos irreparáveis.[107] Essa regra afirma que um tribunal aplicará execução específica apenas em instâncias extremamente raras nas quais a resolução [do contrato] em perdas e danos — pagamento de indenização pecuniária compensatória — seja inadequada.[108] Com base na teoria de que a grande maioria dos autores lesados pode ser compensada por uma quantia em dinheiro, a indenização em perdas e danos seria a solução comumente esperada. Por exemplo, no direito contratual, há uma vasta literatura para demonstrar a proposição de que as indenizações

---

[103] Id. em 929.
[104] Id. em 930-31.
[105] Id. em 929.
[106] Id. em 937-38.
[107] Douglas Laycock, *The Death of the Irreparable Injury Rule* (1991).
[108] Id. em 4; ver também E. Allan Farnsworth, *Contracts* 854 (1990).

pecuniárias são adequadas em quase todos os casos de violação contratual, e que a execução específica deve ser reservada a casos relativamente raros de inadimplemento.[109]

O professor Laycock analisou mais de 1.400 casos para descobrir se os tribunais de fato seguiam essa teoria. Sua conclusão foi a de que não o fazem, mas com um porém: os tribunais concedem execução específica apenas em casos nos quais as indenizações seriam inadequadas, mas quase sempre julgam que as indenizações seriam inadequadas.[110]

Um fato notável sobre as constatações de Laycock — e, aliás, sobre as de Henderson, Farber e Matheson — é que elas não foram seriamente desafiadas por quaisquer estudiosos e, ainda assim, não parecem ter influenciado significativamente o estudo jurídico ou a prática do direito. No mínimo, poder-se-ia pensar que a constatação de que a "regra do dano irreparável" está morta seria paulatinamente incluída nos manuais e *casebooks*, de modo a instruir aos estudantes de direito que eles poderiam rotineiramente esperar uma condenação em execução específica, e não ter de pedir reparação em perdas e danos. Mas não parece ter ocorrido esse tipo de influência no ensino do direito.

c) O teorema de Coase e as normas sociais

Como meu terceiro exemplo acerca do valor do trabalho empírico no estudo do direito, cito o notável estudo do professor Robert Ellickson sobre a aplicação do teorema de Coase na prática.[111] Esse estudo representa, tão veementemente como os exemplos anteriores, o grande valor de submeter as proposições jurí-

---

[109] Houve uma discussão teórica sobre a proposição inversa — a saber, se a execução específica deveria ser a solução padrão para casos de inadimplemento contratual. Ver Alan Schwartz, "The Case for Specific Performance", 89 *Yale L. J.* 271, 271 (1980); Thomas S. Ulen, "The Efficiency of Specific Performance: Toward a Unified Theory of Contract Remedies", 83 *Mich. L. Rev.* 341, 365-66 (1984).

[110] "Os tribunais fugiram da regra do dano irreparável definindo "adequação" de forma tal que a indenização em perdas e danos nunca é um substituto adequado para o dano sofrido pelos autores". Laycock, nota 107 *supra*, em 4.

[111] Robert C. Ellickson, "Of Coase and Cattle: Dispute Resolution Among Neighbors in Shasta County", 38 *Stan. L. Rev.* 623 (1986) [doravante Ellickson, "Dispute Resolution"]; ver também Robert C. Ellickson, *Order Without Law: How Neighbors Settle Disputes* (1991) [doravante Ellickson, *Order Without Law*].

dicas à verificação empírica. Mas aqui a vantagem adicional é que o trabalho empírico refere-se ao artigo central do estudo de direito e da economia.

Por assim dizer, o [movimento do] direito e economia,[112] sem exagero, deve sua origem em grande parte a um artigo de Ronald H. Coase, "O problema do custo social".[113] Pode-se dizer que o artigo contém a alegação teórica mais importante feita no direito moderno — o teorema de Coase.[114] O referido teorema afirma que quando os custos de transação são zero ou muito baixos, a negociação pode levar ao uso eficiente de recursos, independentemente do que dispuser o direito. As implicações do teorema para a análise jurídica foram profundas, em dois sentidos. Primeiro, ele sugere que pode haver um conjunto de circunstâncias nas quais, se a eficiência é um objetivo do direito, o alcance da eficiência ocorre sem qualquer ajuda do direito (e, por implicação, pode ser impedida, ou tornada sua obtenção mais dispendiosa, por um direito ineficiente). Em segundo lugar, quando os custos de transação são altos, alcançar uma eficiente alocação de recursos pode depender de maneira significativa do direito.[115]

Por muitos anos, os estudiosos de direito e economia examinaram e criticaram o teorema de Coase, em grande parte por meio da argumentação dedutiva. Nos anos 1980, no entanto, houve duas importantes tentativas de submeter o teorema de Coase à confirmação por meio de técnicas empíricas e experimentais. Na primeira, o professor Robert Ellickson examinou as práticas de pecuaristas e agricultores no condado de Shasta, na Califórnia, em caso de danos causados pelo gado.[116] As constatações de Ellickson, nas quais me concentrarei no restante desta seção, não só não conseguiram confirmar as previsões do teorema de Coase, mas, como veremos, inauguraram uma área totalmente nova e importante de estudos. Neste último, a então professora,

---

[112] No original, *law and economics*. (N.R.T.)

[113] Ronald H. Coase, "The Problem of Social Cost", 3 J. L. & Econ. 1 (1960).

[114] Afirmo que o artigo "pode" conter o teorema porque não traz declaração expressa do que ficou conhecido como Teorema de Coase. Como qualquer texto consagrado, há muita atividade interpretativa com relação ao *The Problem of Social Cost*. Ver, por exemplo, "The Coase Theorem", in *The New Palgrave Dictionary of Economics and the Law* 270-82 (Peter Newman ed., 1998). Para uma descrição mais abrangente do teorema e um resumo da literatura acadêmica subsequente, ver Robert D. Cooter & Thomas S. Ulen, *Law and Economics* 83-93 (3d ed. 1999).

[115] Ver Cooter & Ulen, nota 114 *supra*, em 101-02.

[116] Ellickson, *Dispute Resolution*, nota 111 *supra*.

mas agora presidente, Elizabeth Hoffman e o então professor, agora reitor, Matthew Spitzer realizaram uma série de experimentos concebidos para determinar até que ponto a negociação ocorreu em cenários de custo zero ou custos muito baixos.[117] Em geral, seus experimentos confirmaram as previsões do teorema de Coase.

Ellickson decidiu investigar as práticas de pecuaristas e agricultores no condado de Shasta, na Califórnia, para verificar se o direito ou se a negociação privada tinha sido o método pelo qual as partes resolveram conflitos sobre danos causados pelo gado aos agricultores. O dano prototípico ocorreu quando, durante os meses de verão, os pecuaristas arrebanharam seu gado para o sopé das montanhas de Serra Nevada, a fim de deixar que pastasse em áreas comuns e, sem fiscalização, o gado invadiu propriedades de outros fazendeiros ou, ainda, propriedades privadas que não eram fazendas. O teorema de Coase utilizou, de maneira célebre, um exemplo hipotético semelhante, no qual um gado desgarrado invadiu fazendas vizinhas de plantação de grãos, causando danos, para ilustrar que, quando os custos de transação fossem zero, o pecuarista e o agricultor negociariam uma resolução de seus conflitos sem levar em consideração se o agricultor tinha o direito de estar livre da invasão do gado e seus respectivos danos, ou se o pecuarista tinha ou não a obrigação legal de fiscalizar seu gado. Shasta era um lugar particularmente apropriado para testar o teorema de Coase, uma vez que a legislação vigente em matéria de responsabilidade por danos causados por gado desgarrado variava no interior do próprio condado.[118]

Em certo sentido, Ellickson encontrou, na prática dos pecuaristas e de outros com relação ao gado desgarrado, evidências confirmando o teorema de Coase, e que eram as mesmas em todo o condado, independentemente das exigências legais.[119] Em outras palavras, a solução privada por potenciais litigantes triunfou sobre a lei.

---

[117] Elizabeth Hoffman & Matthew L. Spitzer, "Experimental Law and Economics: An Introduction", 85 *Colum. L. Rev.* 991 (1985). Hoffman é agora presidente da Universidade de Colorado e Spitzer é reitor da Faculdade de Direito da Universidade do Sul da Califórnia.
[118] Ver, para informações gerais, Ellickson, "Dispute Resolution", nota 111 *supra*, em 662-67.
[119] Id. em 672-73. Uma surpresa adicional para a maioria dos leitores do célebre estudo de Ellickson foi que essa solução privada ocorreu a despeito do fato de que os custos de transação na negociação entre pecuaristas e outros não foi certamente zero, e podem ter sido substanciais.

Porém, ainda mais surpreendente para Ellickson foi o fato de que os potenciais litigantes pareciam não saber quais eram as regras aplicáveis em caso de danos causados por gado desgarrado; em realidade, os advogados dedicados à advocacia privada no condado de Shasta não sabiam ou estavam equivocados com relação ao direito aplicável. Aparentemente, os pecuaristas e outros adaptaram seu comportamento não à lei, mas a uma convenção social de "boa vizinhança" amplamente respeitada.[120] Bons vizinhos, dizia a convenção, não processam uns aos outros, eles se ajudam. Assim, se um fazendeiro encontrava gado desgarrado em sua propriedade, ele não chamava seu advogado e entrava com uma ação de indenização. Em vez disso, em regra, o agricultor telefonava para o dono do rancho, informava a ele que guardaria seu gado, iria alimentá-lo e abrigá-lo até que o pecuarista pudesse vir buscá-lo. Se o gado desgarrado tivesse causado danos, a pessoa que sofreu o dano em geral se responsabilizava por ele e jamais pedia indenização. Em alguns casos, muitas semanas se passavam até o pecuarista retirar seu gado. E, ainda assim, quase ninguém que tinha abrigado o gado, por um longo ou curto espaço de tempo, pedia indenização ao proprietário.

Quando havia litígio com relação aos danos causados ou compensação pela alimentação e abrigo fornecido ao gado desgarrado, uma das partes litigantes quase sempre era um recém-chegado ao município ou um velho residente reconhecido por seus vizinhos como grosseiro e mau vizinho. A consulta a um advogado sobre essas questões e litígios era vista como um sinal de que a convenção social de "boa vizinhança" estava mudando. A implicação era que, no curso normal dos negócios entre dono do rancho e dono da fazenda, vizinhos não utilizavam a lei para regular seus negócios e resolver seus conflitos. Eles lançavam mão de normas sociais compartilhadas. E recorriam ao direito apenas quando essas normas houvessem deixado de funcionar.[121]

---

[120] Id.

[121] Entre as muitas linhas de pesquisa interessantes abertas pelo artigo de Ellickson estavam as investigações das práticas de organizações particulares para ver o grau no qual ordenavam suas questões por recurso a convenções ou ao direito. Ver, por exemplo, Lisa Bernstein, "Opting Out of the Legal System: Extralegal Contractual Relations in the Diamond Industry", 21 *J. Legal Stud.* 115 (1992). Uma importante questão levantada por Bernstein e outros autores — como Jody Kraus — é se o direito é um complemento ou um substituto das convenções sociais.

O que é notável sobre esse trabalho empírico é que ele revelou muito sobre os fenômenos jurídicos envolvidos, muitos dos quais não faziam sequer parte da investigação inicial. Na verdade, o artigo de Ellickson virou parte do cânone do estudo de direito e economia não pelo que ele se propunha a investigar, ou seja, se o teorema de Coase poderia ser aplicado a um ambiente em particular na Califórnia, mas por sua constatação secundária, a de que as pessoas tendem a adaptar seu comportamento mais às normas sociais do que à lei. A literatura sobre direito e normas sociais que o estudo de Ellickson gerou constitui uma das vertentes mais importantes da recente academia jurídica.[122] Não consigo pensar em maior testemunho do valor do trabalho empírico.

C. O futuro da ciência do direito

Fiz diversas alegações nas seções acima com o intuito de especular sobre o futuro da ciência do direito; cumpre consolidá-las aqui. Argumentei, em primeiro lugar, que o método científico seguido por uma comunidade de estudiosos que investigue o mesmo objeto consiste em uma teoria central relevante amplamente aceita para a explicação e predição de um objeto, bem como nos procedimentos amplamente aceitos para investigar fenômenos e para aceitar e rejeitar alegações feitas sobre o objeto. Em seguida, demonstrei, na minha breve pesquisa sobre a filosofia da ciência, que o relato bayesiano da aceitação ou confirmação era amplamente difundido e compatível com uma descrição do que os juristas fazem ou podem fazer. Depois, expus que o que distingue o estudo do direito das ciências é a falta de uma teoria central. Entretanto, tem havido, pelo menos desde os anos 1930, entre os estudiosos de direito norte-americanos, um interesse pelo trabalho empírico, mais pelo aspecto descritivo do que pelo analítico.

---

[122] Eric A. Posner, *Law and Social Norms* (2000); Richard H. McAdams, "Signaling Discount Rates: Law, Norms and Economic Methodology", 110 Yale L. J. 625 (2001) (analisando Eric A. Posner, *Law and Social Norms*).

Acredito que eu possa discernir no conhecimento jurídico atual um movimento em direção a um método mais científico, como o que prevalece em outras ciências sociais, naturais, físicas e biológicas.[123] Se estiver correto, pode-se observar o início da elaboração de uma teoria central para o objeto do direito e crescentes tentativas de engajamento em um trabalho empírico analítico concebido para estabelecer a verdade das hipóteses sobre tópicos jurídicos decorrentes da referida teoria central. Acho que essas tendências são, na verdade, distintamente observáveis no estudo do direito.

Deixe-me começar com uma discussão sobre a teoria. Parece haver muito mais a se investigar no conhecimento jurídico do que existia há 20 anos. Provavelmente, o acusado mais óbvio disso é o "direito e economia". Seja lá o que tenham feito, os estudiosos, partindo dessa perspectiva, vêm explorando diligentemente o sistema jurídico para ver até que ponto o direito é eficiente. Articularam uma abrangente teoria — tanto positiva quanto normativa — que afirma, por exemplo, que as normas e os *standards* do direito de propriedade devem (e em grande parte o fazem) incentivar o uso eficiente dos escassos recursos da sociedade, que a lei contratual deve (e em grande parte o faz) reduzir eficientemente os custos da elaboração e estabelecimento de consensos, que o direito da responsabilidade civil deve (e em grande parte o faz) minimizar eficientemente os custos sociais dos acidentes e que os possíveis litigantes devem (e em grande parte o fazem) escolher eficientemente entre a negociação e o contencioso.[124] Essas mesmas ferramentas — análise microeconômica do processo de decisão jurídica partindo da assunção de que todos os envolvidos são atores racionais — também têm sido estendidas para as áreas de direito público, como direito empresarial,[125] direito penal,[126] falência[127] e direito de família.[128]

---

[123] Outros discerniram uma vertente semelhante no conhecimento jurídico. Ver, por exemplo, Posner, nota 1 *supra*, em 766-69 (arguindo que a independência do direito em face de outras disciplinas contíguas estava terminando e que a doutrina moderna consiste, em grande medida, na adoção, pelo direito, das ferramentas dessas disciplinas contíguas para o exame de questões jurídicas).

[124] Ver Cooter & Ulen, nota 114 *supra*, em 99-102, 228-29,370-71,484-87.

[125] Ver, por exemplo, Frank H. Easterbrook & Daniel R. Fischel, *The Economic Structure of Corporate Law* (1991).

[126] Ver Cooter & Ulen, nota 114 *supra*, em 506-32; Gary S. Becker, "Crime and Punishment: An Economic Analysis", 78 *J. Pol. Econ.* 526 (1967).

[127] Ver Thomas Jackson, *The Logic and Limfts of Bankruptcy Law* (1986).

[128] Ver Margaret F. Brinig, *From Contract to Covenant* (2000).

Certamente não estou dizendo que o uso da teoria microeconômica necessariamente seja a via para tornar o estudo do direito uma ciência. Pelo contrário, estou simplesmente apontando para as grandes atrações e sucessos desse método específico em trazer uma teoria abrangente para o estudo do direito como evidência da crescente teorização centralizada dos estudos jurídicos. Pode-se, muito facilmente, apontar para outras teorias abrangentes, que começaram a se desenvolver nos últimos tempos dentro do meio acadêmico jurídico, mesmo que não tenham florescido. Os estudos jurídicos críticos,[129] por exemplo, apresentam o mesmo objetivo teórico abrangente dos outros estudos de direito e economia.[130] Da mesma forma, o contratualismo,[131] que sustenta a visão de que um melhor entendimento do direito pode advir da investigação sobre a capacidade de a ordenação privada lidar com muitas interações sociais, pode ser entendido como propondo uma teoria central do di-

---

[129] Em inglês, *critical legal studies*, que consiste em um "movimento radical de advogados moldados por algumas influências: as tradições marxistas e realistas; a perspectiva filosófica de 'desconstrução'; e questões políticas como feminismo, meio ambiente, e antirracismo. O movimento parte da ideia realista de que o direito é fundamentalmente indeterminado, e ecoa a visão marxista sobre os meios por quais os interesses dos poderosos moldam o direito". Definição disponível na Stanford Encyclopedia of Philosophy, verbete "law and ideology". Disponível em: <http://plato.stanford.edu/entries/law-ideology/>. Acesso em: nov. 2012. (N.R.T.)

[130] Ver, por exemplo, Jack Balkin, *Cultural Software* (1987); Mark Kelman, *A Guide to Critical Legal Studies* (1987). Alguns dentro da comunidade CLS discordariam da minha caracterização de sua subdisciplina como estando interessada na teorização do estudo do direito. Em vez disso, podem evidenciar um profundo ceticismo sobre essa teoria *per se*. Alguns filósofos modernos compartilham desse ceticismo acerca de "teoria", preferindo considerações pragmáticas, limitadas e menos gerais à análise teórica abrangente. Ver, por exemplo, Rorty, nota 12 supra, em B7.

[131] No original, *contractarianism. A Stanford Encyclopedia of Philosophy* esclarece a distinção entre os termos *contractarianism* e *contractualism*, que correspondem a duas linhas filosóficas distintas, a primeira tendo origem na doutrina hobbesiana, e a segunda em Rousseau: "*contractualism* apela à ideia de contrato social. Ela [essa linha de pensamento] intenciona derivar o conceito de moralidade (e, em algumas versões, também a justificativa para o fato de que estamos obrigados a seguir a moralidade) a partir da noção de acordo entre todos no domínio da moral. A filosofia moral contemporânea oferece diversas outras interpretações para a tradição do contrato social. Faz-se necessário distinguir o *contractualism* dessas alternativas. *Contractarianism* tem suas origens em Hobbes, cuja visão é baseada em autointeresses mútuos. A moralidade consiste naquelas formas de comportamento cooperativo que são mutuamente vantajosas para que agentes autointeressados nelas se engajem (o maior expoente moderno é David Gauthier [...]). Ao contrário, qualquer forma de *contractualism* é baseada no igual *status* moral das pessoas. Ela interpreta esse *status* moral como estando baseado na sua capacidade para a ação autônoma racional. De acordo com a doutrina do *contractualism*, a moral consiste naquilo que resultaria se fizéssemos acordos cogentes desde um ponto de vista que respeitasse a igual importância moral que temos como agentes autônomos racionais. O *contractualism* tem suas origens mais em Rousseau do que em Hobbes: a vontade geral é o que juntos desejaríamos se adotássemos a perspectiva de cidadãos livres e iguais". *Stanford Encyclopedia of Philosophy*, verbete "contractualism". Disponível em: <http://plato.stanford.edu/entries/contractualism/>. Acesso em: out. 2012. (N.R.T.)

reito, com consequências empíricas.[132] Também se poderia argumentar que o direito e a sociedade estão chegando ao mesmo objetivo geral de providenciar uma teoria do direito utilizando o trabalho empírico para examinar as reais consequências do direito na prática.[133]

Outro exemplo da teorização central do direito que pode ilustrar desenvolvimentos científicos no conhecimento jurídico advém do direito empresarial. Há muito existem apenas poucos modelos de como organizar associações empresariais. Por exemplo, o modelo padrão dos Estados Unidos — no qual uma sociedade é vista como um conjunto de nexos contratuais, e os elementos de direito empresarial procuram maximizar a riqueza dos acionistas — tem sido considerado particularmente adequado aos objetivos sociais e às normas jurídicas norte-americanos, e não tão claramente adequados a outras sociedades. Outros teóricos sobre matéria societária geralmente enfocam duas alternativas — os modelos japonês e alemão — e demonstram que essas formas são particularmente bem-adaptadas a essas sociedades.[134]

No entanto, sustenta-se que, recentemente, tem havido uma convergência para o modelo norte-americano em vários sistemas jurídicos diferentes.[135] As razões para essa convergência são muitas e poderosas — por exemplo, a concorrência global e transnacional —, e estão além do meu foco principal. Ain-

---

[132] Ver, por exemplo, Randy E. Barnet, *The Structure of Liberty* (1998).

[133] Um dos artigos mais célebres nesse sentido é Stewart Macaulay, "Non-Contractual Relations in Business: A Preliminary Study", 28 *Am. Soc. Rev.* 55 (1963). Sem oferecer uma teoria contratual bem desenvolvida, Macaulay examinou como as associações empresariais que tinham um relacionamento contratual efetivamente lidavam uma com as outras. Constatou que empresários tendem a ignorar os termos do contrato e se amparar em métodos informais para resolver os problemas que surgem na sua relação. Id. em 61.

[134] Ver Mark J. Roe, "Some Differences in Company Structure in Germany, Japan, and the United States", 102 *Yale L. J.* 1927 (1993); ver também Mark J. Roe, "Can Culture Constrain the Economic Model of Corporate Law?", 69 *U. Chi. L. Rev.* 1251 (2002).

[135] Ver Henry Hansmann & Reinier Kraakman, "The End of History for Corporate Law", 89 *Geo. L. J.* 439 (2001); ver também Ronald J. Gilson, *Globalizlng Corporate Governance: Convergence of Form or Function?* (Colum. L. Sch., Ctr. for L. & Econ. Stud., *Working Paper* n. 174, 2000); Bernard Black & Reinier Kraakman, "A Self Enforcing Model of Corporate Law", 109 *Harv. L. Rev.* 1911 (1996); John C. Coffee, Jr., "The Future as History: The Prospects for Global Convergence in Corporate Governance and Its Implications", 93 *Nw. U. L. Rev.* 641 (1999). Para uma visão de que há um limite inevitável para a convergência, ver Lucian Ayre Bebchuk & Mark J. Roe, "A Theory of Path Dependence in Corporate Ownership and Governance", 52 *Stan. L. Rev.* 127 (1999). Uma recente tentativa de dar conta das diferenças culturais em uma teoria unificada da governança corporativa se encontra em Amir N. Licht, 77ie "Mother of All Path Dependencies: Toward a Cross-Cultural Theory of Corporate Governance Systems", 26 *Del. J. Corp. L.* 147 (2001).

da assim, para meus propósitos, o aspecto notável dessa convergência, caso ocorra de fato, é que ela pode ser considerada um dos primeiros exemplos de um desenvolvimento teórico consolidado em direito através das fronteiras nacionais. Isto é, possivelmente o antigo argumento — segundo o qual as características particulares de algum aspecto de um sistema jurídico nacional, tais como a forma societária de organização empresarial, eram produtos de processos dependentes de trajetórias e imperativos culturais exclusivos de cada sistema jurídico nacional — pode ter dado lugar a um argumento teórico culturalmente não específico.[136] Nesse caso, os argumentos teóricos poderosos dos estudiosos do direito e economia das sociedades empresariais acerca da superior eficiência do modelo de maximização da riqueza dos acionistas norte-americanos pode ter tido a consequência prática de levar diferentes sistemas jurídicos a adotar o modelo norte-americano, a despeito das diferenças em seus sistemas jurídicos nacionais.[137]

Estou sugerindo que a extensão na qual o direito esteja se tornando ou venha a se tornar uma "ciência jurídica" depende da sua sofisticação teórica. Afigura-se a guinada da ciência jurídica, na qual o núcleo teórico será aquele que for mais amplamente compartilhado entre os juristas de todos os países. Não afirmo que haverá uma única teoria aceita por todos os estudiosos do direito. Pode haver, sim, várias teorias diferentes, e os estudiosos podem estar engajados no afã de persuadir o grupo acadêmico que sua teoria em especial é superior às outras. Esse processo é, sem dúvida, precisamente aquele que caracteriza muito das ciências naturais, físicas e biológicas. E, como afirmei

---

[136] Black and Kraakman são particularmente sensíveis a essa distinção. Ver Black & Kraakman, nota 135 *supra*. No entanto, argumentam — boa parte com base no modelo de uma teoria central de microeconomia aplicada a diferentes economias desenvolvida na seção IV.A acima — que um modelo geral de associações empresárias pode ajudar a explicar por que pode haver um direito societário diferente em diferentes países. Ver id. Por exemplo, seu artigo é um argumento favorável a um sistema de autorregulação na aplicação do direito societário na Rússia, em oposição ao sistema de solução pública. Entre as razões para essa preferência por um sistema de autorregulação na Rússia estão uma fraca tradição de execução judicial e que há razões contextuais para não se exigir a divulgação pública de informações corporativas, o que parece formar um elemento importante do sistema de direito societário dos Estados Unidos. Id. em 1296-98.

[137] Espero que seja óbvio que *não* estou argumentando em favor da análise econômica como sendo a teoria universal de qualquer área do direito, nem sustentando que o modelo de organização empresarial dos Estados Unidos seja necessariamente o método mais eficiente de organizar grandes empresas.

na seção III.C, o processo de confirmação bayesiano parece ser aquele que caracteriza essa batalha entre teorias concorrentes de fenômenos jurídicos.

Há outro aspecto dessa teorização do direito que me sinto obrigado a apontar: o fato de que a teorização crescente do direito será quase certamente não doutrinária. Ao fazer menção a teorias "doutrinárias", quero me referir àquelas que são filosóficas e possuem como característica a noção de que os conflitos entre teorias doutrinárias concorrentes serão resolvidos, se o forem, apenas por argumentação hipotético-dedutiva. Minha sensação é que a teorização do direito que está ocorrendo, e que provavelmente se espalhará, é a teorização positiva e normativa sobre os efeitos dos *standards* e normas jurídicas sobre comportamento e outros fenômenos reais, ou seja, sobre as consequências do direito.

Se eu estiver correto ao afirmar que a teorização de um tipo em particular está se tornando cada vez mais comum entre os estudiosos do direito, então também acredito que haja outra consequência importante para o futuro da ciência do direito: o aumento do uso de métodos empíricos e experimentais para examinar fenômenos jurídicos. De um modo geral, esta seria uma consequência perfeitamente trivial da teorização do conhecimento jurídico: todas as ciências possuem um componente teórico e empírico central, e se o direito está se tornando mais teórico, no sentido que aqui proponho, inevitavelmente também se tornará mais empírico.

Minha previsão de que uma crescente teorização trará aumento do empirismo é, de fato, confirmada por padrões observáveis do conhecimento jurídico. Sabemos que tem havido um aumento na quantidade de trabalhos teóricos em direito, pelo menos no campo alimentado pela economia.[138] Se eu estiver correto em minha convicção de que o estudo do direito está se tornando mais próximo da ciência no que se refere ao grau de teorização centralizada, então deve haver um aumento correspondente na quantidade de trabalhos empíricos sendo publicados pelos juristas. De fato, há evidências de que esse fenômeno de aumento do trabalho empírico entre os estudiosos do direito já está em progresso. O professor Robert Ellickson recentemente procurou fazer

---

[138] Ver William Landes & Richard A. Posner, "The Influence of Economics on Law: A Quantitative Study", 36 *J. L. & Econ.* 385, 387 (1993).

um estudo estatístico das tendências recentes na academia jurídica e constatou o que mostra a tabela 2.[139]

Tabela 2 | Índice de frequência
(Índice de frequência de referências, 1994-1996 = 100)

	1982-84	1985-87	1988-90	1991-93	1994-96
Empírico:					
Empírico!	95	96	86	92	100
Quantitativo!	86	100	92	97	100
Estatístico!	55	75	72	83	100
Significante!					

Com relação a abordagens empíricas e sociológicas para o estudo do direito, Ellickson constatou — em outra tabela apresentada em seu artigo antes da reproduzida acima (ver tabela 3 em Ellickson, p. 527) — que, entre 1994 e 1996, foram seis vezes maiores as referências a *empírico!* do que a *pós-moderno!*, o que ele considera uma *proxy* do ceticismo acerca do trabalho empírico. No entanto, ele descobriu que os índices de trabalhos empíricos e quantitativos foram constantes de 1982 a 1996, enquanto os índices para os termos *estatístico!* e *significante!* duplicaram com relação ao mesmo período. Ele conclui: "Os dados da tabela 4 [tabela 2, acima reproduzida], portanto, indicam que os professores e alunos de direito estão mais inclinados a produzir (apesar de não consumir) análises quantitativas".[140]

Na seção acima sobre a teoria jurídica no estudo do direito, especulei brevemente sobre o porquê de não haver uma teoria central transnacional nessa área. Também poderia especular sobre por que há tão pouco trabalho empírico no direito.[141] Uma razão óbvia é que tem havido muito pouco trabalho

---

[139] Robert C. Ellickson, "Trends in Legal Scholarship: A Statistical Study", 29 J. *Legal Stud.* 517, 528-29 tbl. 4 (2000). Ellickson realizou uma pesquisa na Westlaw sobre todos os documentos contendo determinadas expressões-chave que indicavam o estilo de conhecimento que aquele trabalho representava.
[140] Id. em 528.
[141] Houve diversos estudos de grande qualidade sobre o realismo jurídico. Desses estudos, obtive imenso benefício do trabalho de John Henry Schlegel, "American Legal Realism and Empirical

teórico que pudesse incentivar uma demanda por trabalho empírico. Essa [espécie de] teoria, frequente no direito, pode ser questionada e rebatida completamente por argumentação dedutiva. Apenas depois da ascensão do realismo jurídico e suas afirmações sobre a previsibilidade e a natureza indireta das leis tem havido apelo para que se abandone o modo hipotético-dedutivo de resolver conflitos. [O movimento] direito e sociedade[142] que, infelizmente, incitou a fidelidade e o interesse de apenas uma porcentagem limitada de juristas,[143] há muito se concentra nos estudos empíricos de temas jurídicos, tendo gerado descobertas embrionárias. Mas só com o surgimento de teorias mais abrangentes — tais como direito e economia, contratualismo e estudos jurídicos críticos — foi que o trabalho empírico em direito tornou-se intimamente interligado, como nas ciências, à avaliação de resultados teóricos.[144] Certamente mais um motivo para os juristas não terem conduzido muitos trabalhos empíricos é o fato de não serem conhecedores deles. A investigação social empírica é, afinal, um complexo e específico campo de investigação, em relação ao qual os advogados não tinham nem motivação nem oportunidade

---

Social Science", e sou grato a Michael Heise por trazê-lo a minha atenção. O trabalho de Schlegel é um cuidadoso exame do notável grupo de estudiosos, muitos na Faculdade de Direito de Columbia e na Faculdade de Direito de Yale após a I Guerra Mundial, que procuraram criar uma ciência jurídica empírica para se justapor à ciência jurídica langdelliana, uma área que procurou avançar de uma doutrina com base no direito natural, que buscava encontrar o direito a partir de argumentos formais, para uma ciência empírica por meio da exploração de decisões judiciais para estabelecimento do direito. Para analisar a conexão entre a minha investigação e a do professor Schlegel, considere essa questão no início do seu extraordinário trabalho: "Por que o direito não se tornou um estudo científico, no sentido de ciência do século dezenove, ou seja, de uma investigação empírica do mundo 'lá fora', como o fizeram as outras disciplinas na vida acadêmica americana que se formou no final do século dezenove e início do século vinte?" John Henry Schlegel, *American Legal Realism and Empirical Social Science* 1 (1995). Também sobre os adeptos do realismo jurídico, ver, para informações gerais, Morton J. Horowitz, *The Transformation of American Law, 1870-1960*: *The Crisis of Legal Orthodoxy* (1992); Laura Kalman, *Legal Realism at Yale, 1927-1960* (1986). A respeito da questão mais abrangente de por que, desde o tempo do realismo jurídico, houve relativamente poucas pesquisas empíricas no campo do direito, ver Peter H. Schuck, "Why Don't Law Professors Do More Empirical Research?", 39 J. *Legal Educ.* 323 (1989); e simpósio "Social Science in Legal Education", 35 J. *Legal Educ.* 465 (1985).

[142] No original, *law and society*. (N.R.T.)

[143] Ver, por exemplo, Duxbury, nota 75 *supra*, em 454.

[144] Recentemente, doutor William Meadow e professor Cass R. Sunstein argumentaram em favor de utilizar estudos estatísticos no lugar dos testemunhos de especialistas para resolver determinadas questões factuais em litígios. Ver William Meadow & Cass R. Sunstein, "Statistics, Not Experts", 51 *Duke L. J.* 629, 631 (2001) (o "sistema jurídico deve se amparar, sempre que puder e seguramente mais do que o faz, em *dados estatísticos* sobre o desempenho de doutores em vez das opiniões de especialistas sobre o desempenho de doutores... nossa maior reivindicação é a de que, utilizando dados estatísticos, o sistema jurídico chegará a resultados mais acurados").

de explorar até recentemente. O número de cursos de direito dedicados à formação de estudantes na compreensão e execução de trabalho empírico ou experimental quantitativo deve ser muito, muito pequeno, mas não é inexistente. E aqueles que, como eu, veem com bons olhos e até mesmo incentivam o trabalho empírico e experimental no estudo do direito de alguma forma conseguiram obter treinamento competente nas respectivas técnicas. Assim como afirmei acima que a teorização do direito está em uma fase inicial, deve também ser verdade que o empirismo e a experimentação como técnicas padrão no estudo do direito também estejam em um estágio muito incipiente de aceitação e desenvolvimento.

V. Conclusão

Comecei essa investigação sobre o estado de conhecimento jurídico propondo uma pergunta retórica: "Haverá um dia um Prêmio Nobel para o direito?". Posso agora resumir o argumento e conjecturar uma resposta.

Vimos que uma ciência ou uma disciplina acadêmica que segue o método científico tem as seguintes características gerais: (i) um objeto consolidado, (ii) considerado a partir de uma perspectiva teórica central compartilhada, com (iii) padrões e procedimentos amplamente aceitos para avaliação (confirmação ou rejeição) de proposições ou descrições teóricas sobre o objeto do campo. Os cientistas de uma determinada área parecem compartilhar de um paradigma ou um entendimento normal do seu campo. Uma característica importante das ciências para as quais são concedidos Prêmios Nobel é que os cientistas nesses campos entendem e apreciam o trabalho uns dos outros, a despeito do país em que estejam conduzindo suas investigações científicas.

À primeira vista, argumentei que o estudo acadêmico do direito não é uma ciência e não segue o método científico, em especial no sentido de ter uma teoria central consolidada que extrapole as fronteiras nacionais e faça os estudos de questões jurídicas em um país interessantes para os estudiosos de outra jurisdição. O estudo acadêmico do direito parece, sim, ser altamente contextualizado e, em grande parte, de interesse muito local. Sugeri que a razão central para isso recairia no fato de não existir ainda uma teoria central do direito compartilhada por todos os advogados acadêmicos, a despeito do país em que se encontrem. Argumentei, por analogia à medicina e à economia, que não há razões particularmente persuasivas para a lacuna acadêmica de uma teoria central do direito compartilhada e para seu foco altamente centrado em assuntos de interesse dentro de uma jurisdição. No final, afigurou-se para mim o enigma do porquê de o estudo acadêmico do direito só recentemente começar a desenvolver o tipo de teoria central compartilhada que caracteriza as ciências naturais e sociais.

Apesar da falta de uma teoria central compartilhada entre os advogados acadêmicos, constatei que há muito existe um interesse no trabalho empírico na academia jurídica. Na verdade, os primeiros teóricos da doutrina, como Christopher Columbus Langdell, acreditavam que seu método de interpretação de opiniões judiciais, de modo a discernir o núcleo doutrinário dentro de um campo do direito e de uma jurisdição em particular, era uma investigação empírica de cunho científico. E os adeptos do realismo jurídico que, ao focar em parte nas consequências sociais do direito e alegar que o direito significava uma previsão informada sobre como um tribunal decidiria um conflito em particular, levantaram a ideia de efetivamente considerar as consequências de qualquer regra ou norma jurídica ou de investigar sistematicamente as posições de um tribunal em especial para prever com mais precisão como esse tribunal resolveria qualquer conflito em particular que lhe fosse encaminhado para decisão. Mas, de certa forma, curiosamente, os adeptos do realismo jurídico nunca se engajaram muito no trabalho empírico, apesar de suas crenças centrais parecerem guiá-los nessa direção acadêmica.

Acredito que haja uma clara mudança em andamento no conhecimento jurídico que esteja tornando o estudo do direito mais científico. Para ser breve, conquanto há 20 ou mais anos, os juristas direcionavam seu trabalho escrito principalmente em direção a questões de advogados e juízes, os estudiosos do direito hoje em dia muitas vezes têm como foco de seus escritos principalmente os outros juristas que trabalham em sua área.[145] Essa mudança alinha a academia jurídica a outros estudiosos acadêmicos. Químicos acadêmicos, por exemplo, realizam pesquisas e escrevem artigos cujo principal público são outros químicos acadêmicos. Se químicos nos setores industriais e comerciais acharem a pesquisa interessante, melhor, mas este não é o efeito objetivado por químicos nas universidades ou no campo da pesquisa. Da mesma forma, um professor de inglês em uma universidade escreve seu trabalho acadêmico principalmente para outros estudiosos em sua área de especialização em inglês, e não para o público em geral. Na verdade, um método comum de criticar o trabalho de um estudioso é sugerir que ele não foi destinado a outros especialistas, mas ao público "popular". Assim, se um professor de inglês escreve um romance policial para consumo popular, esse trabalho quase certamente não contará para sua reputação acadêmica. Muito pelo contrário, a autoria de um romance policial pode denegrir a reputação que um professor tenha dentro da academia.

Precisamente o mesmo pode estar ocorrendo na área do conhecimento jurídico. Vinte anos atrás, os elogios e prestígio acadêmicos eram obtidos por estudiosos do direito cujo trabalho tivesse influenciado magistrados e advogados. Isso era verdade mesmo que o efeito fosse indireto, como através da criação de *casebooks* e tratados amplamente utilizados. Nos últimos 20 anos, no entanto, as fontes de prestígio acadêmico na academia jurídica mudaram.

---

[145] O juiz Posner argumenta que uma explicação para esse crescente movimento dos profissionais em direção aos estudos acadêmicos (e o aumento associado de teorias jurídicas) é o grande aumento no número de professores de direito, um aumento que surgiu de um crescimento geral da demanda por serviços jurídicos e o consequente aumento da demanda por formação jurídica. Ver Richard A. Posner, *Frontiers of Legal Theory* 3-4 (2001). Não necessariamente concordo. Em primeiro lugar, desejo distinguir, como tentei fazer no estudo, entre o florescimento das teorias doutrinárias (sobre as quais acredito que o juiz Posner tenha se centrado em sua introdução) e a teoria jurídica que sugere inerentemente o trabalho empírico e experimental para sua confirmação. Quero reforçar a ascensão do último tipo de teoria. Em segundo lugar, mesmo se houvesse um aumento drástico na demanda por serviços jurídicos (o número de advogados dobrou entre meados dos anos 1970 e meados dos anos 1990 nos Estados Unidos) e, portanto, um aumento no número de professores de direito, não acredito que esse aumento deveria requerer uma mudança no estilo da doutrina jurídica. Por que esse aumento não conduziria simplesmente a um aumento no estudo jurídico que marcou a academia até 1980? Meu entendimento — para o que, devo acrescentar, no espírito deste artigo, possuo evidências empíricas, embora seja eu que as esteja reunindo — é o de que a teorização crescente e a ênfase acadêmica no estudo do direito são devidas a fatores internos associados ao histórico do conhecimento jurídico e da formação jurídica nos grandes centros de pesquisa universitários, e não a forças externas e de mercado vindas do mercado de serviços jurídicos.

O prestígio que costumava decorrer da proeminência entre os profissionais da área já não é tão valioso e, em decorrência disso, não é mais tão amplamente procurado. Em vez disso, a fonte ascendente de prestígio entre os estudiosos do direito hoje em dia é a reputação entre colegas acadêmicos. Os juristas buscam essa apreciação de modos diferentes daqueles que prevaleciam quando a estima dos profissionais praticantes era um objetivo mais destacado no meio acadêmico.

Outro indício da natureza mutável do conhecimento jurídico é o fato de que os detentores de duplos diplomas — aqueles com bacharelado em direito e outro grau, geralmente doutores em uma matéria correlata — estão entre os participantes mais procurados na academia jurídica. No entanto, outro indicador da natureza mutável das coisas é o fato de não ser mais obrigatório, como era, digamos, há 20 anos, que um professor assistente de direito tenha alguma experiência prática antes de entrar no meio acadêmico.

Se eu estiver correto na suposição de que há uma transição em curso no meio acadêmico jurídico, podemos esperar confiantemente que haverá alguns deslocamentos e protestos. Os interesses acadêmicos se consolidaram na academia tanto quanto aqueles interesses especiais que lutam tão arduamente por influenciar a vida pública. De fato, há uma piada que diz que "a ciência avança funeral a funeral".[146] Não há razão para acreditar que a transição do direito de um estudo ordenado, mas uma ciência casual, para uma ciência em pleno desenvolvimento, com uma teoria central compartilhada que sugira testes empíricos para confirmar ou refutar hipóteses derivadas dessa teoria, vá ser menos controversa que as transições científicas do antigo para o novo paradigma que Thomas Kuhn tão notavelmente narrou.[147] Mas os benefícios que podem decorrer de uma mudança exitosa para esse novo método de conhecimento jurídico são muitos. Por exemplo, é verdadeiramente maravilhosa

---

[146] Meu agradecimento ao professor Paul Rubin, da Emory University, por essa observação.

[147] Edward O. Wilson argumentou veementemente em *Consilience* que o progresso em um grande número de disciplinas não tidas como científicas ocorrerá apenas quando aqueles versados nessas disciplinas adotarem o método de investigação científica em seu objeto. Ver Wilson, nota 26 *supra*, em 269. Um apelo nesse sentido em uma área do pensamento acadêmico considerada não científica — história humana — foi recentemente feito pelo professor Jared Diamond. Jared Diamond, *Guns, Germs, and Steel: The fates of Human Societies* 420-25 (1997).

a possibilidade de que os acadêmicos jurídicos ao redor do mundo possam compartilhar uma teoria central do direito e, portanto, escrever um trabalho para um público global e ampliar os horizontes daqueles preocupados em encontrar novos entendimentos e métodos de melhoria da condição humana.

Apêndice. Os prêmios Nobel

Alfred Nobel, norueguês, inventou a dinamite em 1866 e passou a fazer uma fortuna produzindo e vendendo seu invento e outros produtos químicos. Aparentemente, Nobel sentiu algum arrependimento por ter acumulado tanta riqueza fornecendo elementos de destruição, e procurou corrigir essa deficiência no final de sua vida.[148] Em 27 de novembro de 1895, ele assinou seu testamento no Clube Sueco-Norueguês, em Paris, no qual criou a Fundação Nobel e estabeleceu a concessão anual de prêmios para reconhecimento de distinção mundial em assuntos internacionais e em disciplinas acadêmicas selecionadas. Havia cinco áreas mencionadas no testamento de Nobel: paz, literatura, fisiologia ou medicina, física e química. Desde que os primeiros prêmios foram concedidos em 1901, um prêmio — o de economia, sobre o qual falaremos adiante — foi adicionado. Os vencedores dos prêmios têm sido anunciados em todo outono, nos últimos 100 anos. Os observadores mais atenciosos consideram esses prêmios a maior realização a que uma pessoa nessas áreas pode aspirar.[149]

A vontade de Nobel estabelece que várias entidades diferentes devem atuar como comitês de nomeação e entrega dos prêmios.[150] Por exemplo, os comitês vindos da Real Academia Sueca de Ciências concedem os prêmios de física, química e literatura, e o Karolinska Institutet, em Estocolmo, concede o prêmio de fisiologia ou medicina. O Prêmio Nobel da Paz é concedido por um comitê de cinco membros selecionados do Parlamento norueguês para a pessoa

---

[148] Ver Burton Feldman, *The Nobel Prize: A History of Genius, Controversy, and Prestige* 36 (2000).

[149] Há, é claro, muitos outros prêmios e medalhas de prestígio em todo o mundo. A título ilustrativo, o Prêmio Wolfenden é concedido a matemáticos — por exemplo, Andrew Wiles ganhou o prêmio por sua prova do último teorema de Fermat. Ver Simon Singh, *Fermat's Last Theorem* (1997). O governo alemão concede o Prêmio Leibnitz em diversos campos, incluindo o direito; e a Associação Americana de Economia concede, desde 1947, a Medalha John Bates Clark bienalmente para os economistas mais proeminentes com menos de 40 anos. O Prêmio Templeton para o Progresso na Religião oferece uma recompensa pecuniária que seu fundador deliberadamente estipulou que deveria superar o prêmio em dinheiro dos prêmios Nobel. Ver *Templeton Prize*, em: <www.templetonprize.org>. Acesso em: 4 mar. 2002. Para uma descrição dessas e outras comendas, ver *World Dictionary of Awards and Prizes* (1979). Ver também *Awards, Honors & Prizes* (19th ed., 2001) [doravante Prêmios].

[150] Awards, nota 149 supra, em 608-09; ver também *The Official Site of the Nobel Foundation* (última modificação em 20 fev. 2002). Disponível em: <www.nobel.se>. Acesso em: out. 2012.

que, no ano anterior, "conferiu o maior benefício para a humanidade".[151] Os comitês não consideram raça ou nacionalidade, de modo que "o mais digno deve recebê-lo, seja ele escandinavo ou não".[152]

Nos 100 anos do Prêmio Nobel, apenas um prêmio foi adicionado.[153] Em 1968, o Banco Real da Suécia, como parte da celebração de seu 300º aniversário, instituiu o "Prêmio do Banco Central da Suécia em Ciências Econômicas em Memória de Alfred Nobel". Tal como acontece com os outros prêmios, ganhar o Prêmio Nobel de Economia é a maior conquista nessa área. O Banco Real da Suécia indica de cinco a oito pessoas para o Comitê de Seleção do Prêmio de Economia, que encomenda estudos sobre os trabalhos dos principais candidatos.[154] O Comitê de Premiação, em seguida, apresenta seu relatório à Classe de Ciências Sociais da Real Academia Sueca de Ciências. O Banco Real concedeu o primeiro Prêmio de Economia, em 1969, a Ragnar Frisch e Jan Tinbergen.[155]

O processo de indicação passa por várias etapas.[156] A cada ano, os comitês de seleção enviam pedidos de nomeação para milhares de especialistas independentes, professores universitários, membros de academias nacionais e internacionais, entre outros, solicitando indicações para cada um dos prê-

---

[151] Ver The Official Site of the Nobel Foundation: The Nobel Prize (última modificação em 10 maio 2001). Disponível em: <www.nobel.se/peace/ index.html>.

[152] Id. Os mesmos critérios gerais com relação à irrelevância, para o prêmio, da raça e nacionalidade dos potenciais laureados, e que o laureado seja o "mais notável" no mundo, aplicam-se também a todos os outros prêmios.

[153] Cumpre destacar (de forma talvez inquietante) que muito embora tenha havido mudanças significativas além da economia, não houve outros Prêmios Nobel adicionais. Considere, por exemplo, que a biologia molecular, os estudos do genoma e a físico-química não existiam 100 anos atrás, quando as categorias do prêmio surgiram. No entanto, a academia achou formas de reconhecer as extraordinárias descobertas dentro dos limites das categorias estabelecidas no testamento de Nobel sem ter de criar novas categorias.

[154] Ver Sylvia Nasar, A Beautiful Mind 356-73 (1998) (discutindo o processo de nomeação para o Prêmio Nobel de Economia).

[155] Uma lista dos vencedores do Prêmio Memorial Nobel de Ciências Econômicas desde o outono de 2001 com a razão do prêmio pode ser encontrada em <www.cooter-ulen.eom/miscellaneous. htm# Nobelprizewinners>. Cumpre ressaltar que alguns analistas acreditam que não deveria haver um prêmio para economia. Ver, por exemplo, Feldman, nota 148 supra, que argumenta que a economia não se tornou ainda tão claramente científica quanto outras disciplinas acadêmicas para as quais os Prêmios Nobel são concedidos. Id. em 329, 346-48, 352-55.

[156] Ver The Official Web Site of the Nobel Foundation: Nomination and Selection of the Nobel Laureates (última modificação em 18 dez. 2001). Disponível em: <www.nobel.se/literature/nomination/index. html>.

mios no próximo ano.[157] As candidaturas devem ser enviadas ao comitê pertinente até 1º de fevereiro do ano em que o prêmio será concedido. O comitê solicita a ajuda de especialistas externos para avaliar as nomeações e prepara um relatório para a instituição que concederá o prêmio. Os membros dessas instituições, em seguida, votam nos laureados. Todos os laureados, exceto o Nobel da Paz, recebem seus prêmios no Concert Hall, em Estocolmo, Suécia, em 10 de dezembro.[158] O Prêmio Nobel da Paz recebe seu prêmio no mesmo dia, no City Hall, em Oslo, na Noruega.

Os prêmios são geralmente concedidos a apenas duas pessoas em cada categoria e, desde 1968, os estatutos da Fundação Nobel restringiram a concessão de qualquer um dos prêmios a não mais do que três pessoas. Desde 1974, o prêmio pode ser concedido a uma pessoa falecida se essa pessoa tiver sido nomeada como beneficiária até o mês de outubro passado, mas falecer antes da cerimônia de premiação, em 10 de dezembro. Os vencedores recebem uma medalha, um diploma e uma quantia em dinheiro, que até recentemente estava livre de impostos de renda nos Estados Unidos, mas que agora é tributável.[159] O valor disponibilizado através da Fundação Nobel para os laureados em 2001 foi de 10 milhões de coroas suecas.[160]

---

[157] Os Regulamentos Especiais que normatizam o prêmio de literatura explicam quem pode enviar indicações: "O direito de indicar candidatos para a competição deve ser desfrutado pelos membros da Academia Sueca e de outras academias, instituições e sociedades que sejam semelhantes àquela em sua constituição e propósito; por professores de literatura e linguística em universidades e faculdades; pelos laureados com o Prêmio Nobel de Literatura anteriormente e pelos presidentes das sociedades de autores que sejam representativas da produção literária em seus respectivos países". Ver id.

[158] A cerimônia é realizada nessa data *in memoriam* do falecimento de Alfred Nobel, de ataque cardíaco, em sua casa em San Remo, Itália, em 10 de dezembro de 1896.

[159] 26 U.S.C. §74 (2000).

[160] Isso correspondia a US$ 971.000,00 em 3 de abril de 2002.

PARTE II

O debate sobre direito e método científico

2. Onde estão as fronteiras entre direito e economia? Comentários a Thomas Ulen: "A Nobel Prize in Legal Science"

PAULO FURQUIM DE AZEVEDO

Em seu artigo "A Nobel Prize in Legal Science", o prof. Thomas Ulen nos apresenta um visão original e abrangente do estado da arte e perspectivas para o estudo do direito. Trata-se daqueles artigos que poucos poderiam escrever, pois exige o conhecimento do que era e do que se torna a pesquisa em direito, tudo isso pontuado por uma visão geral de ciência e das rotinas de pesquisa de vários campos do conhecimento. E, para a nossa sorte, foi o prof. Ulen que se dedicou a esta empreitada.

Em uma análise comparativa com outras áreas do conhecimento, prof. Ulen conclui que o estudo do direito vem-se tornando mais "científico" — em particular pelo crescente e relevante emprego de métodos empíricos —, mas que ainda lhe faltam diversos elementos do método científico. Entre esses, o direito carece, em especial, de um corpo teórico amplamente difundido e universalmente aceito, assim como de padrões e métodos de análise empírica que orientem a sua prática e que sejam de linguagem comum entre seus pares acadêmicos. Em que pesem esses limites, há um movimento em direção a um estudo do direito em bases científicas, não em seu sentido popperiano clássico, mas mais próximo ao que fazem os corpos acadêmicos reconhecidamente tidos como mais científicos, como a biologia e, no campo das ciências sociais aplicadas, a economia.

Esses breves comentários procuram fundamentar proposição complementar à feita pelo prof. Ulen: há movimento análogo ao observado no direito nas demais ciências sociais aplicadas, como sociologia e economia, que produz um fenômeno, senão de aproximação, de dissolução das linhas de demarcação entre cada um desses corpos de conhecimento. Se na perspectiva do direito, como observado pelo prof. Ulen, esse movimento aparenta um caminho em direção a uma abordagem dita "científica", por sua busca de uma teoria suficientemente abstrata para lhe conferir generalidade e uso abundante de métodos empíricos, na perspectiva da economia observa-se a crescente preocupação com a incorporação de aspectos institucionais, que há poucas décadas eram preocupação exclusiva de outras áreas do conhecimento, como a sociologia e o direito. Também relevante é o reconhecimento de que o pressuposto comportamental de plena racionalidade econômica não é uma representação adequada para várias situações, o que tem gerado movimento relevante de incorporação de variantes comportamentais, sob a influência da psicologia e da biologia. Em outras palavras, há uma preocupação na economia, ainda que não universal, em construir uma teoria mais ancorada na realidade e, por consequência, nas especificidades locais. Nota-se, portanto, não apenas um movimento em direção a modelos teóricos mais abstratos e maior relevância de trabalhos empíricos de natureza científica no direito, mas também um movimento em direção ao concreto na economia. Esse movimento de convergência e de influência mútua cria uma oportunidade promissora e fértil nos diversos ramos das ciências sociais aplicadas, ainda que preservando sua individualidade.

Tal argumento é detalhado nos parágrafos a seguir, que sumariam, primeiramente, a avaliação do prof. Ulen, seguida de uma síntese das transformações no estudo da economia. De posse desses elementos, a conclusão do artigo do prof. Ulen é reinterpretada e são apresentadas algumas (modestas) implicações para o estudo do direito e economia.

O caminho do direito

Em sua análise a respeito dos caminhos do estudo e pesquisa sobre o direito, o prof. Ulen ancora suas reflexões na comparação desse campo do conhecimento com os demais campos da ciência, em geral, e das ciências sociais aplicadas, em particular. Sua discussão não é etérea, no abstrato de uma percepção puramente normativa do que idealmente deveria ser o estudo do direito, mas tem por referência o modo como efetivamente se faz pesquisa nessas outras áreas, que servem como uma base de comparação presumivelmente atingível pelos pesquisadores de direito. Entre as demais áreas do conhecimento, a economia é recorrentemente apontada como reveladora dos caminhos *desejáveis* para o estudo do direito, possivelmente por sua proximidade no campo e problemas comuns das ciências sociais aplicadas. A ficção de um Prêmio Nobel em direito ilustra essa visão da economia, a única entre as ciências sociais aplicadas a fazer companhia às chamadas ciências naturais em premiação tão distinta na comunidade acadêmica.

O ponto de partida do prof. Ulen é observar que o estudo do direito sempre contou com alguns elementos do método científico, algo intrínseco à própria prática jurídica, que contempla a reunião de evidências para corroborar ou não uma conclusão. Entretanto, diversos elementos do método científico — essenciais, diga-se de passagem — estão ausentes do estado da arte do estudo do direito. Entre estes, destacam-se a ausência de um paradigma teórico largamente aceito, bem como métodos, partilhados pelos vários pares, para a corroboração empírica das proposições teóricas. Em suas palavras:

> *I claim that there are some of the elements of the scientific method in the study of law but that there are some important defining elements that are missing — namely, a widespread and commonly accepted theoretical core or paradigm and accepted standards and methods of empirical or experimental verification.*
>
> *There are some aspects of the scientific method that the study of law shares with, among other sciences, those for which there is a Nobel Prize. And there are some aspects of that method that the study of law does not share* [Ulen, 2002:19].

É a incorporação desses elementos que o prof. Ulen prevê como caminho a ser perseguido pelo estudo do direito. Em sua visão, este não será um caminho fácil, em decorrência de particularidades do direito, que tornam mais complexa a construção de um paradigma teórico que possa ser aplicado aos mais variados países e culturas. De fato, ele reconhece textualmente que, "a princípio, não há razão para que não se possa desenvolver uma teoria que explique as diferenças (ou similaridades) dos sistemas legais" (Ulen, 2002:24). Entretanto, a costumeira subordinação do estudo do direito, nos mais diversos países, à prática jurídica — via de regra, operada localmente — inibe o desenvolvimento de uma teoria de caráter geral.

Como se verá mais adiante, a dificuldade em lidar com as especificidades locais não é uma idiossincrasia do direito, que implicaria colocá-lo em estado permanente de menor desenvolvimento no uso do método científico. Trata-se de uma característica, em maior ou menor grau, partilhada por todas as ciências sociais aplicadas, que têm em seu objeto a sociedade, variabilidade que dificulta a construção de uma teoria abstrata, aplicável a toda e qualquer sociedade. Ainda assim, para o prof. Ulen, esse é um caminho desejável e, como transparece em seu artigo, condição necessária para o *status* científico de um programa de pesquisa.

É interessante notar que, entre todos os corpos de conhecimento em que o prof. Ulen ancora sua avaliação do estudo do direito, a economia atinge nítida proeminência. Ela é vista como um ideal científico possível, também sujeito às restrições comuns a todas as ciências sociais aplicadas, mas que teria alcançado *status* e respeitabilidade suficiente para se autodenominar científica, sendo a existência de um Prêmio Nobel um símbolo dessa reputação distinta da economia entre todas as ciências sociais aplicadas. Uma de suas maiores virtudes, na descrição do prof. Ulen, seria a existência de princípios teóricos abstratos, aplicáveis a qualquer cultura ou civilização. Em suas palavras:

> *Microeconomists, for example, share the same core theoretical principles — e.g., the use of rational choice theory to hypothesize about decision making — regardless of where they live and practice. As a result, their hypotheses about how people might behave are, in a very real sense, independent of time and place: they apply to nomads in remote areas of Mongolia as*

well as to urban residents of Paris; they apply to decisions made by farmers today and to farmers 10,000 years ago. There are differences in the economies of different countries, but those differences are to be explained by differences in relative costs, technology, and tastes [Ulen, 2002:21].

Essa passagem sugere que a economia é um ideal científico a ser perseguido pelo direito, ainda que os limites dessa disciplina dificultem a compleição de tal trajetória. Ideal porque se trata de uma ciência social aplicada que teria conseguido reunir os elementos do método científico que ainda faltam ao direito, como um paradigma teórico amplamente aceito e os métodos empíricos para a validação do conhecimento dele derivado.

O problema é que a economia é também um ente em mutação, e, diferentemente do direito, apresenta como tendência recente — ainda que uma tendência irregular, cheia de espasmos contraditórios — o reconhecimento da necessidade de se mover para um grau de menor abstração e mais aderente ao objeto empírico que se propõe explicar. Diferentemente do que coloca o prof. Ulen, a economia é uma "meta" movente, cujo movimento, próprio e irregular, aproxima-a do direito. De um lado, esta constatação pode frustrar aqueles que buscam desenhar um ideal popperiano para o estudo do direito, ao se perder a referência do ideal possível. De outro, esses movimentos aparentemente contraditórios — em direção à maior abstração no direito e de maior conteúdo concreto na economia — constituem, como desenvolvido em mais detalhe ao final desses comentários, um fenômeno consistente nas ciências sociais aplicadas, de corrosão progressiva de suas fronteiras internas. Nesses breves comentários, procurarei fundamentar essa proposição por meio de algumas citações e, sobretudo, de sinais inequívocos dados pelas próprias escolhas dos economistas agraciados com o Prêmio Nobel.

Os caminhos da economia

O argumento que se segue discute, primeiro, se a microeconomia tradicional — em suas tradições marshalliana e walrasiana — é, de fato, como sugere o prof. Ulen, um bom exemplo para ser admirado do ponto de vista *científico* e, portanto, uma referência para o desenvolvimento do método científico no direito. Em seguida, estes comentários avaliam sumariamente alguns movimentos no estudo da economia. Por fim, à luz desse movimento, as proposições do prof. Ulen são reinterpretadas.

Seria a teoria econômica tradicional, aquela que reúne o rio principal (e, por isso, denominada *mainstream*) dos pesquisadores em economia nos últimos 50 anos, uma referência de sucesso como paradigma científico? A questão é, sem dúvida, controversa e estes comentários não têm a pretensão de uma resposta completa a todos aqueles que subscreveriam a proposição contida nessa questão. Dela certamente discordaria, contudo, um dos maiores economistas vivos, ganhador do Prêmio Nobel em 1991, e admirado por economistas das mais variadas tendências, bem como pelos juristas adeptos da análise econômica do direito: o prof. Ronald Coase. Em seu discurso na abertura da conferência da Sociedade Internacional para a Nova Economia Institucional, em 1999, o prof. Coase não deixa dúvidas de sua posição:

> *Economics, over the years, has become more and more abstract and divorced from events in the real world. Economists, by and large, do not study the workings of the actual economic system. They theorize about it. As Ely Devons, an English economist, once said at a meeting, "If economists wished to study the horse, they wouldn't go and look at horses. They'd sit in their studies and say to themselves, 'What would I do if I were a horse?'" And they would soon discover that they would maximize their utilities* [Coase, 1999].

A referência de ciência utilizada por Coase nessa passagem são as ciências naturais, em particular a biologia, que não se desancora de seu objeto empírico e é, presumivelmente, uma das ciências mais bem-sucedidas na compreensão dos fenômenos reais e no alcance de consenso entre seus pares. Ao contrário dos economistas, quando um biólogo se propõe a estudar "cavalos", ele os observa; baseado no conhecimento acumulado, desenha experimentos que lhe permitem testar e, eventualmente, descartar hipóteses; mas nunca perde a referência de seu objeto empírico, aquilo que é, em última instância, a razão de existência da pesquisa em uma ciência natural ou social.

A crescente abstração que orientou a economia pós Alfred Marshall teve como consequência o que Coase denominou um divórcio entre o conhecimento e os eventos do mundo real. Tal separação se deu, entre outros, na constituição de dois tipos de especialização entre economistas: os teóricos e os empíricos. Suas rotinas de pesquisa, seus modos de pensar os problemas, seus signos e códigos de comunicação são distintos e evoluem autonomamente. Nos congressos de economia, as sessões e seus respectivos públicos se dividem por campos teóricos (*e.g.*, macroeconomia ou microeconomia) e métodos empíricos (*e.g.*, econometria de painel ou de séries de tempo), constituindo tribos distintas, com pouca comunicação entre si. Essa dissociação do processo de produção do conhecimento teórico e empírico, tão cristalizada no *mainstream* da economia, é o alvo da crítica de Coase, que propõe, em passagem posterior de seu discurso, uma transformação profunda no modo de pesquisar em economia.

O processo em curso no direito, de crescente utilização de métodos científicos, conforme identificado pelo prof. Ulen, revela uma aproximação entre direito e economia. Esta, entretanto, não parece merecer o *status* de meta, de ideal científico possível entre as ciências sociais aplicadas. Ao contrário, há um reconhecimento — não generalizado, é bom frisar — de que o modo de pesquisar em economia carece das rotinas essenciais da pesquisa científica: a aderência entre teoria e empiria. Exatamente por esse motivo, a economia também se transforma, guiada por sua qualificada autocrítica. Não se trata, portanto, do nirvana científico, mas de um corpo em turbulência e que se modifica em reação à sua incapacidade de dar respostas razoáveis aos problemas reais que lhe dão razão de existir.

Resta indagar qual é a direção em que caminha a economia. Primeiramente, é necessário reconhecer que as transformações por que passa a pesquisa econômica não são lineares e contínuas, mas movimentos irregulares, sucedidos por espasmos de retrocesso. Há, contudo, em uma perspectiva de maior distanciamento, um nítido movimento em direção da incorporação de especificidades locais, das características das regras formais, normas sociais e crenças compartilhadas em cada sociedade. Há, em síntese, um movimento em direção à menor abstração e maior aderência da pesquisa teórica e empírica à realidade. De particular interesse para estes comentários é notar que há uma maior aproximação da economia em relação às demais ciências sociais aplicadas, como a ciência política, a sociologia e, talvez em maior grau, o direito.

À frente dessas transformações na economia estão as escolas que emergiram a partir do relaxamento de alguns pressupostos do modelo econômico neoclássico, em particular os pressupostos de informação assimétrica, no final dos anos 1960, de racionalidade plena e de inexistência de custos de delineamento e *enforcement* de direitos de propriedade. Algumas décadas depois, várias dessas contribuições foram reunidas simbolicamente em um mesmo programa de pesquisa, a "nova economia institucional", e outras tantas tomaram um caminho próprio, como foi o caso da economia experimental e da economia comportamental. De um modo geral, esses programas compartilham a preocupação manifestada por Coase a respeito da inadequação do divórcio entre teoria e empiria que marcou o *mainstream* da economia. As rotas de investigação utilizadas são variadas, mas o diagnóstico é o mesmo e vem levando a uma aproximação da economia às demais ciências sociais aplicadas, em particular o direito.

A razão pelo interesse da economia no direito foi resultado, inicialmente, da mudança de pressupostos, em particular a existência de limites cognitivos para a solução de problemas complexos e possibilidade de que a informação para a tomada de decisão seja incompleta. Nesse contexto, o desenho de contratos e as normas que condicionam a interação entre os indivíduos, entre elas as normas jurídicas, adquirem enorme relevância na determinação do desempenho econômico. O direito, como objeto, passa ser do interesse da economia, e o estudo do direito um interlocutor essencial a pesquisadores no campo econômico.

É nesse ponto que divirjo da análise do prof. Ulen. Não parece ser o mais apropriado dizer que as diferenças entre os países "são explicadas [apenas] por diferenças nos custos relativos, na tecnologia e nas preferências".[1] A transformação da economia faz com que as diferenças culturais, de normas sociais, das instituições políticas e dos sistemas jurídicos sejam variáveis de primeira relevância para explicar o desempenho econômico e são, já neste século, parte do conhecimento econômico universalmente aceito pelos pares.

Para conferir alguma evidência factual para essa proposição, recorro ao mesmo expediente utilizado pelo prof. Ulen: o Prêmio Nobel em Economia. O primeiro sinal foi dado em 1991, com a premiação de Ronald Coase, principal referência em economia institucional, em particular por sua contribuição aos estudos de custos de transação e direitos de propriedade, marcando uma aproximação definitiva com o direito. Em 1993, o prêmio foi conferido ao prof. Douglass North, que se notabilizou pela análise do papel das instituições, entre elas o direito, no desenvolvimento econômico. Posteriormente, Oliver Williamson e Elinor Ostrom ganharam, em 2009, o prêmio, por suas contribuições ao estudo dos mecanismos de governança e de coordenação. Esses são todos representantes da nova economia institucional, talvez o principal movimento organizado de economistas na busca da aproximação com as demais ciências sociais aplicadas. Também nesse período receberam o prêmio George Akerlof, Joseph Stiglitz, Michael Spence, que estabeleceram importantes pilares para o estudo de contratos, e Vernon Smith e Daniel Kanneman, por suas contribuições ao estudo da economia comportamental, absorvendo *insights* da biologia e da psicologia.

Um olhar cético poderia questionar essa lista, argumentando que o Prêmio Nobel em Economia não reflete fielmente o *mainstream* da economia, uma vez que é concedido por entidade, a Academia de Ciências Sueca, que não congrega o *core* do pensamento econômico, largamente concentrado nas universidades norte-americanas. Além disso, é interessante notar que também foram agraciados com o prêmio, em um passado mais distante, pesquisadores como Friedrich Hayek, um analista do mercado como uma organização social, e Herbert Simon, criador do conceito de racionalidade limitada — ambos

---

[1] Trad. livre de trecho de Ulen (2002), citado no início destes comentários.

importantes referências para o desenvolvimento da nova economia institucional. Se esses prêmios já haviam sido concedidos há décadas, diriam os mais céticos, talvez não se possa falar em um movimento da economia em direção às demais ciências sociais aplicadas.

As duas qualificações são pertinentes, mas não sobrevivem a uma segunda lista, de importância equivalente na economia: a John Bates Clark Medal, uma premiação atribuída pela American Economic Association para os economistas mais destacados entre aqueles com menos de 40 anos e que trabalham nos EUA.[2] Até 1999, nenhum dos 25 ganhadores era identificado com este alargamento dos horizontes da economia, em que se buscasse a interdisciplinaridade e uma aproximação com o direito. De 1999 até 2012, dos nove ganhadores, três estão claramente identificados com esse movimento na economia, como Andrei Shleifer, cujo trabalho habita a fronteira entre direito e economia, Mathew Rabin, que procurou introduzir o conceito de normas sociais e *fairness* na teoria econômica, e Daron Acemoglu, que deu novo formato ao estudo do papel das instituições sobre o desenvolvimento econômico. Este é, ademais, juntamente com James Robinson, autor do livro de economia mais destacado de 2012, *Why nations fail: the origin of power, prosperity and poverty*, em que discorre sobre a emergência e efeitos de instituições políticas e jurídicas inclusivas (pró-desenvolvimento) ou excludentes (antidesenvolvimento).

Tal aproximação é também evidente pela definição de direito, constante no artigo do prof. Ulen, conforme a passagem a seguir:

> *The study of law, in whatever society, concerns the same general subject matter—namely, all aspects of the social system of regulation promulgated and enforced by the legitimate organs of government* [Ulen, 2002:20].

---

[2] Embora o universo de potenciais premiados seja menor no caso da John Bates Clark Medal do que no Prêmio Nobel de Economia, pelas restrições de idade e local de trabalho, trata-se de competição mais acirrada, pois é premiado, em média, um único economista a cada dois anos, diferentemente do Prêmio Nobel, que premia frequentemente dois, por vezes três, pesquisadores todos os anos.

Essa definição é bastante próxima à utilizada por Acemoglu e Robinson (2012) na definição de instituições, a variável-chave para explicar desenvolvimento econômico, a mais cara das preocupações dos economistas. Aquele que possivelmente seja o mais influente livro em economia de 2012 elege como o centro de suas atenções um objeto que o prof. Ulen diria ser, com algumas poucas diferenças, o objeto do direito.

Algumas reflexões

Se a economia tem-se mostrado capaz de incorporar as especificidades institucionais locais em seu modelo geral, isso parece indicar que também o direito não está por elas limitado. Não parece haver algo intrínseco ao direito que limite seu movimento em direção ao uso mais intenso de métodos científicos, incluindo a utilização de um corpo teórico compartilhado por seus pares, nas mais variadas culturas e regiões do mundo, bem como de métodos empíricos para o confronto de suas proposições teóricas aos fatos do direito.

Em síntese, a reunião da análise do prof. Ulen sobre desenvolvimento do estudo do direito com essas impressões sobre a trajetória das demais ciências sociais aplicadas, em particular da economia, indica não um processo de imitação do primeiro em relação à segunda, mas de aproximação entre ambos. Essa aproximação é tal que foi constituído um campo em que não é possível identificar o que é economia e o que é direito, ou onde estão as fronteiras entre direito e economia. Nesse campo, o objeto jurídico se mistura com o objeto econômico na relação entre normas e as atividades de produção e organização da sociedade, sendo abordado por métodos teóricos e empíricos complementares, de origem na economia, na ciência política ou no próprio direito. Trata-se de campo híbrido, em que não é possível observar com clareza uma linha de demarcação entre os campos de conhecimento.

É necessário reconhecer que não se trata de uma integração de campos de conhecimento, visto que os núcleos duros do direito e da economia continuam autônomos e incomunicáveis entre si, e algumas vezes até mesmo entre os pares de uma mesma dessas áreas. É absolutamente clara a distinção entre as várias ciências sociais aplicadas quando contrastados seus núcleos duros. O que é interessante e novo, consistente com as percepções do prof. Ulen a respeito do desenvolvimento do estudo do direito, é a diluição das fronteiras entre este e a economia, que, ao invés de um significado de fim, de limite, passam a ter o significado de passagem e coexistência. E esse parece um caminho promissor para ambos os campos do conhecimento, pois se anuncia um momento de florescimento de ideias e de avanços no conhecimento, fruto desse campo híbrido. A esse respeito, é oportuno citar Francis Crick.

In nature, hybrid species are usually sterile, but in science the reverse is often true. Hybrid subjects are often astonishingly fertile, whereas if a scientific discipline remains too pure it usually wilts [Crick, 1988:150].

É desse campo híbrido, em que as fronteiras não são claramente perceptíveis, que se devem esperar os avanços mais promissores do conhecimento em direito e economia.

Referências

ACEMOGLU, Daron; ROBINSON. James. *Why nations fail*: the origins of power, prosperity, and poverty. Nova York: Crown Business, 2012.

COASE, Ronald. *The task of the society*: opening address to the annual conference of the International Society for New Institutional Economics, set. 1999. Disponível em: <www.coase.org/coasespeech.htm>. Acesso em: 27 mar. 2013.

CRICK, Francis. *What mad pursuit*: a personal view of scientific discovery. Nova York: Basic Books, 1988.

ULEN, Thomas S. A Nobel Prize in Legal Science: theory, empirical work, and the scientific method in the study of law. *Illinois Law Review*, v. 2002, n. 4, p. 875-920, 2002. Disponível em: <http://illinoislawreview.org/volume/2002/>. Acesso em: 27 mar. 2013.

3. Para além do "empreendedorismo intelectual": fatores de demanda na cientificização da produção jurídica

MARIANA PARGENDLER

BRUNO MEYERHOF SALAMA*

Em seu provocador artigo "Nobel Prize in Legal Science: theory, empirical work, and the scientific method in the study of law", Thomas Ulen lança mão da imagem de um hipotético Prêmio Nobel em Ciência Jurídica para defender "a hipótese de que a produção acadêmica em direito se estaria tornando mais 'científica'".[1] Por crescente cientificidade da literatura jurídica, o autor tem em mente um sentido preciso: o método utilizado em estudos de direito estaria a se aproximar daquele "prevalente em outras ciências sociais, naturais, físicas e biológicas", conferindo maior ênfase à formulação de teorias e ao desenvolvimento de estudos empíricos e experimentais aptos a testá-las (Ulen, 2002:2).

O que explica tal transformação na produção jurídica? Ulen reconhece o caráter intrigante da questão e a dificuldade em respondê-la.[2] Ainda assim, e mesmo sem dar uma resposta definitiva, Ulen parece atribuir ao movimento

---

* A ordenação dos autores segue exclusivamente a ordem alfabética dos respectivos sobrenomes.

[1] Ver Ulen (2002). Embora o trabalho tenha sido posteriormente publicado na *Illinois Law Review*, a numeração de páginas aqui utilizada refere-se à versão do respectivo *working paper*, conforme indicado na lista de referências.

[2] Ibid., p. 2: *"What accounts for this change in legal scholarship? That is a complicated and intriguing question that is beyond my abilities to answer"*.

de direito e economia (a popular *law & economics*)[3] o maior grau de teorização nos estudos jurídicos em tempos recentes. Navegando as atrevidas águas da interdisciplinaridade do direito e da economia, os estudiosos que aqui podemos chamar de "jus-economistas" seriam, então, verdadeiros "empreendedores intelectuais" — isto é, formuladores de novas narrativas, conceitos e proposições normativas capazes de alterar o cenário do pensar e da prática jurídicos. Assim procedendo, teriam na academia uma atuação parecida com a dos empreendedores nos mercados.

O argumento deste texto é o de que as mudanças no método da investigação jurídica indicadas por Ulen se justificam não somente por fatores de oferta (*e.g.*, surgimento da corrente de *law and economics*), mas também — e sobretudo — por fatores de demanda decorrentes da profunda transformação do fenômeno jurídico no último século. A transição de um Estado liberal para um Estado interventor/regulatório — aliada à concomitante transformação na teoria e na prática jurídicas (de um modelo formalista e baseado em regras para um modelo aberto e baseado em princípios) — fez crescer a demanda por estudos científicos aptos a embasar argumentos consequencialistas.

O restante deste comentário divide-se em três partes, a primeira das quais enfoca o tema da *cientificização* do direito do ponto de vista da teoria jurídica. Em seguida, examinamos em que medida a referida transformação do papel do jurista reflete uma correspondente mudança no contexto político no último século. Por fim, na última seção, concluímos.

Direito e ciência: o papel do jurista[4]

O argumento de que a produção em direito tem-se tornado cada vez mais científica é necessariamente definicional e relacional. Em primeiro lugar, o que significa dizer que os trabalhos se tornaram mais "científicos"? Em se-

---

[3] Para um texto introdutório sobre o tema, ver Salama (2008a) e Gico Jr. (2010).
[4] Esta seção baseia-se em nossas reflexões desenvolvidas no artigo "Direito e consequência: em busca de um discurso sobre o método" (Pargendler e Salama, 2013).

gundo lugar, cumpre identificar o referencial de tal assertiva. Teria a produção jurídica se tornado mais científica comparativamente a quê?

Estamos aqui a tratar de questões extremamente difíceis e profundas, suscitadas pelo texto de Ulen. Existe (ou poderia existir) uma ciência do direito? Em caso positivo, qual o seu objeto e método? Em caso negativo, qual seria, afinal de contas, o papel do jurista ou do acadêmico em direito? Não cabe aqui reconstruir historicamente esse debate — tema excessivamente amplo e, não por acaso, omitido por Ulen, o qual se limita a descrever as definições de ciência em geral, sem se ater a obras específicas sobre o caráter científico (ainda que *sui generis*) do direito.[5] Cumpre, por ora, apenas observar que cada uma dessas questões envolve complexidades e sutilezas das mais variadas, as quais serão apenas tangenciadas na análise que segue.

O objeto e o método de uma eventual "ciência do direito", por exemplo, permanecem amplamente contestados, dificultando a formação de uma comunidade acadêmica. Ao declarar que o "estudo do direito, em qualquer sociedade, concerne ao mesmo assunto geral — todos os aspectos do sistema social de regulação promulgado e aplicado pelos órgãos legítimos do governo", Ulen (2002:20) subestima a profunda controvérsia existente sobre a própria definição do que é direito e sobre o objeto do estudo científico do direito. O objeto da ciência do direito deve circunscrever-se ao direito positivo, ou abranger igualmente o direito natural? Devem ser estudadas as leis, as decisões judiciais ou ambas? As práticas contratuais e os costumes integram ou não o objeto de estudo? As abordagens do fenômeno jurídico à luz de outras disciplinas (economia, sociologia, história etc.) interessam ou não à ciência do direito? Seria a "ciência do direito" encarregada de prever como decidirão os tribunais?[6] Ou estaria ela destinada a prever as consequências econômicas,

---

[5] Ulen cita Karl Popper, Thomas Kuhn e Thomas Bayes, porém não cita Kelsen, Hart ou outros nomes célebres na teoria do direito. Há uma diferença — sutil, porém fundamental — entre *discordar* e *não tomar conhecimento* daquilo que já existe em teoria jurídica.

[6] A atividade de prever o que o juiz fará nem sempre é jurídica. Segundo Oliver Wendell Holmes, o direito seria a previsão de como decidirão os tribunais: "*the prophecies of what the courts will do in fact, and nothing more pretentious, are what I mean by the law*" (Holmes Jr., 1897:460-461). Em tempos mais recentes, porém, o avanço de estudos econométricos demonstrou que a previsão das decisões judiciais pode ser alcançada por meios absolutamente distintos da forma de saber tradicionalmente entendida como "jurídica". Veja-se, nesse sentido, a aposta feita sobre a previsão dos resultados de

políticas e sociais de determinadas regras jurídicas ou posicionamentos jurisprudenciais?

Ulen não se preocupa em fornecer uma resposta específica sobre o objeto e o método da ciência do direito que vê crescer. De um lado, parece vislumbrar certo caráter científico em estudos do direito em perspectiva "pura" ou interna, desde que combinados com investigação "empírica". Os trabalhos de Stanley Henderson (1969:343 e segs.) e Daniel Farber e John Matheson (1985:903-947) sobre *promissory estoppel* e o de Douglas Laycock (1991) sobre a *irreparable injury rule* — mencionados por Ulen como arquétipos de *"doctrinal works"* dotados de certa cientificidade — estão longe de ser incompatíveis com a concepção de ciência do direito defendida por Langdell e Kelsen.

Não é possível dizer o mesmo, contudo, do inovador estudo de Ellickson (1986:623 e segs.), o qual se afasta de modo marcante do objeto e método suscitados pelos autores. O objetivo deste último trabalho está longe de ser a *descrição* de determinado instituto (no caso, a responsabilidade dos proprietários de gado pelos danos causados pelos animais às propriedades de fazendeiros vizinhos) e sua posição no ordenamento jurídico. Pretende o autor, em vez disso, verificar como diferentes normas jurídicas sobre tal situação afetam o comportamento econômico e social — investigação essa necessariamente baseada em dados empíricos extrajurídicos e, portanto, manifestamente *impura*.

E não só: seu estudo conclui, em consonância com o teorema de Coase, que o regime jurídico é verdadeiramente irrelevante e, surpreendentemente, até mesmo desconhecido, abrindo caminho, conforme aponta Ulen, para frutífera literatura sobre o papel das "regras sociais" (*social norms*) como substituto ao regramento jurídico. Para Ellickson e seus colegas de semelhante orientação, a perspectiva interna deixa de ser dominante. Embora não seja explícito a respeito, Ulen parece simpatizar mais com os esforços de Ellickson do que

---

decisões da Suprema Corte norte-americana entre professores de direito com amplo conhecimento de direito constitucional e das decisões pretéritas dos membros do tribunal e professores de ciência política, estes com apoio em modelos econométricos baseados em fatores extrajurídicos, tais como a afiliação política do presidente que nomeou o juiz, o tribunal de origem e a direção ideológica da decisão. Surpreendentemente, os cientistas políticos ganharam a aposta, acertando o resultado em 75% dos casos, contra a taxa de apenas 59,1% de acerto dos professores. Cf. Ayres (2007).

com os trabalhos de Henderson, Farber e Matheson e Laycock, de interesse predominantemente dogmático.

A par de juízos de valor sobre o mérito de uma ou outra abordagem, o argumento central de Ulen é, em outras palavras, que haveria uma transição — ou, a seu ver, uma evolução — do modelo de jurista clássico ao modelo de cientista social, passando-se pelo modelo intermediário de jurista cientificista dogmático. À luz das mesmas evidências anedóticas citadas por Ulen, a hipótese parece-nos correta, de modo que não será este o objeto de nossas considerações.[7] Interessa-nos, contudo, analisar alguns fatores que conduzem a tal transformação da atuação do acadêmico em direito.

A transformação do jurista como um reflexo da transformação do direito

Embora Ulen (2002:2) reconheça que mudanças no direito possam ter contribuído para a transformação da produção acadêmica, o autor refuta a ideia de que alterações na qualidade e quantidade da demanda pelo ensino jurídico tenham contribuído para tanto.[8] Sugere Ulen, pelo contrário, que o fenômeno se deve, sobretudo, a fatores internos à academia.[9]

A visão de Ulen sobre a academia como relativamente alheia à vida jurídica e social não é de todo absurda. Com efeito, uma série de fatores — como as

---

[7] Veja-se, nesse sentido, curiosa descrição da suposta hierarquia vigente sobre o valor acadêmico de diferentes tipos de publicações jurídicas (em ordem crescente de importância): (0) *blog posts*; (1) *publication of what are essentially blog posts with footnotes*; (2) *doctrinal review of the state of the law*; (3) *doctrinal study of interesting questions of law*; (4) *doctrinal synthesis of developments in law*; (5) *normative policy analysis of law*; (6) *normative policy analysis of law with substantial reform proposals*; (7) *legal theory*; (8) *"law and" interdisciplinary studies*; (9) *empirical study of legal institutions*; (10) *empirical study of law's impact on society* (Chen, 2006). Embora controversa, a referida lista é compatível com a hipótese de Ulen, já que o estudo do impacto das instituições jurídicas na sociedade — empreitada típica de ciências sociais — ocupa o topo da hierarquia da produção jurídica. Veja-se, também, recente artigo do *New York Times* publicado por professor da Universidade de Chicago, defendendo que a regulação jurídica há de ser precedida de estudos empíricos comportamentais (Thaler, 2012).
[8] Cf. Ulen (2002:41, nota de rodapé 126).
[9] Ibid., p. 42: "*My sense — for which, I must add, in the spirit of this article, I have no empirical evidence, although I am in the course of gathering it — is that the increasing theorization of and academic emphasis in legal scholarship are due to internal factors having to do with the history of legal scholarship and legal education's being situated within great research universities, not to external or market forces in the legal services market*".

práticas de contratação, o regime de trabalho e a governança das instituições universitárias — possibilitam, em tese, que estudos acadêmicos sejam, ao menos imediatamente, inúteis ou até mesmo disfuncionais. É tanto ou mais plausível, porém, que os estudos em direito — que são, antes de mais nada, uma *prática* e uma *profissão* — reflitam, em diferentes medidas, as modificações no caráter do sistema jurídico subjacente.

Se é difícil demonstrar causalidade, é mais facilmente detectável a correlação (em maior ou menor grau, a depender do contexto)[10] entre a transformação na atuação do direito e a paulatina mudança na produção jurídica no último século. A depender da evolução do quadro político de cada país, essa modificação é impulsionada por três fatores marcantes: o triunfo da ideologia progressista, a mudança organizacional do modelo estatal ocidental e a correspondente transformação da técnica de aplicação do direito.

O progressismo é basicamente a ideologia do adiantamento, desenvolvimento e evolução; sua antítese é o conservadorismo. O progressismo traduz a crença na capacidade humana de deliberadamente ordenar o mundo. Nas suas versões mais radicais, traz os perigos do iluminismo e expressa o que Hayek chamou de *construtivismo racionalista*, isto é, a crença equivocada de que a ordem social possa ser plenamente engendrada por uma ou algumas pessoas. Suas origens intelectuais remontam ao início da era clássica grega, mas o impulso definitivo lhe foi dado pelo vigor construtivista, a partir do século XVII, quando a humanidade adentrara efetivamente a era do racionalismo, do cientificismo e do positivismo.[11]

No novo contexto intelectual, o debate entre progressistas e conservadores foi paulatinamente deixando o campo retórico das visões transcendentais ou metafísicas do sagrado e passando a se articular na linguagem do incentivo, da utilidade e da felicidade. O grande contendor do progressismo, no plano das ideias, passou assim a estar no chamado conservadorismo *utilitarista his-*

---

[10] É certo que o desenvolvimento de estudos aptos a embasar argumentos consequencialistas é mais acentuado nos Estados Unidos do que em outros países. Ver, exemplificativamente, Garoupa e Ulen (2008:1555 e segs.) descrevendo a maior influência do movimento de direito e economia nos Estados Unidos relativamente à Europa e atribuindo o fenômeno ao menor grau de concorrência na academia jurídica no contexto europeu.

[11] Sobre o tema, ver Salama e Mendes (2010).

tórico.[12] Esta é a posição que equipara a conservação de instituições a uma medida de prudência e cautela, já que as instituições trariam uma espécie de sabedoria indizível das gerações passadas.

O Estado que clama para si a missão de ordenar e aperfeiçoar a sociedade é a encarnação institucional da ideologia progressista. Seus impactos diretos sobre o direito são claramente descritos por Fábio Konder Comparato:

> O "government by policies", em substituição ao "government by law", supõe o exercício combinado de várias tarefas, que o Estado liberal desconhecia por completo. Supõe o levantamento de informações precisas sobre a realidade nacional e mundial, não só em termos quantitativos (para o qual foi criada a técnica da contabilidade nacional), mas também sobre fatos não redutíveis a algarismos, como em matéria de educação, capacidade inventiva e qualidade de vida. Supõe o desenvolvimento da técnica previsional, a capacidade de formular objetivos possíveis e de organizar a conjugação de forças ou a mobilização de recursos — materiais e humanos — para a sua consecução. Em uma palavra, o planejamento [Comparato, 1989:102].

Esta busca por objetivos concretos — estejamos nós falando da diminuição da violência doméstica ou da eficiência econômica, da melhoria da saúde pública ou da redução do desmatamento — pode, na terminologia de hoje, ser confortavelmente chamada de *política pública*. A política pública propõe ao jurista o desafio de integrar meios jurídicos e fins normativos, e é nesse momento que o saber jurídico tradicional falha. Um exemplo recente ilustra por quê.[13] Em março de 2006, uma senadora apresentou um projeto de lei para acrescentar ao Código de Defesa do Consumidor um dispositivo que facultaria ao consumidor antigo de produtos e serviços executados de forma contínua, a seu critério, exigir a concessão de benefícios que são oferecidos pelos fornecedores para a adesão de novos consumidores. Por exemplo: se uma operadora de telefones celulares oferecesse uma promoção de um mês de uso

---

[12] Sobre a ideologia conservadora e o utilitarismo histórico, ver Salama (2011).
[13] Este exemplo consta de Salama (2008b).

gratuito do telefone celular para novos consumidores, os consumidores antigos teriam o direito de exigir o mesmo benefício.

O fim normativo dessa lei seria o de proteger os consumidores. Os meios jurídicos propostos, contudo, provavelmente não são adequados a esses fins. É plausível que a nova regra induza as empresas a competirem através de campanhas publicitárias, *jingles* etc. — em lugar de concederem descontos. O primeiro efeito que se esperaria dessa regra, portanto, seria a redução do número de promoções. O segundo efeito seria a redução da competição entre as empresas fornecedoras. Em síntese, sob o louvável pretexto de proteger os consumidores, possivelmente estar-se-ia prejudicando os novos consumidores em prol dos antigos, já que a probabilidade de novas promoções seria reduzida.

Generalizando, pode-se dizer que a ascensão do *government by policy* propõe ao jurista problemas para os quais o conhecimento jurídico tradicional — interpretar leis e redigi-las, sustentar um argumento para um debate judicial ou desconstruir a coesão de argumentos sobre a interpretação das leis — oferece poucas respostas. A política pública é eminentemente finalística, isto é, está eminentemente voltada à consecução de fins concretos. Sua legitimidade, portanto, prende-se não apenas aos procedimentos seguidos para sua feitura, mas também à plausibilidade de que os efeitos pretendidos possam ser de fato alcançados. Acontece que para analisar a pertinência entre meios jurídicos e fins normativos não basta interpretar a lei nem recorrer a intuições de justiça: é preciso apelar a uma ferramenta descritiva do mundo. É nesse momento que o conhecimento científico identificado por Ulen passa a ser, por assim dizer, "demandado" pelos profissionais envolvidos com a regulação.

Como dissemos, a integração de métodos científicos à teoria jurídica, por incipiente que seja, também pode ser atribuída a um segundo motivo, a saber, a mudança organizacional do modelo estatal. Em muitos países democráticos do Ocidente (e talvez na maioria deles), o Estado regulatório acabou por alçar (às vezes aberta e às vezes veladamente) o Poder Judiciário à condição de ente ativo na formulação da política pública. Isso quer dizer que o *government by policy* a que aludimos acima passou a ter, no Poder Judiciário, um ator protagonista, e não apenas coadjuvante.

Repare-se bem: a transformação no modelo de Estado a que aludimos acima não explica, por si só, a cientificização da produção acadêmica jurídica bem-identificada por Ulen. É certo que uma regulação que não atenda plausivelmente aos seus fins normativos não será politicamente palatável. Mas daí não segue, desde logo, que estejamos diante de um problema jurídico (no sentido próprio da atividade do profissional ligado ao direito). Afinal, se ao Judiciário couber apenas o papel de fazer valer a regra gestada em outras esferas de poder, então toda a teorização jurídica deverá ser apenas interpretativa e voltada a encontrar os percursos intelectuais que permitirão ao juiz cumprir, da forma mais fiel possível, a regra que se lhe apresenta em um litígio. Quando o papel político do Judiciário é acanhado, toda a teorização jurídica apta a influenciar a decisão do juiz tende a ser *formalista* ou pautada pelas exigências de justiça do caso concreto.[14]

Ocorre que este Poder Judiciário, exclusivamente reativo, passivo e despreocupado com as repercussões amplas de suas interpretações, é cada vez menos observável nos Estados de boa parte do Ocidente. O caso norte-americano é muito conhecido, mas a experiência brasileira das últimas duas décadas é igualmente emblemática para ilustrar como a mudança no arranjo político cria uma demanda por certo tipo de produção acadêmico-jurídica em constante flerte com as ciências sociais.

No Brasil pós-1988, o Poder Judiciário passou da periferia ao centro do arranjo político.[15] Os tribunais — e o Supremo Tribunal Federal (STF) em particular — foram alçados à condição de *poder moderador*, como bem observou Oscar Vilhena (Vieira, 2010). Assim, o papel de árbitro dos grandes conflitos institucionais e políticos, que historicamente coubera ao Exército, passou a ser ocupado pelo STF. Ao mesmo tempo, o Poder Judiciário acabou cada vez mais desempenhando um papel relevante no delineamento das políticas públicas no Brasil — ora negativamente, contrabalançando o excesso, ora positivamente, contrabalançando a inação; e nos dois casos, contribuindo decisivamente para a criação de incentivos (e desincentivos) para toda sorte

---

[14] Sobre o ponto, ver Rodriguez (2010).
[15] Esta discussão consta em Salama (2013).

de atividades. É como se o Judiciário tivesse sido *empurrado* — no mais das vezes a contragosto, ocasionalmente com certo júbilo — para a posição de ator relevante, e diversas vezes decisivo, no grande quadro institucional de formulação da política pública.

Engana-se quem pensa que a interface das ciências sociais com o direito seja, então, fenômeno apenas norte-americano. Por conta dessa centralidade do Poder Judiciário no arranjo político brasileiro, multiplicaram-se os estudos sobre o STF, tanto nas faculdades de direito quanto nos programas de sociologia, história e ciência política. Há também um aspecto concreto que toca à vida de todos, às vezes de forma teatral. Tão logo proferidas, algumas decisões do Supremo migram para os editoriais jornalísticos, para as pesquisas de opinião, para as redes sociais e para as conversas do dia a dia. Embora a relevância do STF não seja propriamente nova, sua atual proeminência é incomparável.

Nos dizeres de Oscar Vilhena, vivemos hoje em uma *supremocracia*: o processo de expansão da autoridade dos tribunais ao redor do mundo teria ganhado, no Brasil, contornos ainda mais acentuados (Vieira, 2008:441-463). Quando Kelsen procurou justificar a necessidade de cortes constitucionais no continente europeu, recorreu a uma argumentação eminentemente negativa: caberia a elas resguardar a autoridade da Constituição diante de leis e atos que desafiassem seu conteúdo (Kelsen, 2003:123-186). Isso parece ter mudado (Vieira, 2008:454-456). O controle de políticas públicas e a edição de súmulas vinculantes, por exemplo, revelam, também por aqui, a dissolução das funções estatais preconizadas pelos clássicos da teoria do Estado (Ackerman, 2000:633-729).

Evidentemente, tal quadro repercutiu também na técnica jurídica. No último século, o pilar dos sistemas jurídicos ocidentais migrou do direito privado para o direito público. Concomitantemente, a aplicação do direito tornou-se cada vez mais baseada em princípios, em detrimento de regras (Ávila, 2005:15-16). A simples descrição "pura" de regras, prescindindo do exame da conduta humana, e a aplicação do raciocínio lógico-dedutivo ficam prejudicadas nesse novo contexto. A aplicação do teste de proporcionalidade para solucionar conflitos entre princípios (entendidos como "mandamentos de otimização",[16] ou seja, normas que estabelecem que algo deve ser realizado, diante das possibilidades fáticas e jurídicas presentes, na maior medida possível) incorpora à técnica decisional jurídica elementos tradicionalmente vistos como "extrajurídicos" e ligados às consequências de diferentes regimes.

O problema é que a correta aplicação de princípios depende, em muitos casos, de dados empíricos e de juízos sobre os efeitos concretos de diferentes normas.[17] Exemplo disso é dado pela decisão do STF na Ação Direta de Inconstitucionalidade nº 1.946, na qual se discutia se o art. 14 da Emenda Constitucional nº 20, de 1998, que fixava em R$ 1.200,00 o limite máximo para o valor dos benefícios do regime geral de Previdência Social, seria constitucional relativamente à licença-gestante (Brasil, 2003). O caso é paradigmático não apenas por reconhecer a inconstitucionalidade da emenda constitucional (ainda que sem redução de texto), como também por alicerçar sua fundamentação precisamente nas prováveis consequências deletérias de uma interpretação literal da norma quanto à posição da mulher no mercado de trabalho. Assim observa o Tribunal:

> Na verdade, se se entender que a Previdência Social, doravante, responderá apenas por R$ 1.200,00 (hum mil e duzentos reais) por mês, durante a licença da gestante, e que o empregador responderá, sozinho, pelo restante, ficará sobremaneira *facilitada* e *estimulada* a opção deste pelo trabalhador masculino, ao invés da mulher trabalhadora.
>
> Estará, então, propiciada a *discriminação* que a Constituição buscou combater, quando proibiu diferença de salários, de exercício de funções e de critérios de admis-

---

[16] "O ponto decisivo na distinção entre regras e princípios é que *princípios* são normas que ordenam que algo seja realizado na maior medida possível dentro das possibilidades jurídicas e fáticas existentes. Princípios são, por conseguinte, *mandamentos de otimização*, que são caracterizados por poderem ser satisfeitos em graus variados e pelo fato de que a medida devida de sua satisfação não depende somente das possibilidades fáticas, mas também das possibilidades jurídicas" (Alexy, 2008:91).

[17] Nesse sentido, Posner (1995:7) defendendo sua versão de adjudicação pragmática como aquela em que o juiz *"is drawn to the experimental scientist, whom [the pragmatist judge] urges us to emulate by asking, whenever a disagreement arises: What practical, palpable, observable difference does it make to us?"*. Em sentido contrário, Dworkin (1997:353-376) e, ainda, Macedo Jr. (2012).

são, *por motivo de sexo (art. 7º, inc. XXX, da C.F./88)*, proibição, que, em substância, é um desdobramento do princípio da igualdade de direitos, entre homens e mulheres, previsto no inciso I do art. 5º da Constituição Federal.

Estará, ainda, conclamado o empregador a oferecer à mulher trabalhadora, quaisquer que sejam suas aptidões, salário nunca superior a R$ 1.200,000, para não ter de responder pela diferença [Brasil, 2003, ementa, grifos nossos].

A decisão de conferir interpretação conforme a Constituição, excluindo a licença-gestante do alcance da regra do art. 14 da Emenda Constitucional nº 20, de 1998, deveu-se à percebida falta de adequação entre meio jurídico (limitação do pagamento da licença-maternidade pela Previdência Social, transferindo-se o respectivo ônus ao empregador) e o fim normativo consagrado pelo texto maior de combater a discriminação à mulher no mercado de trabalho. Nesse contexto, conclui a Corte que,

> à falta de norma constitucional derivada, revogadora do art. 7º, XVIII [que consagra "licença à gestante, sem prejuízo do emprego e do salário, com a duração de cento e vinte dias"], a pura e simples aplicação do art. 14 da E.C. 20/98, de modo a torná-la insubsistente, implicará um retrocesso histórico, em matéria social-previdenciária, que não se pode presumir desejado [Brasil, 2003, ementa].

Considere-se, outrossim, a decisão do STF sobre a compatibilidade entre a penhorabilidade do bem de família do fiador, prevista pelo art. 3º, VII, da Lei nº 8.009 de 1990, e a garantia do direito à moradia prevista pelo art. 6º da Constituição Federal, com a redação conferida pela Emenda Constitucional nº 26, de 2000. Segundo o voto vencedor, de relatoria do ministro Cezar Peluso, que reconheceu a constitucionalidade da regra, "os proprietários no Brasil são poucos", justificando-se, assim, o "estímulo à habitação arrendada", presumivelmente promovido pela regra questionada. Conclui, então, que a eventual declaração da inconstitucionalidade do referido dispositivo, "romperia equilíbrio do mercado, despertando exigência sistemática de garantias mais custosas para as locações residenciais, com consequente desfalque do campo de abrangência do próprio direito constitucional à moradia" (Brasil, 2006).

A decisão, portanto, não somente alude a fatos da realidade social fora do alcance imediato da norma em questão (por exemplo, a proporção de brasileiros que são proprietários de imóveis), mas também tira ilações de causalidade entre a regra de penhorabilidade do bem de família do fiador e a operação do mercado de locações. O STF utiliza com frequência o vocabulário da proporcionalidade, embora ainda não tenha refletido de forma cuidadosa sobre como lidar com as afirmativas empíricas controversas suscitadas por esse tipo de exame (Arguelhes e Pargendler, 2013).[18] É certo, porém, que semelhante técnica de decisão gera demanda por estudos científicos — teóricos, empíricos ou experimentais — nos moldes definidos por Ulen. Caso tivesse sido detectado, por exemplo, que a penhorabilidade do bem de família do fiador não apresenta qualquer influência positiva no mercado de locações de modo a promover o acesso de não proprietários à moradia, é possível que a Corte tivesse decidido de forma diferente.

Em suma, tudo que se disse acima significa que o Poder Judiciário de muitos países, inclusive dos Estados Unidos e do Brasil, está envolvido até o pescoço com a formulação de políticas públicas. E assim — quer gostem, quer não gostem, quer o façam aberta ou veladamente — seus integrantes estão irresistivelmente impingidos a pensar seriamente sobre relações de adequação entre meios jurídicos e fins normativos, relações essas que não podem ser obtidas somente com a filosofia, a lógica, a filologia ou a gramática. Como se vê, trata-se de um Poder Judiciário, ousamos dizer, ávido por estudos que articulem a interpretação do texto lei com suas prováveis repercussões práticas.

---

[18] "O problema com a 'fórmula da ponderação' está menos na sua aptidão para modelar adequadamente o 'balanceamento' de princípios tal como levado a efeito por juízes e tribunais e mais no que ela pressupõe quanto à obtenção dos dados necessários para que possa efetivamente ser aplicada. O problema, noutras palavras, não está no lado dos resultados nem na definição da 'regra de transformação' que a fórmula exprime, mas em como assegurar o acesso aos valores concretos das variáveis relevantes que servem de dados para efetuar os cálculos da maneira especificada na fórmula" (Schuartz, 2005:18).

Conclusão

A discussão deste capítulo guarda paralelos com outros ramos do saber. Por exemplo, os teóricos explicam a inovação a partir de duas teorias rivais: para os adeptos do *technological-push*, a inovação gera sua própria demanda (Freeman, 1974; Pavitt e Wald, 1971; Pavitt e Soete, 1982:38-66). Já para os adeptos do *demand-pul* (Schmookler, 1962, 1966; Dosi, 1982), é a demanda do mercado que determina a direção da inovação. Na macroeconomia igualmente se põe dilema parecido: para engendrar o crescimento econômico a melhor tática é reduzir as barreiras à produção ou incentivar o consumo? Também assim se dá com a importação do método das ciências sociais para a produção acadêmica em direito.

Este texto buscou mostrar que, para além dos fatores de oferta (identificados por Ulen), que se põem no plano da evolução da técnica e da pesquisa acadêmica, há também importantes fatores de demanda que até o momento têm sido negligenciados. Se essa observação estiver correta, então se espera que quanto mais o Poder Judiciário se deslocar da periferia para o centro do debate político, tanto maior será a demanda pela pesquisa jurídica *cientificizada*; tanto maior será o desenvolvimento da *law & economics* e tanto mais clara será a crise no pensar jurídico que herdamos do século XIX. São temas que se prestam, inclusive, à realização de um estudo quantitativo.

Referências

ACKERMAN, Bruce A. The new separation of powers. *Harvard Law Review*, n. 113, 2000.

ALEXY, Robert. *Teoria dos direitos fundamentais*. Trad. Virgílio Afonso da Silva. São Paulo: Malheiros, 2008.

ARGUELHES, Diego; PARGENDLER, Mariana. Custos colaterais da violência no Brasil: rumo a um direito moldado pela insegurança? *Revista Direito GV* 2013. No prelo.

ÁVILA, Humberto. *Teoria dos princípios*: da definição à aplicação dos princípios jurídicos. 4. ed. São Paulo: Malheiros, 2005.

AYRES, Ian. How computers routed the experts. *Financial Times*, 31 ago. 2007.

BRASIL. Supremo Tribunal Federal. *Ação Direta de Inconstitucionalidade nº 1.946-DF*. Brasília, DF, 3 abr. 2003. (Tribunal Pleno. Rel.: min. Sydney Sanches.)

BRASIL. Supremo Tribunal Federal. *Recurso Extraordinário nº 407.688-8*. Brasília, DF, 8 fev. 2006. (Tribunal Pleno. Rel.: min. Cezar Peluso.)

CHEN, Jim. The hierarchy of legal scholarship. *Jurisdynamics*, 21 set. 2006. Disponível em: <http://jurisdynamics.blogspot.com.br/2006/09/hierarchy-of-legal-scholarship.html>. Acesso em: 24 jul. 2012.

COMPARATO, Fábio Konder. *Para viver a democracia*. São Paulo: Brasiliense, 1989.

DOSI, G. Technological paradigms and technological trajectories: a suggested interpretation of the determinants and directions of technical change. *Research Policy*, v. 11, n. 3, jun. 1982.

DWORKIN, Ronald. In praise of theory. *Arizona State Law Journal*, v. 29, 1997.

ELLICKSON, Robert C. Of Coase and Cattle: dispute resolution among neighbors in Shasta County. *Stanford Law Review*, n. 38, 1986.

FARBER, Daniel A.; MATHESON, John H. Beyond promissory estoppel: contract law and the "invisible handshake". *University of Chicago Law Review*, n. 52, 1985.

FREEMAN, C. *The economics of industrial innovation*. Penguin: Harmondsworth, 1974.

GAROUPA, Nuno; ULEN, Thomas S. The market for legal innovation: law and economics in Europe and the United States. *Alabama Law Review*, n. 59, 2008.

GICO JR., Ivo Teixeira. Metodologia e epistemologia da análise econômica do direito. *Economic Analysis of Law Review*, v. 1, n. 1, 2010.

HENDERSON, Stanley D. Promissory Estoppel and Traditional Contract Doctrine. *Yale Law Journal*, n. 78, 1969.

HOLMES JR., Oliver Wendell. The Path of the Law. *Harvard Law Review*, n. 10, 1897.

KELSEN, Hans. *Jurisdição constitucional*. Trad. Alexandre Krug. São Paulo: Martins Fontes, 2003.

LAYCOCK, Douglas. *The death of the irreparable injury rule*. Oxford: Oxford University Press, 1991.

MACEDO JR., Ronaldo Porto. Posner e a análise econômica do direito: da rigidez neoclássica ao pragmatismo frouxo. In: LIMA, Maria Lúcia L. M. Pádua (Coord.). *Trinta anos de Brasil*: diálogos entre direito e economia. São Paulo: Saraiva, 2012.

PARGENDLER, Mariana; SALAMA, Bruno Meyerhof. Direito e consequência: em busca de um discurso sobre o método. *Revista de Direito Administrativo*, Rio de Janeiro, v. 262, p. 95-144, jan./abr. 2013.

PAVITT, K.; SOETE, L. Innovative activities and export shares: some comparisons between industries and countries. In: PAVITT, K. (Ed.). *Technical innovation and British economic performance*. Londres: MacMillan, 1980. p. 38-66.

_____; WALD, S. *The conditions for success in technological innovation*. Paris: OECD, 1971.

POSNER, Richard. *Overcoming law*. Cambridge, MA: Harvard University Press, 1995.

RODRIGUEZ, Jose R. The persistence of formalism: towards a situated critique beyond the classic separation of powers. *The Law and Development Review*, v. 3, n. 2, art. 3, 2010.

SALAMA, Bruno Meyerhof. O que é direito e economia? In: TIMM, Luciano Benetti (Org.). *Direito e economia*. 2. ed. Porto Alegre: Livraria do Advogado, 2008a.

_____. O que é pesquisa em direito e economia? *Caderno Direito GV*, n. 22, mar. 2008b.

_____. Sobre a proibição de drogas e a ideologia conservadora. *Direito GV*, São Paulo, nov. 2011. Disponível em: <http://works.bepress.com/bruno_meyerhof_salama/67>. Acesso em: 9 out. 2012.

_____. *O fim da responsabilidade limitada*: história, direito e economia. 2013. No prelo.

_____; MENDES, Lucas. O imutável conceito de direito. *Ordemlivre.org.*, fev. 2010. Disponível em: <www.ordemlivre.org/2010/02/o-imutavel-conceito-de-direito/>. Acesso em: 9 out. 2012.

SCHMOOKLER, J. Economic sources of inventive activity. *Journal of Economic History*, v. 22, n. 1, 1962.

_____. *Invention and economic growth*. Cambridge: Harvard University Press, 1966.

SCHUARTZ, Luis Fernando. *Norma, contingência e racionalidade*. Rio de Janeiro: Renovar, 2005.

THALER, Richard. Watching behavior before writing the rules. *The New York Times*, 7 jul. 2012. Disponível em: <www.nytimes.com/2012/07/08/business/behavioral-science-can-help-guide-policy-economic-view.html?_r=1&pagewanted=all>. Acesso em: 24 jul. 2012.

ULEN, Thomas S. *A Nobel Prize in Legal Science*: theory, empirical work, and the scientific method in the study of law. Champaign, IL: University of Illinois College of Law, 2002. (Illinois Law and Economics Working Papers Series. Working Paper n. LE03-008). Disponível em: <http://papers.ssrn.com/sol3/papers.cfm?abstract_id=419823>. Acesso em: 9 out. 2012.

VIEIRA, Oscar Vilhena. *Supremocracia*. *Revista Direito GV*, n. 8, p. 441-463, 2008.

_____. Supremo Tribunal Federal: o novo poder moderador. In: MOTA, Carlos Guilherme; SALINAS, Natasha S. C. (Org.). *Os juristas na formação do Estado-nação brasileiro*. São Paulo: Saraiva, 2010.

4. É possível uma "ciência" do direito? Situação e perspectivas para a dogmática jurídica brasileira

CRISTIANO CARVALHO

O presente texto foi escrito ao ensejo de nossa participação no Fórum de Estudos Empíricos em Direito, realizado pela Escola de Direito da Fundação Getulio Vargas, Rio de Janeiro. O tema central deste pequeno ensaio é averiguar a possibilidade de haver uma ciência jurídica e, a partir dessa questão, analisar criticamente a situação corrente na dogmática jurídica pátria, assim como ponderar sobre perspectivas para o futuro.

Ontologia e epistemologia

Primeiramente, de modo a firmar premissas importantes, iremos discorrer sobre alguns aspectos fundamentais a respeito da natureza e do conhecimento do direito. Em outras palavras, sua *ontologia* e sua *epistemologia*.

Ontologia refere-se à natureza do direito, ao seu modo particular de existência no mundo. Epistemologia significa a forma pela qual o conhecemos, por meio de método científico.

Por mais simples que pareça, a dicotomia é responsável por grandes confusões em nossa doutrina, ao longo das décadas. As ambiguidades e consequentes equívocos decorrentes podem ser, contudo, evitados por meio de uma elucidação linguística, aquilo que Wittgeinstein denominou "terapia". Vamos a ela, então.

O modo de existência das coisas pode ser tanto objetivo quanto subjetivo. Quando dizemos que algo existe de forma independente de nossa consciência ou de nossa linguagem, significa que esse objeto tem uma *ontologia objetiva*. Pelo contrário, quando algo é dependente do observador para existir e ter sentido, diz-se que tem *ontologia subjetiva*. Exemplos de objetos ontologicamente objetivos são as montanhas, os oceanos, astros e galáxias, que existem de forma *independente* de nossa *consciência intencional*.[1] Se um dia a raça humana se extinguir, tais objetos seguirão sua trajetória de forma indiferente a nós, como sempre o fizeram.

Exemplos de objetos ontologicamente subjetivos, por outro lado, são o dinheiro, as artes, o casamento, a mitologia, a religião, os jogos e o próprio direito. Sua existência, sentido e significação são totalmente dependentes da mente humana e, se um dia a espécie humana perecer, tais objetos seguirão o mesmo destino. Por serem produto de nossa racionalidade, os objetos culturais necessariamente possuem função, i.e., são criados para algum propósito. Nesse sentido, são *artefatos*.

A epistemologia, da mesma forma, pode ser tanto objetiva quanto subjetiva. É objetiva quando a aproximação e a análise do objeto são feitas sem levar em conta juízos de valor ou preferências pessoais do cientista. Por exemplo, a água ferve a 100 graus centígrados em qualquer situação, assim como os corpos se atraem na proporção de sua massa, não importando se gostamos ou não dessas propriedades da natureza. Por outra sorte, a epistemologia será subjetiva quando juízos pessoais interferirem no conhecimento do objeto. Se analiso obras de arte e expresso minha preferência por Matisse em relação a Picasso, estarei realizando uma epistemologia subjetiva.

Da mesma forma que não faz sentido dizer que a lei da gravidade é "injusta e opressora" (pois tais atributos denotam opiniões em relação a entidade sem

---

[1] Intencionalidade significa a capacidade da consciência de projetar-se para o mundo, conectando a mente com a realidade.

consciência intencional, incapaz de agir de modo moral), igualmente não faz sentido afirmar que a justiça ou o direito são "naturais".

O direito é um objeto cultural, o que significa ser produto da racionalidade humana, construído para servir a determinados propósitos. Dito de outra forma, trata-se de um *artefato humano*, o que essencialmente o faz uma ferramenta, tal qual gravetos ou ossos já o foram para os primeiros hominídeos, milhões de anos atrás.

Sendo assim, sua ontologia é *subjetiva* e dependente do observador, seus comandos e seus princípios são frutos da cultura e dela dependem. Ainda que seja um fenômeno social e institucional universal, inerente a todas as civilizações, desde sua origem, nem por isso cessa de ser apenas um artefato, tendo suas funções planejadas e postas em prática pela intencionalidade e pela linguagem.

Por ter seu modo de existência dependente da mente humana, seria o direito um fenômeno de aproximação inerentemente subjetiva, onde juízos pessoais de valor e ideologias particulares contaminam qualquer possibilidade de conhecimento? Entendo que não.

É plenamente possível — ainda que nem sempre seja empreendimento fácil — aplicar a epistemologia objetiva ao fenômeno jurídico. Não obstante o mesmo ser um objeto impregnado de valores, é viável analisar e identificar os mesmos sem misturá-los com aqueles próprios do sujeito cognoscente. Em outras palavras, separar o direito da moral. Esta é a grande contribuição do positivismo jurídico, conforme veremos em tópico subsequente.

Quais características o direito necessitaria possuir para ser uma autêntica "ciência"?

De forma breve, pode-se elencar algumas características fundamentais que todo método científico deve guardar, conforme a seguir:

a) o método científico consiste na observação sistemática de determinado fenômeno, sendo esta análise de dados guiada por princípios racionais. Os dados servirão de *input* a um modelo causal proposto pelo cientista, que busque descrever e explicar o fenômeno objeto, bem como prever seu comportamento. A ciência, nesse sentido, é um corpo de conhecimento formado por teorias e hipóteses comprovadas pelo teste empírico. Este *corpus* deve ter consistência interna (suas teses, proposições e conclusões não podem ser contraditórias), bem como ser passível de experimentação. A lógica da linguagem da ciência, portanto, é veritativa: suas proposições podem ser verdadeiras (se corresponderem aos fatos) ou falsas (se falharem nessa correspondência);

b) o teste empírico de uma hipótese, uma vez que a comprove, deve ser possível de repetição, em qualquer laboratório, pressupostos os elementos necessários e suficientes para tanto. Se a experiência refutar a hipótese, esta deve ser então devidamente descartada, pois se mostrou inadequada.[2] O teste empírico deve, portanto, ser consubstanciado em protocolo objetivo, passível de ser aplicado de forma universal;

c) a partir da comprovação de uma hipótese, será então erigida uma lei científica, que descreva o comportamento causal de determinado fenômeno. Por exemplo, a lei da gravitação, de Isaac Newton: "Todos os objetos no Universo atraem todos os outros objetos com uma força direcionada ao longo da linha que passa pelos centros dos dois objetos, e que é proporcional ao produto das suas massas e inversamente proporcional ao quadrado da separação entre os dois objetos".

---

[2] O critério demarcador proposto pelo filósofo austríaco Karl Popper, nas primeiras décadas do século XX, é até hoje o adotado para distinguir o que é do que não é ciência. Para Popper, qualquer hipótese deve ser passível de *falseabilidade*, i.e., pela sua abertura à experiência, a proposição de uma ciência natural só logrará confirmação logicamente provisória. Ocorre que as ciências naturais empreendem o método indutivo (da realidade às hipóteses), em oposição ao método dedutivo das ciências formais (das premissas às conclusões), e nada obsta que, a qualquer momento, um novo dado empírico ponha por terra aquela hipótese (ou conjectura) até então bem-sucedida (todos os cisnes são brancos, até que apareça um cisne negro). O racionalismo crítico popperiano possibilita um constante aperfeiçoamento da ciência (numa dinâmica mais evolucionária que revolucionária, portanto). Tal contribuição buscou contrapor o critério proposto pelo movimento conhecido como neopositivismo lógico (oriundo do famoso Círculo de Viena), pelo qual a verificabilidade de uma hipótese pelo empirismo a confirmaria como verdadeira. Tal contingência da natureza, todavia, não se encontra nas ciências formais, as quais demonstrou outro austríaco, Ludwig Wittgeinstein, serem tautológicas, pois as conclusões encontram-se implícitas nas premissas, como ocorre nos teoremas matemáticos. Para maior aprofundamento nessas questões, ver Popper (1996, 1994); Wittgeinstein (1995).

d) para tanto, o método pressupõe demarcação de um objeto de análise, escolhido por meio de um "corte epistemológico" efetuado sob a realidade. Esta é um *continuum* de fatos sucessivos, demasiadamente rico em complexidade, apreendido por nossa intuição sensível e intelectual. O cientista, assim, demarca o objeto de sua análise a partir dos dados do real. Como exemplo, o biólogo preocupa-se com o fenômeno dos organismos vivos, incluindo sua estrutura, função, inter-relação com o ambiente e outros organismos, taxonomia, origem etc. O físico nuclear, por sua vez, lida com o átomo e com as partículas subatômicas, sua estrutura e suas relações. Não faria sentido qualquer um deles analisar a natureza em toda a sua imensa complexidade, pois não haveria objeto demarcado e, consequentemente, seria inviável qualquer apreensão de conhecimento;[3]

e) como correlato da quarta característica, *a ciência é sempre simplificadora do real.* Para tanto, serve-se de *modelos* que buscam explicar parcela da natureza, cujos princípios são axiomas (premissas autoevidentes, não demonstráveis e não prováveis), mas que funcionam como pontos de partida para o empreendimento epistemológico. Oriundos das ciências formais, como a matemática e a lógica, os axiomas não são, todavia, imunes a críticas. Na dinâmica das revoluções científicas, axiomas são substituídos por outros, de modo a servirem de fundamento para outras teorias mais aptas a descreverem a realidade.[4]

E o direito, contém tais características?

Cabe, preliminarmente, destacar algumas questões inerentes ao fenômeno jurídico.

Em primeiro lugar, o direito, a ter qualquer pretensão científica, enquadrar-se-ia na classe das *ciências humanas*, o que significa ter por objeto porção do fenômeno amplo e extremamente complexo da *ação humana.*

---

[3] O conto de Jorge Luis Borges (2010), "Del rigor de la ciencia", ilustra bem o caráter simplificador, ao mesmo tempo intrínseco e necessário, do método científico. De acordo com essa história, a ciência cartográfica de determinado império chegou a tal nível de exatidão e detalhamento que apenas mapas da mesma dimensão do próprio império eram considerados satisfatórios. O mapa perfeito reproduzia então absolutamente todos os aspectos e detalhes daquele lugar. O custo dessa máxima exatidão vinha na ausência total de utilidade do mapa.

[4] A separação de tempo e espaço, sendo o primeiro uma constante absoluta é axioma da física newtoniana, substituídos pelo *continuum* espaço-tempo da teoria da relatividade de Einstein.

Em segundo lugar, é necessário distinguir "direito" enquanto corpo de conhecimento de "direito" enquanto conjunto de comandos ou normas prescritoras de comportamento. Este, o "direito-norma" *é o objeto*; aquele, o "direito" enquanto dogmática (com pretensões científicas) é a *metalinguagem ou linguagem de sobrenível*. A dogmática, cuja prática resulta em doutrina, fala "sobre" o direito positivo, não se confundindo com ele.

A dificuldade, como ocorre nas demais ciências humanas e sociais, é a areia movediça que constitui o próprio objeto de análise. Seja na economia, na sociologia ou na antropologia, o campo específico do *logos*, o substrato real de suas análises é o comportamento humano, muitas vezes imprevisível, irracional e passional.

Esse terreno incerto, permeado de paixões, por certo dificulta sobremodo o empreendimento científico, mas certamente não o inviabiliza. Como vimos, acima, o objeto de análise das ciências humanas é ontologicamente subjetivo, mas isso não significa que sua epistemologia não possa ser objetiva (ou, pelo menos, busque, como princípio, a objetividade).

Entretanto, as ciências humanas tradicionais citadas acima ainda guardam vantagem em relação ao direito, pois seu objeto imediato é o agir humano como tal, enquanto o conhecimento jurídico é realizado tendo por substrato sistemas normativos particulares. Por outro lado, a economia, certamente a ciência humana mais desenvolvida, vale-se de ferramentas universais — o aluno que aprender ciência econômica na Universidade de Chicago ou na Universidade de Paris estará adquirindo basicamente as mesmas teorias desenvolvidas ao longo dos últimos séculos. Ademais, a economia possui rigor formal e é aberta ao teste empírico, não obstante ser este consideravelmente mais difícil de empregar nas ciências humanas.

Nem por isso, cumpre dizer, resta inexequível para o direito alcançar *status* de ciência, desde que atendidos os critérios acima referidos. Mas a pergunta que se faz é: é possível que o direito logre foros de universalidade, propondo hipóteses e respectivas confirmações em quaisquer sistemas jurídicos particulares, por intermédio de método científico e protocolos empíricos unos? É o que veremos a seguir.

Jusnaturalismo, juspositivismo e ciência do direito

O jusnaturalismo ou "direito natural" é uma espécie de mito que acompanha os juristas e filósofos desde a Antiguidade. Por lidar com os mais passionais e ancestrais valores, como a justiça, a segurança e a paz, o direito necessitava ser visto como uma forma de manifestação metafísica, universal e atemporal. A religião e o sagrado penetravam fortemente na ideia de direito, e assim o é até hoje, em sistemas sociais nos quais o sistema religioso mistura-se com o sistema político e com o próprio Estado (*v.g.*, países islâmicos).

Posteriormente, nos períodos históricos conhecidos como Renascimento, Idade Moderna e, mais especificamente, o movimento intelectual denominado iluminismo, o direito natural passou a ser identificado com a razão. Assim, os homens poderiam conhecer o direito assim como poderiam conhecer as leis universais e imutáveis da natureza por meio da sua intuição intelectual.

O mesmo período trouxe, contudo, Thomas Hobbes, Jeremy Bentham, John Austin e, no século XX, Hans Kelsen e H. L. Hart. À parte as diversas diferenças teóricas, o denominador comum aos diversos "positivismos" é a identificação do direito como um construto humano, artificial e passível de ser conhecido objetivamente, além da supracitada separação entre moral e a *episteme* jurídica.

Para o positivismo epistemológico, não devem importar — para fins de objetividade cognoscitiva — os valores pessoais do jurista em face de um ordenamento jurídico particular. Aquele passa a ser capaz de investigar um dado sistema qualquer isolando a análise de seus valores morais e, ainda assim, é capaz de identificar a axiologia própria daquela ordem normativa.

Por exemplo, um juspositivista que seja amante da liberdade e da democracia é plenamente hábil a examinar o direito cubano, compreendendo como funcionam as regras jurídicas que obrigam, proíbem e permitem naquele sistema — ainda que sua ideologia lhe seja pessoalmente reprovável. *Trata-se, portanto, de uma separação entre direito e moral que permite a objetividade epistemológica.*

Por outro lado, o jusnaturalismo oblitera a visão do analista jurídico. Ao deparar-se com normas que contrariam seus valores morais, o senso de indisposição é tamanho que a capacidade de análise torna-se inviável, obstando qualquer visão imparcial e objetiva do fenômeno. Quando um liberal declara que considera que o sistema normativo de Cuba ou da Coreia do Norte "não é direito", está a dizer, em rigor, que não concorda com ele. O mesmo quando um socialista, adepto do "direito alternativo", manifesta sua revolta com a "injustiça" da legalidade aplicada aos chamados movimentos sociais, transgressores contumazes da ordem positiva. O direito natural age, como bem ironiza Alf Ross (2000:304), tal qual uma prostituta, servindo igualmente a todas as ideologias com a mesma prontidão e desembaraço. Só não serve à ciência.

A doutrina jurídica brasileira é consideravelmente positivista, ainda que haja alguns tropeços jusnaturalistas aqui e ali, por exemplo, adjetivar algum ato ou dispositivo normativo de "inconstitucional", mesmo que não tenha ocorrido qualquer declaração nesse sentido por parte dos tribunais.

Vimos que o direito natural não cumpre com os requisitos para uma verdadeira ciência jurídica, mas e o positivismo, cumpre?

Há muito percebeu Gustav Radbruch (1997:73), assim como mais recentemente Richard Posner (2003:253), que a concepção positivista, ao menos na versão kelseniana, não é propriamente uma "teoria", *mas sim uma definição de direito*. A teoria pura não é uma hipótese científica, que requer o teste empírico para sua verificação ou refutação, nem é passível de falseabilidade, como exige o critério popperiano de ciência. A visão positivista, principalmente a adotada por nossa dogmática, passa a ser irrefutável (ou seja, não passível de falseabilidade pelo teste empírico), o que lhe impede de alçar o patamar autenticamente científico.

Da mesma forma que o juspositivista parte sua análise da concepção do direito como norma, também limita-se ao exame de questões como validade, vigência e eficácias jurídicas, negando qualquer exame do comportamento social efetivo em face das regras vigentes. Tal separação entre sentido jurídico e sentido sociológico, estritamente adotada pelo positivismo, é influência direta de Max Weber (2004:208-210). Todavia, retira da ciência jurídica um dos componentes primordiais para a compreensão do fenômeno normativo, qual seja, a relação entre norma jurídica e comportamento. Qualquer consideração sobre a observância efetiva ou não das normas jurídicas passou a ser instantaneamente repudiada, sob a alegação de que tal enfoque não é "jurídico", não pertence à "dogmática ou ciência do direito *stricto sensu*", sendo objeto da sociologia ou política do direito.

Entretanto, o positivismo deveria ser visto apenas como um axioma, um ponto de partida para o desenvolvimento da real epistemologia jurídica. A partir desse marco, juristas poderiam então propor hipóteses passíveis de teste empírico, construindo então a verdadeira ciência do direito.

A situação corrente da doutrina jurídica no Brasil

A situação corrente da doutrina jurídica pátria é peculiar. Ao mesmo tempo que é extremamente sofisticada no que tange a aspectos filosóficos, de alto cunho intelectual, tende a ser hermeticamente fechada ao mundo dos fatos. Trata-se da cisão positivista weberiana/kelseniana vista linhas atrás, que não contribui, infelizmente, para o desenvolvimento da ciência jurídica que os tempos atuais exigem.

Os manuais e obras jurídicas costumam centrar-se na análise do texto normativo, buscando a sistematização e explicação de institutos jurídicos. Quase a totalidade da doutrina produzida em nosso país limita-se à hermenêutica jurídica, entendida como técnica de interpretação dos diplomas legais, desconsiderando, contudo, a empiria de suas teses. Nesse diapasão, a corrente doutrinária jurídica aproxima-se mais de uma *tecnologia* do que de uma ciência, funcionando como instrumento de persuasão na práxis jurídica. Tecnologia muitas vezes útil na dinâmica operacional da prática jurídica, seja para advogados, seja para juízes, mas sem o caráter científico ironicamente tão desejado por seus proponentes.

Por que a dogmática jurídica brasileira, tal qual é praticada, não cumpre com os requisitos para ser ciência? Apesar de buscar a sistematização lógica do direito positivo por meio de textos doutrinários, a dogmática não propõe hipóteses nem tampouco é passível de teste empírico. Enquanto a linguagem da ciência é assertiva e bipolar (verdadeira/falsa), a linguagem da dogmática falha em obter essa função veritativa. Como comprovar ou refutar uma "tese" da dogmática, se não há qualquer possibilidade de teste, mas tão somente de aceitação ou não de seus argumentos retóricos, seja pela própria doutrina que a segue, seja pelos tribunais? O critério passa a ser pragmático (no sentido filosófico do termo), ou seja, a dogmática pode ser útil ou inútil para os fins persuasivos e de auxílio tecnológico, mas não alcança a verdade ou sequer a falsidade. *Pelo critério popperiano, portanto, a dogmática não é ciência.*

A pobreza do pós-modernismo

O "pós-modernismo" é uma expressão midiática, que se refere a um amálgama de movimentos e correntes filosóficas conhecidas como relativismo, desconstrucionismo, pós-estruturalismo e afins. O denominador comum a essas linhas é um desprezo aos pilares fundamentais do que se convencionou chamar de "tradição filosófica ocidental": a realidade objetiva e a verdade por correspondência.[5]

A negação da realidade objetiva usualmente vem na forma de posicionamentos críticos à "modernidade", ao iluminismo, ao conhecimento objetivo da realidade e à própria racionalidade (pasme!).[6] A fonte de tais correntes relativistas tem várias origens. Começando com os sofistas gregos, passando pelo alemão Friedrich Nietzsche, pelo pragmatismo de Charles Sanders Peirce e William James, pelo estruturalismo, pelo Heidegger tardio, pelo segundo Wittgeinstein, por Thomas Kuhn e, finalmente, culminando nos filósofos franceses da segunda metade do século passado, como Foucault, Deleuze, Derrida, Baudrillard, Lyotard, entre outros.

[5] Para uma crítica mais extensa sobre o pós-modernismo, ver Carvalho (2008:124-151).
[6] Uma indagação tipicamente relativista, do tipo "qual o seu argumento para provar a existência da racionalidade", prova a própria racionalidade que pretende negar. A própria noção de argumento pressupõe a de racionalidade.

Ainda que alguns dos acima referidos pensadores tenham tido enorme importância e influência na filosofia, certos aspectos de suas obras resultaram no quadro atual do pós-modernismo e do relativismo, ainda que vários deles provavelmente detestassem ser chamados de pós-modernos.

Posições como a nietzschiana "não há fatos, apenas interpretações", a de Derrida, segundo a qual "não há nada fora do texto", ou a de Paul Feyerabend, para quem teorias científicas, bruxaria e mitos primitivos têm o mesmo valor quando se referem à perscrutação da verdade objetiva, não apenas em nada ajudam o desenvolvimento da inteligência e do conhecimento humanos, como também denotam uma série de vícios e falácias em si mesmas.[7]

A sentença "não·há nada fora do texto", por sua vez, é autocontraditória (assim como a frase anterior): o texto é um meio pelo qual as mensagens são transmitidas, não havendo sentido ou essência em si mesmo. Necessariamente requer o mundo como seu mediador, i.e., os indivíduos que se comunicam por meio dele e os objetos a que ele se refere. O ingênuo sujeito que vai a um médico pós-modernista para ter um diagnóstico a partir de suas radiografias do pulmão, e o motorista desavisado que deixa seu carro em um mecânico desconstrucionista para ter o carburador consertado não gostariam de receber as seguintes respostas, respectivamente: "nada posso dizer quanto às radiografias, uma vez que a sua própria doença não passa de uma metáfora", "não posso examinar o carburador, pois ele não passa de um texto, e não há nada a fazer a não ser examinar a sua textualidade". Como ironicamente aponta John R. Searle (1993), autor dos exemplos acima, a única coisa certa é que a comunicação quebrou-se entre os interlocutores.

Por fim, comparar a ciência a mitos primitivos ou feitiçaria (o famoso *anything goes* de Feyerabend) simplesmente não resiste à mais simples e rápida análise histórica. Graças à ciência, sabemos mais sobre o Universo nos últi-

---

[7] A famosa frase "não há fatos, apenas interpretações" corresponde a um fato do mundo, ou deve ser vista apenas como uma interpretação da realidade? Vejamos o quão autorrefutável ela é, e, por consequência, o próprio pensamento pós-modernista. 1) Se a frase é verdadeira, ou seja, expressa um fato, então a frase também é falsa, pois existe ao menos um fato que é objetivo (e não uma "interpretação", portanto, subjetiva), qual seja, aquele pelo qual só existem interpretações. 2) Se, por outro lado, a própria frase também corresponde apenas a uma interpretação, então por qual razão deveríamos levá-la a sério e não descartá-la justamente pelo que ela é, uma mera opinião de alguém?

mos três séculos do que em toda a nossa anterior existência, sem mencionar os avanços incontestáveis na qualidade de vida e na saúde pública. Não custa lembrar que a expectativa de vida na Inglaterra medieval era de apenas 30 anos, ultrapassando hodiernamente os 80 anos de idade. Apenas os conhecimentos advindos da ciência, incluindo a medicina, a biologia, a química, entre outras, foram responsáveis por isso, e jamais feitiçaria ou mitos.

As ciências naturais ou "ciências duras" não sofreram qualquer influência perceptível do pós-modernismo ou do relativismo,[8] restando sua contaminação para as ciências humanas e sociais. Disciplinas como literatura, linguística, antropologia, sociologia ou mesmo a pedagogia padeceram do infeliz contágio relativista, enquanto, felizmente, pouca penetração o pós-modernismo obteve na economia ou no direito.

O importante, entretanto, é manter a ciência jurídica o mais incólume possível a essa perniciosa visão subjetivista, que paralisa a marcha do conhecimento. A estrutura básica da metafísica e da cultura ocidentais, fundada nos sábios gregos, pressupõe, necessariamente, uma realidade exterior independente de nossas mentes, assim como pressupõe nossa capacidade de conhecê-la objetivamente.

Nesse sentido, a ciência jurídica só prosperará se forem mantidas noções tais como as de fatos que existem independentemente da linguagem jurídica que busca prová-los ou refutá-los, da possibilidade de haver compreensão objetiva das instituições jurídicas por parte de seus destinatários, bem como da importante noção de responsabilidade individual, condição necessária para que haja sentido na instituição de regras e de sanções.

Fiat justitia et pereat mundus? Deontologia e consequencialismo

Fiat justitia et pereat mundus. Este brocardo latino representa a essência de uma antiga tradição jurídica, que traduz importantes ideais, como a busca da jus-

---

[8] Não confundir o relativismo filosófico com teorias da física, como a relatividade e a mecânica quântica. Ambas pressupõem, logicamente, uma realidade externa objeto da investigação científica.

tiça, integridade moral e adesão irrestrita a princípios éticos. Por outro lado, o "faça-se justiça ainda que o mundo pereça", se levado ao extremo, denota também falta de realismo e mesmo irresponsabilidade de seus proponentes.

A deontologia é a filosofia moral que mais se aproxima do brocardo acima transcrito. Desenvolvida principalmente pelo filósofo alemão Immanuel Kant, significa, *grosso modo*, a razão prática coordenada por princípios morais apriorísticos. Sendo assim, ações serão consideradas boas ou más à luz de um código preciso e integrado de regras morais, sendo a principal delas o imperativo categórico kantiano, independentemente das consequências.

Não há dúvida de que a ética deontológica é importante para o Estado democrático de direito. A máxima "tratar os outros como fins em si mesmos e não como meios para os fins" (segunda formulação do imperativo categórico) é que embasa a própria ideia da supremacia dos direitos individuais. Entretanto, há situações na vida real em que não é possível, ou mesmo recomendável, agir de forma tão irrestritamente compromissada com esta ética. Por exemplo, para um adepto da ética deontológica, mentir é sempre errado, não importa a razão pela qual o sujeito está mentindo.

Interessante perceber que, em nosso agir cotidiano, automaticamente levamos em conta as consequências de nossos atos. Aproveitando o exemplo acima, muitas vezes mentimos, pois entendemos que é a ação mais apropriada em determinados contextos. Valeria a pena ser sempre sincero e dizer a um amigo que sua aparência está péssima, quando o mesmo nos pergunta empolgado a nossa opinião? Entregaríamos um colega ao seu superior, por alguma falha inocente que aquele cometeu durante o trabalho?

A ponderação custo × benefício que a nossa racionalidade emprega, às vezes de forma inconsciente, outras de maneira bastante calculista, requer a consideração das possíveis e prováveis consequências de nossas escolhas. Seja uma simples estimativa quanto à possibilidade de ultrapassar um automóvel na estrada, sejam cálculos mais cuidadosos relativos à compra de um imóvel, seja a aceitação de uma oferta de trabalho ou de uma proposta de negócios, sempre ponderamos os prós e contras de nossas decisões, levando em conta as consequências delas advindas.

A filosofia que julga a moralidade ou imoralidade dos atos em decorrência de seus efeitos é o consequencialismo. Uma de suas principais vertentes é o utilitarismo, que teve como seu mais famoso prócere o filósofo reformista inglês Jeremy Bentham, para quem uma ação é moralmente correta se alcançar "a maior felicidade possível para maior número de pessoas". O consequencialismo propriamente dito, por sua vez, analisa os efeitos das ações, sem necessariamente incorrer em uma visão normativa como a de Bentham.

Diversos dilemas morais, muitos deles insolúveis, resultam do embate entre deontologia e consequencialismo puros. É certo ou errado contar a verdade sobre o esconderijo do próprio filho à polícia que o persegue? É justo ou injusto sacrificar um indivíduo para salvar a vida de vários?

A forma mais equilibrada, nos parece, é buscar conciliar ambas as visões, preservando a importância da moralidade baseada em princípios e regras de conduta, mas também ter em conta que muitas vezes sua adoção irrestrita, portanto, inconsequente, pode, justamente, colocar aqueles mesmos valores em perigo. Em suma, valores morais deontológicos são fundamentais para erigir qualquer sociedade civilizada, entendida esta como somatório de indivíduos responsáveis. Mas a responsabilidade, por seu turno, só existirá em sua plenitude se os cidadãos sopesarem as consequências de seus atos.

Sendo assim, por que então não deveriam os juristas levar em conta as consequências?

É bastante frequente a adoção de posturas deontológicas radicais na ciência do direito, e, em contrapartida, muito pouco consequencialismo. Os nossos juristas costumam confundir decisões, ainda que raras, consequencialistas dos tribunais com decisões que denominam "políticas",[9] condenando-as por tal.

---

[9] Uma diferença entre utilitarismo e consequencialismo é facilmente verificada ao diferenciarmos uma análise consequencialista de uma proposição utilitarista. Por exemplo, uma proposição utilitarista justificaria a modulação dos efeitos nas declarações de inconstitucionalidade pelo Supremo Tribunal Federal (prevista pela Lei nº 9.868/1999), sob o argumento de que, em certas situações, não conceder efeitos *ex tunc* pode ser a única forma de não gerar uma quebra financeira do Estado. A quebra, portanto, reduziria a utilidade geral (bem-estar) da população, que não contaria mais com os serviços públicos (diminuindo a maior felicidade possível para o maior número de pessoas possível). Já a análise consequencialista diria que se o STF passar a usar desse expediente a torto e a direito estará sinalizando ao Estado que este está liberado para instituir tributos inconstitucionais a qualquer tempo, já que nunca terá que pagar a conta, ou seja, devolver os indébitos aos cidadãos pagadores de impostos.

Contudo, decisões consequencialistas, principalmente aquelas oriundas de *hard cases*, são fundamentais para que o sistema jurídico mantenha sua funcionalidade. Em situações limítrofes, como casos em que há colisões de princípios jurídicos, a maneira mais recomendável de decisão jurisdicional é a aplicação do cálculo consequencialista. Quais possíveis cenários ao adotar uma ou outra solução para o litígio? Privilegiar a segurança jurídica em detrimento da equidade ou o direito à livre expressão em prejuízo do direito à privacidade acarretará quais resultados no médio ou no longo prazo? Decidir assim é decidir responsavelmente, ainda que possa soar, para alguns, como uma solução "política" e não jurídica. É necessário que a dogmática e a doutrina compreendam e defendam essa visão.

Os juristas que frequentemente sustentam soluções ingenuamente deontológicas, baseados em suas noções de justiça, ignoram que até os valores por eles considerados tão elevados podem vir a sofrer com isso. O legislador que institui planos de refinanciamento de débitos tributários sempre que há inadimplência de tributos pelos contribuintes precisa perceber que, ao conceder anistias e moratórias, está a criar incentivos para que justamente haja mais inadimplência.[10] Por que deveriam os contribuintes cumprir com suas obrigações tributárias, dispendendo recursos financeiros importantes, muitas vezes necessários para a continuidade de seus empreendimentos, se de poucos em poucos anos uma nova lei de benefícios e perdões fiscais é invariavelmente editada?[11] O juiz que inadvertidamente defere tratamento caríssimo ao autor de ação judicial, mesmo que a legislação do Serviço Único de Saúde não o contemple, não percebe que estará privando provavelmente dezenas ou centenas de outros cidadãos de obter assistência médica, uma vez que os recursos são limitados?

Ora, se o "mundo perecer" por conta de doutrinas e decisões que se preocupam apenas com os casos concretos, limitando-se às partes neles envolvi-

---

[10] Não obstante se possa argumentar que a intenção por detrás desses benefícios fiscais seja baseada em interesses arrecadatórios, e não em motivos de equidade ou algo que o valha. Por esse raciocínio, é melhor o Estado receber menos, e ainda de forma parcelada, os créditos que detém contra os contribuintes, do que nada receber.

[11] Não custa lembrar que em menos de 10 anos, quarto leis federais de refinanciamento de débitos fiscais foram criadas (popularmente conhecidos como "Refis", tendo sido o primeiro instituído pela Lei nº 9.964, de 10 de abril de 2000, e o último, pela Lei nº 11.941, de 27 de maio de 2009).

das, sem observar o contexto maior, qual seja, o resto da sociedade que é invariavelmente afetada por essas mesmas escolhas, não haverá qualquer possibilidade de justiça, ou qualquer indivíduo que possa dela usufruir.

Direito e ciências: a importância da interdisciplinaridade para a epistemologia jurídica

Para que o direito possa alcançar o patamar de uma ciência universal, cujas hipóteses possam ser comprovadas por intermédio de protocolos de empiria praticáveis em qualquer lugar onde haja ordenamento jurídico, é mister passar do plano dos ramos particulares do fenômeno jurídico (direito civil, direito penal, direito tributário etc.) para o altiplano da *teoria geral do direito*.

Enquanto a dogmática clássica preocupa-se com segmentos específicos dos sistemas particulares, como os referidos acima, a teoria geral aborda entidades universais a todo e qualquer ordenamento: norma, relação jurídica, sujeitos de direito etc. Onde houver sistema positivo, haverá tais entes, pois são universais. *Consequentemente, o método de sua análise deve ser igualmente universal.* Tal método deve seguir, da mesma forma, os critérios para que seja científico, e o socorro à interdisciplinaridade se faz presente, dada a insuficiência de ferramentas epistemológicas pela dogmática tradicional.

Correntes teóricas do início do século passado, como o realismo jurídico, nos Estados Unidos da América, assim como o direito livre e a jurisprudência dos interesses, na doutrina alemã, pavimentaram o caminho para uma abertura da dogmática jurídica à realidade, sob o argumento de que o direito não é um sistema fechado, em que suas proposições são suficientes, em si mesmas, para resolver conflitos reais. Casos ou litígios concretos não seriam solucionados apenas por meio das disposições contidas nas leis e estatutos, ou tampouco pelos manuais jurídicos, mas também por uma miríade de outros fatores e influências, inclusive ideológicas.

Ainda que muitas vezes exagerados,[12] tais manifestos tiveram a importante função de abrir a doutrina jurídica para outros campos do conhecimento, tradicionalmente alienígenas ao direito. Disciplinas como a antropologia, a sociologia, as teorias da linguagem e a economia passaram a ser empregadas não para a construção de conceitos ou institutos legais, mas para explicar o "porquê" de diversas situações reais causadoras ou afetadas pelo fenômeno jurídico.

Atos antissociais, tipificados como crimes, por exemplo, podem ser compreendidos pela psicologia e pela antropologia. Fenômenos de massa, como revoltas ou greves, podem ser melhor entendidos pela sociologia. A indeterminação e a polissemia, responsáveis por grandes entraves na interpretação e na comunicação jurídica, podem ser perscrutadas pelas teorias da linguagem, como é o caso da semiótica. E, finalmente, as escolhas e decisões, bem como suas manifestações concretas por meio dos comportamentos objetivamente verificáveis, podem ser investigadas pela economia.[13]

Importante perceber que o substrato, por assim dizer, da ciência jurídica é o comportamento humano. Normas, que são o objeto precípuo do "direito ciência" (ao menos na vertente positivista), só existem para servir a um propósito: regular as condutas intersubjetivas. Em suma, a preocupação primordial de toda e qualquer ciência humana, como o próprio nome indica, é o ser humano. Como não recorrer às várias disciplinas que dele se ocupam, desde que respeitadas suas peculiaridades e métodos, de modo a erigir um autêntico método interdisciplinar?[14]

---

[12] Nesse sentido, é famosa a frase hiperbólica de Jerome Frank, célebre realista jurídico norte-americano, segundo o qual "a decisão de um juiz é determinada pelo que ele comeu em seu café da manhã". Por outro lado, faz jus ao "realismo" jurídico a assunção pela qual "o direito é aquilo que os tribunais disserem que é", típica dos pensadores dessa corrente.

[13] Não obstante a chamada economia comportamentalista cada vez mais se valer de experimentos e testes com indivíduos (testes normais e testes cegos, quando o sujeito não sabe que está sendo testado), o *mainstream* econômico vale-se da observação de comportamentos passados, pelo que se denomina "preferências reveladas".

[14] Sem olvidar que "interdisciplinar" pressupõe, logicamente, a união de várias disciplinas em torno de seus isomorfismos, de suas categorias que são aplicáveis a todos os objetos particulares de conhecimento. Nesse sentido, a teoria econômica é, possivelmente, a mais geral de todas as ciências humanas, pois seu objeto de análise é, essencialmente, a escolha humana. Por isso, diversas categorias da economia se aplicam a diversas outras ciências humanas e sociais, por exemplo, os conceitos de equilíbrio, de cálculo custo × benefício ou de incentivo.

A tradicional dogmática jurídica brasileira, no entanto, limita seus esforços a exames intrassistêmicos, i.e., tópicos como fundamentos de validade das normas, suas coordenações horizontais no ordenamento ou questões atinentes à interpretação e integração normativas. Outros temas interessantes (para não dizer cruciais), como os efeitos reais dos comandos normativos em seus destinatários, cujas consequências são potencialmente dramáticas para o sistema jurídico, são tidos pela doutrina como pertinentes não à dogmática, mas apenas à política ou à sociologia jurídicas. Uma vez que as reações dos cidadãos em relação às normas que buscam regular suas ações podem ser vitais ou fatais para a manutenção do ordenamento jurídico, não se pode mais permitir que sejam ignoradas pelos nossos juristas.

É necessário, portanto, que a dogmática abra-se para as contribuições de outras disciplinas, sem que com isso, contudo, deixe de ser uma autêntica disciplina científica. A ideia interdisciplinar é ampliar o escopo da ciência jurídica e não fundi-la com outras disciplinas. Por tal entende-se ultrapassar o limite usual de análise da norma jurídica, centrado apenas na sua estrutura lógico-semântica, alcançando também as consequências que acarretam no mundo social.[15]

Lege data e lege ferenda são incompatíveis?

É comum o comentário de que determinadas questões são impróprias por se tratar de *lege ferenda* e não de *lege data*, ou seja, referem-se a opiniões ou juízos de como o direito *deveria ser* e não de como ele *é*.

Para os adeptos de um positivismo ferrenho, tão somente proposições *hic et nunc* são pertinentes, ou seja, importam apenas análises sobre as normas válidas, descartando-se, portanto, quaisquer considerações sobre modificações no ordenamento. Outras ciências humanas, como a economia, no entanto,

---

[15] Ou, conforme nos ensina a teoria dos atos de fala, centrar a análise também nos atos perlocucionários, ou seja, nas reações dos receptores das comunicações humanas, que resultam em comportamentos observáveis empiricamente.

empregam tanto a *análise positiva* como a *análise normativa*. O campo de conhecimento interdisciplinar conhecido como direito e economia ou análise econômica do direito igualmente aplica ambos os enfoques em suas investigações.

Por análise positiva deve-se entender justamente o exame do direito como ele é, ou seja, o conjunto de normas válidas *aqui* e *agora*. Por análise normativa, entendem-se proposições para alterar as normas jurídicas, de modo a obter resultados específicos pretendidos pelo legislador ou pela sociedade.

Um dos equívocos graves do direito natural foi o de confundir os domínios acima referidos. Ao negar a condição de direito aos sistemas por eles considerados ilegítimos, consoante seus (tantos) critérios de justiça, os jusnaturalistas autossabotavam seu empreendimento científico (se alguma vez houve algum), ao fazer análise normativa sem ter efetuado a positiva, sua condição necessária. Entretanto, se pretendemos mudar as regras, é necessário antes conhecê-las.

A doutrina tributária norte-americana, pelo contrário, é pródiga na utilização eficiente e precisa de ambas as análises. Os *legal scholars* estadunidenses primeiramente analisam o *status quo* de seus sistemas, com o intuito de compreender os problemas que pretendem abordar, para, apenas após, propor alterações que possibilitem incrementos àqueles institutos e regramentos.

É nessa direção que nossos acadêmicos deveriam seguir. Temas e tópicos interessantes apresentam-se ao pesquisador quando ele olha mais longe — por exemplo, em vez de concentrar-se apenas na constitucionalidade do aumento de imposto, por que não investigar as possíveis consequências de sua instituição no mercado? Ou a tipificação de um crime, com a respectiva sanção, terá o efeito desejado de dissuadir os indivíduos de cometer tal conduta? Dependendo do resultado, quais as medidas que poderiam ser tomadas de modo a obter os frutos desejados?

Preconceitos e clichês vetustos que acusam acadêmicos propositivos de serem meros "políticos do direito" perderam sua força neste novo milênio. O jurista bem-sucedido será tanto aquele capaz de empreender análises positivas do direito, abrangendo não apenas as normas, mas também seus efeitos reais no mundo social, como igualmente capaz de propor alterações que efetivamente alcancem os resultados almejados socialmente.

Os métodos empíricos e quantitativos

É curioso e mesmo mordaz notar que, enquanto os *legal scholars* norte-americanos usualmente não consideram sua disciplina como uma autêntica ciência, ainda assim empregam nela algo bastante próximo do método científico. Por outro lado, nossos juristas, que frequentemente se autoproclamam cientistas, raramente aplicam o método científico em seus empreendimentos.

Sintetizando o que vimos linhas atrás, o método científico consiste em um processo formado por: 1) observação do objeto; 2) constatação de certos padrões em sua fenomenologia; 3) proposição de uma hipótese sobre algum de seus aspectos; 3) teste empírico; 4) (a partir da comprovação pelo teste empírico) formulação de um princípio ou lei científica, que descreva determinado aspecto daquele objeto, de modo que se possa prever seu futuro comportamento.

Se os experimentos confirmarem a hipótese (ou não a refutarem, na metodologia popperiana), ela será válida. Todavia, os experimentos devem ser passíveis de repetição por outros cientistas, em condições iguais (instrumentos, ambiente etc.), e devem chegar aos mesmos resultados para que a hipótese mantenha-se válida.

Não há dúvida, contudo, de que o tradicional método das ciências naturais é problemático em sua aplicação às ciências humanas e sociais. É que, conforme vimos, em última instância, o objeto das ciências humanas e sociais é o agir humano e suas manifestações comportamentais, e isso ocorre em um contexto cultural (o que não implica relativismo cultural, pois há invariantes na cultura e no comportamento humanos ao longo dos séculos).

Ainda assim, é plenamente possível empreender uma epistemologia objetiva nas ciências humanas, nas quais está incluído o direito. Indo além do positivismo, que se limita a definir o direito, o método científico possibilitaria a formulação de hipóteses. Só que, para a correta construção de teses científicas, é fundamental a conexão com o mundo dos fatos.

Em outras palavras, não se pode mais limitar a doutrina jurídica à mera sistematização de dispositivos normativos (mais próprio ao trabalho de um filólogo ou de um gramático), sem sair do mundo dos textos legais. É mister que o jurista vá à realidade e observe o que lá acontece. Só que, para tanto, necessitará dominar instrumental em boa parte matemático.

Ocorre que a matemática faz-se cada vez mais presente na ciência contemporânea. Até o final do século XIX, qualquer pessoa razoavelmente instruída, com conhecimentos matemáticos intermediários, era capaz de ter uma compreensão bastante completa e profunda da realidade — ao menos a que era conhecida naquela época. Contudo, a partir das duas grandes revoluções científicas do início do século XX, quais sejam, a teoria da relatividade e a mecânica quântica, o domínio extenso da matemática passou a ser necessário, pois, de outra forma, não é mais possível entender a realidade física em nível profundo.

O comportamento humano também é passível de investigação empírica, via matemática, por meio de *métodos quantitativos*. Nesse sentido, para propor uma hipótese qualquer, tal como "o aumento da sanção tributária reduzirá o nível de sonegação no ICMS", será preciso recorrer a métodos estatísticos, alimentando-os por meio de dados empíricos — colhidos a partir da observação do setor tributado — e do comportamento dos agentes econômicos. Uma vez colhidos os dados, poder-se-á recorrer a modelos estatísticos e econométricos, de modo a apoiar a hipótese apresentada, com um confiável grau de probabilidade.

Nos Estados Unidos, os métodos quantitativos são largamente empregados no dreito, enquanto no Brasil apenas muito recentemente a disciplina denominada "jurimetria" vem apresentando resultados, ainda que de forma bastante pioneira e por poucos acadêmicos.

Conclusões

Cabe agora, por fim, responder à pergunta que serve de título a este ensaio: *Sim, é possível uma ciência do direito no Brasil.*

Para tanto, todavia, a dogmática jurídica brasileira necessita ser repensada, sob pena de tornar-se uma disciplina bizantina e pouco afeita à verdadeira pesquisa científica. Assim, a dogmática deverá adotar a metodologia científica em seus empreendimentos, por meio de uma efetiva observação da realidade e proposição de hipóteses abertas à empiria. Em síntese, praticar ciência e não meramente uma tecnologia persuasiva.

Preocupações com comportamento humano em face do poder impositivo do direito, bem como com as consequências da lei e das decisões judiciais, são fatores cruciais para o desenvolvimento de uma disciplina jurídica com foros de cientificidade.

Além disso, a dogmática deve transformar-se numa teoria geral do direito aplicada a segmentos específicos: teoria geral do direito civil, do direito penal, do direito constitucional etc., como forma de vencer os limites impostos pelas vicissitudes e características de cada sistema jurídico particular e alçar-se à categoria de disciplina universal, tal qual as demais ciências humanas e sociais.

Apenas assim poder-se-á construir uma comunidade científica universal do direito, conectando a dogmática jurídica brasileira com o resto do mundo.

A libertação da ciência do direito brasileira de seus grilhões tradicionais se dará, entre outras vias, por uma formação interdisciplinar de seus acadêmicos, que una a teoria jurídica com contribuições atuais de outros campos, tais como a economia, a sociologia e a neurociência, bem como por uma postura que coloque nossos juristas verdadeiramente na intersecção entre ciência e experiência e, por que não dizer, entre descrição e proposição, entre o positivo e o normativo.

Referências

BORGES, Jorge Luis. Del rigor en la ciência. In: _____. *Historia universal de la infâmia*. Buenos Aires: Argentina, 2010.

CARVALHO, Cristiano. *Ficções jurídicas no direito tributário*. São Paulo: Noeses, 2008.

POPPER, Karl. *Conjecturas e refutações*. Trad. Sergio Bath. Brasília: UnB, 1994.

_____. *A lógica da pesquisa científica*. Trad. Leônidas Hegenberg e Octanny Silveira da Mota. São Paulo: Cultrix, 1996.

POSNER, Richard. *Law, pragmatism and democracy*. Cambridge: Harvard University Press, 2003.

RADBRUCH, Gustav. *Filosofia do direito*. 6. ed. Trad. L. Cabral de Moncada. Coimbra: Armênio Amado, 1997.

ROSS, Alf. *Direito e justiça*. Trad. Edson Bini. São Paulo: Edipro, 2003.

SEARLE, John R. Rationality and realism: what is at stake? *Daedalus*: journal of the American Academy of Arts and Science, v. 122, n. 4, 1993.

WEBER, Max. *Economia e sociedade*. Trad. Regis Barbosa e Karen Elsabe Barbosa. 4. ed. Brasília: UnB, 2004.

WITTGEINSTEIN, Ludwig. *Tratado lógico-filosófico e investigações filosóficas*. Trad. M. S. Lourenço. Lisboa: Calouste Gulbenkian, 1995.

5. O direito, a pesquisa empírica e a economia

MARIA TEREZA LEOPARDI MELLO

Este texto pretende — a partir de algumas questões discutidas no texto do professor Ulen — analisar o espaço da pesquisa empírica em direito no contexto brasileiro.

Inicialmente, procuramos entender por que a pesquisa empírica enfrenta resistências e tem pouco espaço no bojo da dogmática jurídica dominante no Brasil, o que faz com que tenhamos uma situação bastante diferente daquela descrita por Ulen sobre as atividades de pesquisa no direito norte-americano — provável decorrência das características do sistema de *Common Law* e talvez também das influências do movimento do realismo jurídico nos EUA.

Em sequência, discutimos os caminhos possíveis para o desenvolvimento de pesquisa empírica no direito, que pode se dar tanto no campo da própria dogmática jurídica (visando identificar a realidade da operação do sistema jurídico) como também no campo interdisciplinar (visando detectar o impacto das normas jurídicas sobre o mundo real).

O direito e seu objeto de estudo

A formação tradicional do jurista no Brasil é fortemente marcada pelo positivismo dogmático, que costuma identificar o direito e o que é propriamente *ju-*

rídico (o que é específico do direito enquanto disciplina) tendendo a separá-lo de outras preocupações *não jurídicas.*

Predominante nas escolas de direito,[1] essa tradição se preocupa com problemas do mundo normativo, a saber, um sistema de normas abstratas e genéricas,[2] válidas e coerentes entre si, de modo a conformar um ordenamento jurídico dotado de unidade, sistematicidade e completude.[3] Não se indaga se os destinatários cumprem (ou não) as normas e por que o fazem; menos ainda se dessa conduta resultam os efeitos desejados (e/ou efeitos colaterais) sobre o mundo real.

Grosso modo, pode-se dizer que, nesse paradigma positivista, fazem parte do objeto da disciplina o processo de *produção* de normas jurídicas e o processo de *aplicação* dessas normas. Na análise do primeiro, procura-se identificar *quais* são as normas de um ordenamento jurídico, para o que é necessário atentar para suas condições de *validade,* i.e., verificar se as normas produzidas observaram os limites materiais e formais colocados pelas normas superiores do ordenamento. Ficam de fora indagações importantes sobre o processo decisório que leva à criação de determinada norma — os interesses contemplados, a escolha das finalidades a serem buscadas, a representatividade/legitimidade dos tomadores de decisão etc. — questões que são consideradas como *não jurídicas.*

Por isso, os juristas costumam considerar a questão da *legitimidade* apenas do ponto de vista legal-racional: o fato de uma norma pertencer ao sistema jurídico, i.e., ter sido produzida validamente — é condição suficiente para que se deva obediência a ela. Implicitamente (e muitas vezes inconscientemente) parte-se da *premissa* de que a lei seria produto de uma *vontade geral;* daí que seu

---

[1] Essa corrente não é a única, mas é certamente preponderante no ambiente jurídico do país. A própria crítica ao positivismo, que vem ganhando espaço nos meios acadêmicos e judiciais nos últimos tempos, não rompe com um seu aspecto crucial, que consiste em limitar-se ao mundo do *dever ser* na interpretação de princípios jurídicos.

[2] No sentido de que as normas descrevem apenas hipóteses (a produção do direito se separa de sua aplicação) e não se destinam a ninguém em particular (ou se destinam à generalidade das pessoas submetidas ao poder soberano), características do direito de tipo *formal-racional* na tipologia weberiana.

[3] Para uma análise desses conceitos — unidade, coerência e completude — e sua importância na teoria do ordenamento jurídico, ver Bobbio (1989).

cumprimento seja considerado algo de interesse público/social, qualquer que seja seu conteúdo e quaisquer que sejam seus efeitos.[4]

Em relação ao *processo de aplicação* das normas, a disciplina do direito analisa como se *deve* proceder à solução de conflitos recorrendo-se às normas do sistema jurídico, o que passa pelo processo de *interpretação* da norma, discutindo o sentido logicamente correto que *deve* corresponder ao seu enunciado verbal. Discute-se, nesse âmbito, a necessária *completude* do ordenamento jurídico — no sentido de que todo caso *deve* poder ser resolvido com uma norma do sistema — e os critérios para integração de lacunas eventualmente identificadas; e ainda a coerência sistemática, i.e., as normas que o compõem devem ser coerentes e compatíveis entre si, não se admitindo antinomias. Caso um sistema jurídico *concreto* apresente normas antinômicas, a teoria do direito discute os critérios a serem utilizados para solucionar o problema.

Novamente, aparecem aqui implícitas algumas premissas que permitem ao jurista abstrair o lado real e legitimar a obrigatoriedade de obediência ao sistema jurídico por todos os cidadãos submetidos ao poder soberano: trata-se da ideia de que *"o legislador"* é racional, onisciente e onipotente, não se questionando se os meios previstos são adequados aos fins a que a lei se propõe, ou se os fins sociais da norma são de fato alcançados por sua aplicação; tampouco interessa saber se os destinatários se comportam ou não conforme a norma e se ela produz os efeitos desejados na sociedade. Em suma, nada se diz a respeito da efetividade *real* de uma norma (ou um sistema de normas), ou sobre os resultados efetivamente alcançados pela sua aplicação.

---

[4] Não pretendemos discutir, aqui, os fundamentos para a obrigatoriedade de obediência a um sistema de normas como precondição para a ordem social. Pode haver razões práticas para defender essa obediência — por exemplo, o simples fato de não se ter inventado um sistema melhor...! Apenas se quis chamar atenção para o fato de que o discurso jurídico mais tradicional assume uma *vontade geral* em moldes vagamente rousseaunianos, sem maiores discussões, nem mesmo as sutilezas de interpretação feitas pelo próprio Rousseau sobre esse conceito e sobre o problema da representatividade. Assume-se o pressuposto como se a expressão legislativa concreta fosse, verdadeiramente, uma expressão da vontade geral. Essa premissa parece estar na base da defesa dos princípios jurídicos abstratos como ponto de partida de um raciocínio lógico-dedutivo que resultará numa decisão aplicada ao caso concreto.

Nesse quadro, pouco espaço resta para a consideração dos *efeitos reais* das normas e, mesmo quando se reconhece que eles existem, a relação entre norma e realidade é tida como problemática, algo que não pertence ao mundo jurídico. Na visão da teoria pura do direito, a relação *entre o dever ser da norma e o ser da realidade natural* coloca-se na conexão entre *validade* e *eficácia* da norma, reconhecendo-se, contudo, que eficácia "é uma qualidade da conduta efetiva dos homens e não [...] do direito em si". Em outras palavras, é um atributo do mundo real e não do normativo (Kelsen, 1990:44).

Em suma, o recorte disciplinar acima descrito leva o sujeito/jurista a centrar sua preocupação na busca de entender e descrever o mundo normativo, não o real; a própria *teoria do direito* se torna, assim, uma *teoria normativa*, à medida que "explica" como *devem ser* (ou devem funcionar) os sistemas jurídicos — e não como tais sistemas realmente funcionam.

A delimitação do objeto de uma disciplina é relevante não apenas pelo que nele se *inclui,* mas também pelo que se exclui do campo de análise, i.e., aquilo que não é percebido como questão relevante para pesquisa, por parte de especialistas da disciplina. No caso do direito, a delimitação de seu objeto de estudo nos moldes da dogmática jurídica implica que os aspectos do mundo real ficam *necessariamente* de fora da análise disciplinar, suprimindo o espaço que a realidade social poderia ocupar na reflexão sobre o direito, conforme avaliam Faria e Campilongo (1991). Não se trata de criticar a ideia em si de recorte analítico disciplinar, afinal todo recorte analítico deixa alguma coisa de fora da análise — o problema reside na concepção de que abordagens não jurídicas não importam para o trabalho do jurista e que os fatos sociais estão fora de seu campo científico (Faria e Campilongo, 1991:34).

Essa exclusão da realidade social se verifica, em larga medida, na prática profissional e no processo de implementação das normas jurídicas, mas também afeta a área acadêmica na maioria das escolas de direito no Brasil, que desenvolvem pouca ou nenhuma pesquisa empírica e que costumam confundir "teoria" com doutrina dogmática, na avaliação de Faria e Campilongo (1991:44). No mesmo sentido é o diagnóstico de Nobre (2003): a supressão da realidade das preocupações jurídicas resulta no isolamento do direito em relação às outras disciplinas das ciências sociais,[5] o que, junto a uma peculiar confusão entre prática profissional e pesquisa acadêmica vigente na área jurídica, constituiriam os fatores que explicam o atraso relativo da pesquisa em direito no Brasil.[6]

O autor observa que o ensino jurídico no país é fundamentalmente baseado na transmissão de resultados da prática jurídica (dos "operadores do direito") e não em uma produção acadêmica sujeita a critérios científicos (Nobre, 2003:148). O trabalho acadêmico acaba se resumindo a selecionar argumentos úteis à construção de uma tese jurídica que seja conveniente para a defesa de determinada posição — seleção feita a partir de uma sistematização da doutrina, jurisprudência e legislação existentes. Na observação precisa do autor, a lógica que preside esse trabalho não é muito diversa daquela que orienta a elaboração de um parecer:

> [...] não se recolhe todo o material disponível, mas tão só a porção dele que vem ao encontro daquela tese. O parecer não procura, no conjunto do material disponível, um padrão de racionalidade e inteligibilidade para, só então, formular uma tese explicativa, o que seria [...] o padrão e o objetivo de uma investigação acadêmica no âmbito do direito. [...] A resposta vem de antemão: está posta previamente à investigação [Nobre, 2003:150].

Esse modelo é uma forma padrão de argumentação que passa quase como sinônimo de produção acadêmica em direito, estando na base da maioria dos trabalhos universitários nessa área. Com isso, a pesquisa e o ensino do direito no Brasil, com honrosas exceções, ficam fortemente comprometidos pela falta de critérios e parâmetros referenciais de análise científica. Do mesmo modo, esse modelo de parecer tampouco é capaz de fornecer fundamentos sólidos para um trabalho empírico em direito.

---

[5] Para uma discussão sobre o isolamento do direito das ciências socias, ver Kirat e Serverin (2000).
[6] Talvez a situação descrita nesses diagnósticos tenha-se alterado nesses últimos 10 anos, com a criação de novas escolas, o crescimento dos programas de pós-graduação, a ampliação de espaços para a interdisciplinaridade e a pesquisa empírica. Acredito, no entanto, que a visão dogmática tradicional ainda seja predominante.

Essa constatação nos leva a outra questão: o que fica de fora do objeto da disciplina do direito não pode ser adequadamente tratado com seus instrumentos analíticos. O direito não desenvolveu instrumentos para tratar de problemas do "mundo real", tais como o processo decisório que leva à criação de determinada norma, os interesses contemplados, a escolha das finalidades a serem buscadas, a representatividade/legitimidade dos tomadores de decisão, a avaliação dos efeitos reais provocados pela aplicação das normas etc., todas questões que podem ser consideradas *não jurídicas*. Por não dispor de parâmetros de análise científica, de critérios de veracidade, de sentido de hierarquia das questões, um jurista de formação dogmática não tem instrumentos adequados para analisar esses problemas, mesmo que tenha preocupação.[7]

Como o trabalho empírico implica necessariamente o contato com o mundo real e como a compreensão da realidade requer instrumentos de análise não desenvolvidos pela dogmática jurídica, romper o isolamento da ciência jurídica em relação às outras ciências sociais é a primeira condição para a possibilidade de um trabalho empírico.

A falta de trato com os problemas do mundo real é uma lacuna na formação jurídica que pode ser *integrada* por duas vias (não excludentes):

a) em primeiro lugar, reconhecendo que, apesar de tudo, existe um campo de pesquisa científica e acadêmica (que supera o modelo de *parecer* tradicional) a ser desenvolvido dentro do próprio universo jurídico, que é a pesquisa em direito no campo da dogmática, tal como proposto por Nobre (2003);

b) em segundo, reconhecendo as limitações do raciocínio jurídico e dos seus instrumentos analíticos quando se trata de investigar o mundo real, e recorrendo a abordagens de outras disciplinas (sociologia, ciência política e economia, principalmente) e interdisciplinares.

---

[7] E em geral, o jurista não está apto para processar — com seu próprio referencial analítico — conhecimentos vindos de áreas *não jurídicas*. Mesmo algumas abordagens não normativistas do direito, como a "neoconstitucionalista", acabam reproduzindo uma análise normativa na medida em que princípios constitucionais de enunciado genérico e alto grau de indeterminação são interpretados subjetivamente a partir de um raciocínio lógico-dedutivo sem recurso a conhecimentos não jurídicos e sem referência a eventuais efeitos reais que decorrem de sua aplicação.

A pesquisa empírica no campo da dogmática jurídica

Em relação ao primeiro ponto, Nobre discute, em seu trabalho, o que poderia constituir o objeto da investigação acadêmica no âmbito do direito, e propõe *ampliar* o conceito de dogmática, de modo a que os pontos de vista sociológico, histórico, antropológico, filosófico ou político não lhe sejam exteriores, mas sim momentos constitutivos da investigação dogmática (Nobre, 2003:151). Para o autor, a especificidade do direito — relacionada à questão da *decidibilidade* — não significa a obrigação de conduzir a propostas de solução, nem impede que a ciência do direito possa ser *explicativa*. É, assim, possível empreender uma pesquisa que, dentro do campo da dogmática, investigue o estatuto de determinado instituto na prática jurisprudencial e na doutrina, que constituiriam — jurisprudência e doutrina — os objetos de investigação *empírica*, a fim de identificar a realidade da implementação das normas jurídicas (Nobre, 2003:153). É um modelo de pesquisa estritamente *jurídica*, mas com critério científico (a própria atividade jurisdicional — assim como todo o processo de operação do direito — constituiria o objeto de pesquisa).

Essa análise jurídica que consideramos relevante, portanto, não se restringe ao formalismo do mundo normativo, mas implica algo próximo da análise do direito como categoria realista (*legal realism*).[8] Consideramos o direito não apenas como norma abstrata, mas como todo o aparato envolvido na sua operação — produção, interpretação e aplicação — que, em conjunto, conformam um sistema institucional (de *enforcement*).

Em suma, esse primeiro passo de estudo consiste em compreender o processo real de implementação das normas, o que requer um conhecimento especificamente jurídico que considere:

---

[8] Um trabalho exemplar nessa linha é o de Commons (1959), que discutiu as definições de propriedade dadas pela Suprema Corte americana. Para ele, apenas essas definições empiricamente estabelecidas seriam relevantes para um observador da evolução do capitalismo. Nessa literatura, o direito é criado de maneira experimental, num processo contínuo de adaptação — pelo juiz — das regras às transformações da vida econômica e social. Por isso, não se deve buscar um sentido lógico-abstrato e preestabelecido para os conceitos jurídicos, pois esse sentido varia conforme o contexto e a finalidade. Para uma análise sobre o movimento do realismo jurídico norte-americano na abordagem de "direito, economia e organizações", ver Williamson (1996).

a) o entendimento das normas em si (seu sentido lógico);

b) o conhecimento dos tipos de ações para defesa dos direitos (questão de direito processual);

c) a interpretação dominante nos tribunais (pesquisa empírica de jurisprudência) e na "doutrina" (pesquisa bibliográfica);

d) outras informações relevantes, como tempo de demora das soluções judiciais, canais disponíveis para solução de conflitos, possibilidades de recurso à arbitragem etc. (que dependem de pesquisa empírica).

Nesse ponto, deve-se ter em vista que as normas jurídicas admitem graus variados de eficácia, de acordo com sua maior ou menor efetividade – e isso só pode ser avaliado mediante pesquisa empírica. Isso implica (i) que a existência real de um direito não se resume ao seu enunciado normativo – não posso dizer que um direito existe apenas por que ele é previsto em lei, se as dificuldades de implementá-lo forem tamanhas a ponto de ele ser percebido como inexistente na realidade social.[9] (ii) que a efetividade (a garantia) dos direitos admite graus intermediários entre a total efetividade e a inexistência absoluta.

A pesquisa empírica interdisciplinar

O tipo de pesquisa acima descrito, embora de cunho fundamentalmente jurídico, é imprescindível para a análise econômica do direito (AED): se o economista considera a norma jurídica como parte de um sistema de incentivos (uma das proposições básicas da AED), é necessário saber quais são – de fato – esses incentivos (constituído de um conjunto de elementos jurídico-institucionais). Importa, portanto, conhecer não apenas qual é o enunciado nor-

---

[9] O inverso também pode ser verdadeiro..Tomemos o exemplo dos direitos imbricados no uso do solo em áreas de ocupação irregular (favelas, *e.g.*): a atribuição de títulos de propriedade pode não significar muito se os moradores não tiverem segurança. Sob outras circunstâncias, no entanto, o direito de apropriação não é nulo apenas por que não há títulos de propriedade, pois pode haver outras formas de garantia de direitos subjetivos (a posse, às vezes reconhecida amplamente pelos outros moradores e pelas associações comunitárias) que permitam algum tipo de apropriação com algum grau de segurança.

mativo, mas também todo seu processo de implementação (inclusive se as normas não "pegam").

O passo seguinte será saber como esses incentivos operam e quais os mecanismos que fazem com que as normas jurídicas afetem as ações humanas reais — decisões dos agentes privados, decisões das autoridades, decisões relativas às formas de organização adotadas etc. Dependendo de *se* e *como* as normas afetam decisões/comportamentos, elas podem provocar efeitos no "mundo real"; procura-se, nesse ponto, identificar uma relação causal (entre norma, comportamento e resultados) e, nesse aspecto, a pesquisa pode se beneficiar do instrumental existente para análise e avaliação de políticas públicas.

Este passo de pesquisa — que visa a esclarecer a relação entre sistema normativo e ação social e que problematiza a capacidade de o direito conformar a conduta humana — é intrinsecamente interdisciplinar, no sentido de que une componentes distintos de duas disciplinas e conduz a novos conhecimentos que não seriam possíveis, não fosse essa integração.

Assim, quando falamos em direito e economia, pensamos não apenas que o lado jurídico de um fenômeno pode ter relações (talvez causais) com o lado econômico do mesmo, ou que aspectos jurídicos e econômicos de uma mesma realidade podem estar relacionados, mas também, e fundamentalmente, que a abordagem jurídica desse fenômeno — que privilegia determinados elementos de análise (objeto da disciplina do direito) — pode sofrer influência da abordagem econômica (e ser por ela modificada) e, não menos importante, *vice-versa*. Incorporar elementos de uma disciplina em outra implica ampliar o objeto de estudo, uma vez que se levantam questões antes inexistentes e invisíveis, ao mesmo tempo que se requerem novos instrumentos de análise não desenvolvidos na disciplina original.[10]

As relações entre direito e economia, no entanto, supõem a superação da diferença de planos de análise — ser e dever ser[11] — associados à economia e

---

[10] A *interdisciplinaridade* requer algo mais do que a justaposição de duas perspectivas do mesmo objeto, pressupondo a possibilidade de "construção de um objeto e um método comuns para orientar a produção de conhecimentos que não poderiam ser gerados a partir das duas disciplinas separadamente" (Kirat e Serverin, 2000:18). *Direito-e-economia* deve ser capaz de delimitar um objeto de estudo diverso do direito e diverso da economia.

[11] Quando Weber discute as relações entre ordem econômica e ordem jurídica, ele chama atenção para as diferenças de planos de análise que fazem com que não exista canal de comunicação entre

ao direito, considerando-se a ordem jurídica no sentido sociológico como um "complexo de motivações efetivas da atuação humana real" (Weber, 1964:252). Nessa perspectiva, coloca-se em questão o que *de fato* acontece na sociedade em razão de existir uma probabilidade de que os homens considerem subjetivamente válida uma determinada ordem e orientem suas condutas por ela.

O foco da análise interdisciplinar "direito e economia" seria, então, a ação (econômica) orientada pela representação da existência de uma ordem jurídica legítima.[12] Como destacam Kirat e Serverin (2000:8), a relação a ser elucidada é aquela que se estabelece entre direito e ação social econômica.

Trata-se de saber: (i) em que medida as ações do mundo real se devem à existência de normas jurídicas que as orientam; (ii) em que medida a existência de certas normas jurídicas é condição necessária (e/ou suficiente) para as ações reais, e (iii) se essas normas criam condutas regulares desejadas pelos tomadores da decisão normativa. Em outros termos, trata-se de abordar a questão da *eficácia* das normas jurídicas, mas numa dimensão *substantiva*, indagando-se por que, como e em que condições as normas constituem motivo de conduta regular dos agentes econômicos, cotejando os objetivos originariamente desejados pelo legislador com os resultados efetivamente gerados (Teubner, 1986:261).

Tomemos, por exemplo, o tema dos assim chamados "direitos de propriedade"[13] discutidos na literatura de direito e economia: tais direitos importam para as transações econômicas porque constituem objeto potencial de

---

elas. O estudo do direito se preocuparia com o significado normativo logicamente correto que deve corresponder ao enunciado verbal da norma, investigando o sentido dos preceitos que se apresentam como uma ordem determinante da conduta, estabelecendo-lhes o sentido lógico-formal e ordenando-os num sistema lógico sem contradições — a *ordem jurídica*, que se refere ao plano do *dever-ser*. Por outro lado, a ordem *econômica* diz respeito ao mundo dos acontecimentos reais, da distribuição de poder efetivo sobre bens e serviços e o modo pelo qual estes se empregam (Weber, 1964:251).

[12] Em outros termos, se e como os agentes têm em vista as regras jurídicas em suas ações.

[13] Tal como usado na literatura de economia institucional, esse conceito tem um significado econômico que *não corresponde totalmente* ao direito de propriedade, do ponto de vista de nosso sistema jurídico. Não se trata, como erroneamente se poderia supor, de direitos reais; a noção econômica de *direitos de propriedade* engloba a propriedade no sentido jurídico mas não se resume a ela, incluindo, além de direitos reais e obrigacionais, as liberdades, i.e., os graus de liberdade no processo de tomada de decisões, o direito de fazer ou não fazer algo por livre opção da parte do agente. "Traduzindo" para o âmbito jurídico, a noção mais próxima é a de *direitos subjetivos* entendidos como *interesses juridicamente protegidos,* aos quais corresponde um direito de ação (Mello e Esteves, 2010).

transações no mercado e, assim, contribuem (se bem definidos e dotados dos atributos da exclusividade e transferibilidade) para a criação e organização de mercados e redução de custos de transação. O efeito sobre o comportamento dos agentes consiste no incentivo a que o titular do direito preserve seu objeto, tornando seu uso mais eficiente (Cooter e Ulen, 1988:13). Ademais, a delimitação dos direitos facilita as trocas na medida em que diminui os custos associados ao esforço para definir os limites do objeto transacionado, reduz a probabilidade de que diferentes percepções das partes sobre esse objeto criem impasses na relação contratual e permite que se transacionem múltiplas dimensões de um mesmo ativo.

Seguindo a linha da abordagem discutida acima, entendemos que a predição de efeitos a partir da teoria também deve ser objeto de confirmação empírica, o que passaria por: (i) identificar, numa situação concreta, quais são os direitos "de propriedade" em vigor, se são ou não implementados e em que medida; e (ii) identificar uma relação causal entre a norma e o comportamento previsto na teoria econômica.

Em suma, verificar se determinada configuração de direitos constitui uma motivação do comportamento pressupõe identificar precisamente qual é essa configuração *real*, admitindo, inclusive, que ela pode ser diferente do enunciado normativo ou das intenções originais dos legisladores (ou dos formuladores de políticas). Essa advertência se dirige particularmente aos juristas — que tendem a desconsiderar a importância dos elementos do mundo real em suas análises —, mas serve também aos economistas, na medida em que, não raro, tendem a imaginar instituições como um sistema de incentivos perfeito. De certo modo, também os economistas podem ignorar o modo real de operação do sistema jurídico e concebê-lo como um sistema de normas capaz de estabelecer estruturas de incentivo que, idealmente, provocarão determinadas condutas da parte de um *agente* racional, também idealmente concebido.

Referências

BOBBIO, N. *Teoria do ordenamento jurídico*. São Paulo: Polis; Brasília: UnB, 1989.

COASE, R. H. The problem of social cost. *Journal of Law and Economics*, v. 3, p. 1-44, 1961. (Republicado em COASE, Ronald H. The firm, the market, and the law. Chicago: The University of Chicago Press, 1988.)

COMMONS, J. R. *The legal foundations of captalism*. Madison: The University of Wisconsin Press, 1959. (1. ed. em 1924.)

COOTER, R.; ULEN, T. *Law and economics*. [S.l.]: Harper Collins, 1988.

ESTEVES, H. L. B.; MELLO, M. T. L. Os desafios da interdisciplinaridade em direito e economia. In: ENCONTRO ANUAL DA ANPEC, XXXIX., 2011, Foz do Iguaçu, PR. *Anais...* Foz do Iguaçu, PR: Anpec, 2011.

FARIA, J. E.; CAMPILONGO, C. *A sociologia jurídica no Brasil*. Porto Alegre: Fabris, 1991.

KELSEN, H. *Teoria pura do direito*. Coimbra: Armênio Amado, 1984. (1. ed. em alemão em 1934.)

_____. *Teoria geral do direito e do Estado*. São Paulo: Martins Fontes; Brasília: UnB, 1990. (1. ed. em inglês em 1945.)

KIRAT, T.; SERVERIN, E. (Org.). *Le droit dans l'action économique*. Paris: CNRS, 2000.

MELLO, M. T. L. Direito e economia em Weber. *Revista Direito-GV*, v. 2, n. 2, p. 45-65, 2006.

_____; ESTEVES, H. L. B. Property rights: building an interdisciplinary approach. In: COLLOQUE CHARLES GIDE, 2010, Paris. *Anais...* Paris, 2010.

NOBRE, M. Apontamentos sobre a pesquisa em direito no Brasil. *Novos Estudos Cebrap*, n. 66, p. 145-154, jul. 2003.

TEUBNER, G. Industrial democracy through law? Social functions of law in institutional innvations. In DAINTITH, T.; TEUBNER, G. (Ed.). *Contract and organisation*: legal analysis in the light of economic and social theory. Berlim: Walter de Gruyter, 1986. p. 261-273.

WEBER, M. *Economía y sociedad*. 2. ed. México, DF: Fondo de Cultura Económica, 1964. (1. ed. em alemão em 1922.)

WILLIAMSON, O. Revisiting legal realism: the law, economics and organization perspective. *Industrial and Corporate Change*, v. 5, n. 2, p. 383-420, 1996.

6. Primeiros passos para o Prêmio Nobel em Direito

MARCIA CARLA PEREIRA RIBEIRO

Qual será o primeiro passo para que se estipule um Prêmio Nobel voltado aos juristas? Além da consagração de uma teoria geral para o direito e da aceitação da importância de pesquisas empíricas analíticas, se queremos nos equiparar às outras ciências sociais em termos de cientificidade, precisamos lembrar que existe algo para além de nossas próprias fronteiras, inclusive vida inteligente.

É para além das fronteiras estadunidenses que milenarmente se firmou outra forma de fazer direito que não seja por meio da jurisprudência, isto é, uma faceta do direito que, de forma instintiva, principia pela teoria geral.

Se para a visão trazida por Ulen (2002) pensar o direito como uma ciência é já um complicador inicial, para nós a ciência jurídica é algo tão arraigado ao pensamento dominante que há mesmo quem entenda que, para além da ciência, vivemos na fronteira com a arte.

De toda sorte, com ou sem Prêmio Nobel, vale aquilatar-se a viabilidade da pesquisa empírica aplicada ao direito e a importância da ferramenta da análise econômica do direito.

A *common law* americana não permite que se tome a preparação de um estudante de direito a partir da matiz teórica. Muito pelo contrário, a ideia é formá-lo como um aplicador. Iniciá-lo na leitura dos precedentes, induzi-lo a aprender como descobrir o modo de um juiz de determinada corte se posicionar a respeito de determinado tema. Ou, ainda, quais foram as relações ou tendências políticas que permitiram ao magistrado ostentar a condição de "*honour*".

Por aqui, ao menos na maior parte das escolas de direito, a postura é antagônica. Iniciamos a doutrinação dos jovens com todo tipo de teoria: do Estado, geral do direito, direito privado e outras tantas. Buscando, e mais uma vez em tese, criar um ambiente em que, a partir da generalização, seja ela aquela da teoria ou aquela da norma, lapide-se o acadêmico para que esteja apto a realmente entender o significado de tanta teoria quando tentar, em vão, nela encontrar como escapar das armadilhas com cuja existência só nos deparamos no caso concreto.

E nem assim, nem teorizado, fomos à fonte inspiradora da instituição de um Prêmio Nobel para o direito. Logo, sem Nobel na *civil law*, sem Nobel na *common law*.

Falharam lá. Falhamos aqui.

E o mais desconcertante é que achamos supermoderno modelar uma nova escola de direito que seja mais próxima da praticidade dos americanos do norte. Algo mais "jurisprudencial" não no sentido americano de criação normativa, mas no sentido nacional de análise de casos para a construção do pensamento jurídico.

Ulen (2002), por sua vez, apregoa algo diferente. Nem um direito voltado exclusivamente ao conhecimento dos tribunais, nem uma teoria da abstração, mas uma teoria que nasce e se renova a partir dos resultados de sua própria aplicação. A possibilidade de ser contestada, e a partir da comprovação de que vale pouco ou muito pouco, abrir-se espaço para uma nova teoria e, por consequência, uma nova experimentação.

É atraente a ideia de experimentação no direito. O desafio de partir para a ação e descobrir se os nobres propósitos do legislador demonstraram-se atingíveis ou se a posição firmada dos tribunais reforçou uma conduta justa ou prestou-se às seleções adversas.

Mas será que toda ideia e qualquer tipo de aplicação prática do direito se coaduna com análise empírica?

Há sempre a dúvida quanto aos dados que derivarão da experimentação, assim como daqueles que a alimentarão.

Como diz um conhecido personagem mundial da televisão: todo mundo mente. Geram-se aí a incerteza quanto às respostas, dúvidas relativamente à pertinência das informações e correção metodológica da pesquisa.

Porém, existem as dúvidas, mas também os métodos que introduzem conceitos como o de desvio padrão; há a depuração das distorções, há antídotos para cada suposto malefício.

O presente ensaio parte das inúmeras reflexões trazidas por Ulen para, utilizando-se da livre associação de ideias, propor como conclusão a constatação da razão pela qual o direito não fez por merecer, até o presente momento, a outorga de um prêmio, que, para além de sua natureza patrimonial, significa uma oportunidade de reconhecimento internacional, do qual ainda estamos alijados.

Em busca de um matiz único para o direito

Sem dúvida, uma cirurgia de nariz é uma cirurgia de nariz em qualquer lugar no mundo, ainda que os narizes sejam bem diferentes. Mas há o Prêmio Nobel de Medicina.

As economias dos países também são tão distintas quanto a composição das cores das bandeiras, ainda que haja alguma forma de organização econômica em cada uma delas. Mas há o Prêmio Nobel (ou equivalente) da Economia.

Mas no direito não. Precisaríamos todos nos esforçar em busca de um direito universal, que abra a oportunidade para que possamos bradar que sabemos fazer ciência como outro cientista qualquer.

Alguém já tentou publicar, numa revista estrangeira, alguma forma de pensar que desvele a tradição jurídica interna de outro país? As dificuldades são inúmeras. Eu mesma e o coautor (Ribeiro e Agustinho, 2011), numa experiência dessas, passamos quase um ano de vindas e idas do artigo, incorporando a cada parecer mais um aspecto de direito internacional ou relacionado aos organismos internacionais. O resultado ficou interessante, mas bem diferente da ideia inicial de nosso texto.

Relatávamos a experiência brasileira com as empresas estatais que desenvolvem tecnologia e suas possíveis relações com o desenvolvimento de nosso país, inseridas no contexto institucional de um país que nunca deixou de ser interventivo em termos econômicos.

Inspirados nas crises americana e europeia deflagradas em 2009, achamos que o exercício excepcional da atividade econômica por meio de uma sociedade estatal poderia ser objeto de genuíno interesse da parte de leitores oriundos de países com tradição de economia menos dirigida, diante da crise gerada pelo excesso de liberdade e de crédito no âmbito econômico com epicentro nesses países.

Acabamos por migrar para uma pesquisa sobre os organismos internacionais e as fórmulas comunitárias para evitar a interferência estatal na economia. Ou seja, a ênfase foi em parte deslocada da experiência — bem-sucedida — relatada para considerações acerca de como os governos dos países mais desenvolvidos e seus organismos internacionais devem respectivamente conservar-se fora do universo econômico e agir de forma a evitar tal interferência (leia-se subsídios, titularidade de ações em empresas, estabelecimento de restrições à iniciativa privada).

Portanto, para oferecermos uma visão possível sobre a interface entre investimento público em atividade empresarial e desenvolvimento tecnológico, tivemos de examinar como os países desenvolvidos fazem para evitá-la.

A experiência relatada pode ser vista como um indício da dificuldade em se trabalhar com bases para um direito universal, porém, não deve ser negligenciada essa possibilidade.

Ulen nos fala sobre a busca da *core theory*, assim como valoriza a possibilidade de os pesquisadores compartilharem experiência e resultados com vistas ao aprimoramento da pesquisa.

Se nos voltarmos para muitas das pesquisas recentemente agraciadas com o Nobel, iremos nos deparar com as várias ocasiões em que os prêmios foram compartilhados, quer por pesquisadores que realizaram suas pesquisas de forma conjunta, quer por pesquisadores de diferentes centros, mas voltados a um mesmo objeto de estudo.

Sobre a *core theory*, quem será o agente de definição do que conduzirá uma dada teoria ao *status* de *geral*? Geral é o que é bom para todos, para uma comunidade econômica, para um país ou para um grupo de poder (Salomão Filho, 2002)? Mesmo que possamos transferir a indagação para o campo da experimentação, geral é o que deu o melhor resultado, mas há alguma garantia de que, em outro ambiente institucional, os resultados sejam tão bons quanto?

Nem o Estado europeu conseguiu trilhar o caminho do *geral* (tomado como União Europeia) da forma como originalmente previsto. Uma união comercial é algo menos complicado: cada um produz e vende o que tem de melhor e o escoamento da produção se perfaz a partir dos excessos da produção local ou da produção voltada aos mercados internacionais e — diria eu: e, sobretudo — aplainam-se as onerações tarifárias. Porém, depois da primeira fase do econômico, quando a questão passou a ser o *geral* no campo das profissões, do reconhecimento dos graus acadêmicos, do livre trânsito dos *gerais*, aí o euro tremeu.

Veja-se que, ao menos é o que se nos afigura, muitos países, ao aderirem às condições do euro, reconheceram a hegemonia de algumas economias sobre as suas em troca de maciços investimentos financeiros deslocados do Banco Europeu para os novos aderentes da União Europeia. Trocou-se o investimento, por exemplo, na produção, por estradas e restauros históricos. Em proveito de uma mudança de perfil econômico, alguns produtores de determinados países (como em Portugal) consentiram em interromper seus processos produtivos em troca do recebimento de uma compensação financeira. Essa estratégia, na verdade, permitiu que países como a França e a Alemanha tivessem por confirmada a posição de grandes produtores e pudessem exportar aos primeiros seus excedentes, em detrimento do fortalecimento econômico daqueles.

Qual seria o critério para chegar-se ao *geral*? Interesse geral, teoria geral, geral para quem?

Os teóricos da formação do Estado europeu elegeram sua teoria geral sobre os interesses comuns e os resultados benéficos que poderiam derivar da formação de um grande Estado que pudesse rivalizar com a grande potência Estados Unidos — e agora, quem sabe, pudéssemos acrescentar também a China nesse papel. Mas, esbarraram nos problemas da vida real de cada país, derivados das diferenças sociais e econômicas de cada um deles. Ainda se tentam remédios para que os ideais comunitários permaneçam, mas a tarefa imposta aos países que vivenciam problemas mais intensos não é fácil de ser resolvida, e neste momento não há como prever o que virá nos próximos anos.

Ainda sobre a *core theory*, voltando ao tema do artigo sobre as estatais, premissas justificadoras do investimento estatal em empresas para desenvolvimento de TI podem derivar do arcabouço teórico — os benefícios do investimento público em países em desenvolvimento ou a crença de que o Estado é melhor gestor da economia do que o mercado — ou a partir do cotejo entre os resultados em desenvolvimento de uma empresa de capital misto e de uma empresa de capital exclusivamente privado. Depois da sujeição da teoria à prática, em tese seria possível estabelecer novas premissas a confirmar ou a contrariar a visão que considera tais investimentos eficientes. Mas nem mesmo assim ter-se-ia a garantia de estar diante de uma formulação de teoria geral apta a despertar o interesse que ultrapassasse os limites do país de origem das empresas analisadas. Por tradição, preconceito ou ideologia.

A proposta de consagração de uma teoria geral universal não nos asseguraria galgar postos no reconhecimento de nossa cientificidade, pois mais cedo ou mais tarde recuaríamos à insignificância de nossos limites territoriais. Ao menos não em muitos temas, talvez como exceção...

A cientificidade do direito talvez passe não pela via da teoria geral, mas pela via do diálogo científico, também pensado por Ulen. Eis um passo complicado, porém promissor. Um retorno à dialeticidade prolongada, grandes debates por escrito entre pensadores de um mesmo tema. Um comentando, contribuindo, sugerindo ou criticando o outro. Mas um diálogo não pela via da demonstração pura de conhecimento e do ego, um diálogo pela construção. Uma opção interessante seria criar debates programados, por exemplo, mediante o fortalecimento de vínculos não só pessoais entre os pesquisadores em diálogo, mas institucionais. Ou seja, fazer da submissão recíproca dos pensamentos uma prática calculada, planejada por instituições (ou, melhor dizendo, organizações) que aceitem o desafio da dialeticidade. Preferencialmente aliadas a matizes teóricos diversos, criando-se um ambiente propício ao aprimoramento e não à conversão dos pensamentos.

Quem sabe estejamos diante de um caminho que nos conduza à respeitabilidade na comunidade acadêmica, a ponto de sermos vistos como os demais cientistas que foram laureados.

O que caracteriza a ciência

Ulen nos lembra das dúvidas que já pairaram sobre a própria existência da ciência. Haverá verdadeira ciência quando o interesse econômico tende a prevalecer?

Como fica a pesquisa que não traz em si atratividade para o investidor privado? Há pelo menos duas alternativas: ou o Estado toma para si a tarefa de pesquisar ou criam-se mecanismos de estímulo ao setor privado. Numa e noutra, é primordial o papel do jurista.

Se a opção for a primeira, somente o direito poderá traçar a linha condutora da ação estatal, quer seja autorizando a criação de um centro de pesquisa, quer seja criando um sistema de contratação de pesquisadores compatível com o grau de excelência pretendido — aí incluída a Lei Orçamentária, a Lei de Inovação, os regimentos universitários e tantos outros. Lado positivo: rapidez da implementação e o caráter soberano da decisão expressa em políticas públicas. Lado negativo: o risco das más influências sobre o legislador, os desvios e os conflitos de agência. Como mensurar o grau de comprometimento do legislador e o conflito de agência? Lembre-se de que nem o melhor dos sistemas jurídicos será suficiente para a promoção de reformas de fundo se não estiverem presentes os valores que asseguram o respeito às instituições.

Vale dizer, a definição normativa será inócua se não se fizer acompanhar de mecanismos de controle, e controle depende da existência de estruturas próprias que funcionem como indutores da conduta desejada. A carência dos valores só faz por aumentar a necessidade de controle. E controle custa. Economicamente só se tornam interessantes as instituições formais cujo custo de controle seja inferior ao ganho auferido em consequência da determinação normativa. Por outro lado, quanto maior o volume de normas, maiores os custos potenciais em controle.

Se a opção for a segunda, o estabelecimento de políticas de incentivo também depende do direito: são as renúncias fiscais, a definição de contratações preferenciais com a administração pública para as empresas que invistam em TI num complexo arranjo de responsabilidade fiscal, o protecionismo/paternalismo e a busca pelo desenvolvimento.

As decisões podem ser políticas; as motivações, econômicas, mas a formatação é nossa!

Não há como negar ao ambiente institucional um papel primordial no assegurar que a ciência continue sendo ciência, apesar das forças econômicas. O direito, por meio das ações interventivas, interferindo para que sejam realizadas pesquisas que espontaneamente não seriam aptas a despertar o interesse privado no investimento em pesquisa e desenvolvimento tecnológico.

Portanto, há como se cogitar da influência do direito no arcabouço de pesquisas laureadas, ainda que nem mesmos tais pesquisas possam ser tão universais quanto a cirurgia do nariz. Por detrás do resultado premiado, quanto pode estar associado ao ambiente institucional formal? O que seria do mercado, não fosse o direito assegurar os direitos de propriedade e o caráter vinculativo dos contratos (Irti, 2001)? E o que seria da atividade econômica sem que seus produtos e serviços fossem ofertados no mercado?

Tome-se como exemplo a consagração do microcrédito a partir da experiência indiana relatada por Muhammad Yunus, objeto de estudo premiado. Quanto à universalidade do tema, quem sabe se possa imaginar que nem todos os países estariam aptos a desenvolver experiências semelhantes? Quanto ao papel do direito, quais são as políticas de estímulo que influenciaram a realização daquela pesquisa, e sob quais condições institucionais seus resultados foram obtidos?

E se temos desconfiança quanto às ações mais diretas do Estado relativamente à economia, podemos optar pela ação repressora do Estado, tentar conter os abusos por meio do risco da punição. E aqui também aparece o direito como a ciência que elaborará o arcabouço normativo indispensável à coibição das condutas individuais que ofendam o interesse da sociedade.

Se o poder econômico pode distorcer a produção científica técnica, comprometendo a inventividade e independência do cientista, é justamente uma outra ciência, a ciência do direito, que apresenta os meios aptos a garantir a sobrevivência de pesquisas que somente sejam viáveis quando inseridas em políticas públicas.

A busca da garantia dos dados

Quer seja no estabelecimento de políticas públicas e na consequente revelação das opções políticas de um determinado país, quer seja na oferta de estruturas institucionais formais favoráveis às pretensões desenvolvimentistas, é certo que o direito precisa ser forte, ou seja, deve ser aplicado e promover a eficiência.

A análise econômica do direito apresenta ferramentas interessantes de interlocução entre direito e economia, que podem ser utilizadas tanto no momento da elaboração normativa quanto nas considerações sobre seus efeitos, permitindo que os indicativos interfiram nas propostas de modificação da norma (Friedman, 2000).

Há quem considere que os dados podem não ser confiáveis ou que sua interpretação pode ser equivocada, sugerindo que, em razão dessas incertezas, não devem ser computados para fins de valoração normativa.

Mas, se não forem os dados, qual será a razão justificadora das normas? A intuição do legislador? A ideologia que impregna com perfeição muitos de nossos ambientes, mas cuja efetividade é pouca, lenta ou imperfeita?

Para essa corrente de pensamento, os dados não devem contrariar as normas de caráter fundamental, os direitos absolutos previstos como essenciais para a consecução dos valores constitucionais, que precisam ser vistos como imunes a qualquer condicionamento, mesmo que este seja de caráter prático, muito menos de caráter econômico.

São as palavras mágicas da lei produzindo efeitos diretos na formação da convicção popular de que se tornaram ou se tornarão realidade, independentemente de seus níveis de sustentabilidade e higidez econômica. Normalmente são solução de cobertor curto e não de tear.

O direito aplicado, experimentado, não será facilmente transformado em teoria geral ou num direito universal, mas será extremamente útil no aperfeiçoamento das instituições formais.

Se aos dados se pode imputar a pecha de não serem confiáveis, também a mera intuição do legislador (acobertadora de interesses às vezes não muito claros) não pode ser tomada de forma diferente.

Ao menos os dados podem ser divulgados e debatidos; contestados, recontados. A intuição, a seu turno, é um quase passe de mágica. Não tem como ser aquilatada, pode dar certo ou não, sem parâmetros suficientemente claros para a produção científica. A ciência *precisa* se deparar com os dados. Tome-se, por exemplo, a atual Lei de Recuperação e Falências, Lei nº 11.101/2005, que foi elaborada com vistas, entre outros aspectos, à valorização do crédito, garantindo uma sistemática jurídica que privilegia os credores habituais, ou seja, o mercado de oferta de crédito, excluindo vários contratos bancários dos efeitos da recuperação e estabelecendo situação mais favorecida aos credores por direito real em garantias superiores até mesmo àquelas atribuídas aos credores tributários até o limite do bem dado em garantia. Espera-se, por meio de tais previsões normativas, que o crédito à empresa se torne mais barato para as empresas solventes, e que seja preservado para a empresa em recuperação — uma vez que sem novos investimentos e sem manutenção de contratos será impossível para qualquer empresa recuperar-se.

A Lei de Recuperação e Falências precisa ser revista? Que não seja pela sanha de mudar por mudar — ou para colocar o meu nome como autor do anteprojeto. Merecerá ser revista se pesquisas demonstrarem que o número de empresas que se utilizaram da lei e efetivamente atingiram seus objetivos mostrar-se frustrante; se for possível constatar que o nível dos juros bancários não baixou — mesmo diante dos privilégios previstos na lei — ou se reduziu em razão de outros fatores que não a LRE. Após tais pesquisas e coleta de dados, será possível, de forma mais serena, aquilatar se os créditos inadimplidos de uma empresa devem ser tratados de forma heterônima ou homogênea, ou, de forma mais radical, se deve existir uma lei que interfira na alçada empresarial com vistas a impedir a quebra de um empresário, ou a manutenção da atividade empresarial deficitária.

Enquanto deixarmos de associar a exatidão de uma norma aos efeitos pretendidos e realizados, será possível que nos deparemos com normas inaplicáveis em sua generalidade, as quais, uma vez invocadas, serão interpretadas de forma a pretensamente se garantir sua eficiência, mas sem qualquer parâmetro mensurável que não as convicções pessoais de seus intérpretes, num perigoso exercício de efetivação da justiça no caso concreto, sem os ajustes de fundo que poderiam multiplicar a prestação jurisdicional.

Um exemplo relativo à importância dos dados pode ser subtraído da situação cotidiana de condenação do Estado ao fornecimento de medicamentos que não são contemplados nos protocolos oficiais de tratamento e fornecimento gratuito de medicamentos. As condenações têm sido impostas aos municípios, estados e à União, sob a premissa de que o direito à saúde é previsto constitucionalmente de forma absoluta. Porém o fornecimento de medicamentos insere-se no contexto geral da definição das políticas públicas brasileiras. Por política pública compreende-se categoria jurídica própria dos atos discricionários em que a norma confere ao administrador juízo de conveniência e oportunidade, parametrizados pelas normas aplicáveis e pelos limites orçamentários. Vale lembrar que pela via da intervenção judicial a competência de fixação de políticas públicas passa do Legislativo para o Judiciário e a condenação do Estado ao fornecimento ilimitado de medicamentos e de tratamentos culminaria na insuficiência de recursos para o atendimento das demais demandas públicas, como educação, higiene, segurança pública.

Pondere-se, ainda, que os recursos públicos são escassos diante dessas demandas e o que o Estado pode fazer está intimamente atrelado à sua situação econômica e às diretrizes de suas políticas públicas. Para destinar recursos para o atendimento de um caso particular, o poder público terá de retirar recursos que seriam destinados a outras finalidades — como a manutenção de hospitais ou campanhas de saúde.

O direcionamento dos recursos públicos insere-se na difícil percepção do que seja a chamada escolha trágica, pois deixar de fornecer um medicamento pode significar uma vida, ao mesmo tempo que o redirecionamento de verbas públicas também pode significar uma ou mais vidas atingidas.

Dessa maneira, seria importante questionar: quais atos visariam de maneira mais eficiente à redução do risco de doença e de outros agravos, ao fornecimento de remédios caríssimos, não inclusos na lista do SUS, ou à utilização do dinheiro a ser investido por tempo indeterminado no fornecimento desses medicamentos — muitos experimentais e de eficácia duvidosa — na construção de um novo posto de saúde?

Na escolha trágica, ao se escolher entre um, desiste-se do outro. E escolhas trágicas, por serem atos da política pública, devem, em princípio, ser feitas pelos poderes Legislativo e Executivo.

Dados do Ministério da Saúde de 2008 apontam que os gastos totais de serviços públicos de saúde aumentaram de R$ 20.351.492 milhões em 2000 para R$ 48.670.190 milhões em 2008, quanto às verbas federais; de R$ 6.313.436 milhões para R$ 27.926.885 milhões em nível estadual, o que demonstra expansão em termos de investimento em saúde (Brasil, 2012).

Partindo-se das premissas de que os gastos mencionados referem-se a estratégias implementadoras de políticas públicas na saúde, um cotejo com os gastos em condenações judiciais para fornecimento de medicamentos em nível individual poderia representar um bom indicativo do impacto das decisões judiciais sobre o tema relativamente às políticas em saúde, orçando-se em que tipo de investimento geral tais recursos poderiam produzir impactos gerais. Da mesma forma os já não poucos cotejos entre o custo de tratamento e o custo de prevenção, de forma a convencer-se o elaborador da norma e seu aplicador do enorme ganho em desenvolvimento social relativamente às estratégias de prevenção.

Dados, e somente dados, podem suavizar o enorme peso das decisões a serem tomadas e que envolvem de forma dramática os direitos e seus agentes.

Em busca da efetividade

Ulen aponta para a análise econômica do direito como detentora de métodos que podem reforçar o caráter de cientificidade do direito.

A efetividade de uma norma pode agir como fator de convencimento em relação à sua legitimidade. É possível que se tome como legítima a construção normativa dotada de efetividade. Mas efetividade no seu sentido mais abrangente de confirmação dos resultados pretendidos, ou que pelo menos os ganhos com tais resultados sejam mais intensos dos que os custos com sua implementação.

No campo econômico, uma das leis mais poderosas é a lei da ação e da reação. É muito comum ouvir-se dizer que, por exemplo, as empresas aéreas serão multadas se aplicarem penalidades superiores a um dado percentual do valor das passagens em caso de remarcação. Tal medida dependerá de normatização. Esta, por sua vez, poderá ou não gerar os efeitos pretendidos. Não apenas a redução do valor das penalidades deve ser tomada como efeito pretendido, mas igualmente a manutenção de valores de custo para uso do transporte aéreo que não inviabilize seu acesso à população que dele faz uso. Se a margem de lucro das empresas compensar a diminuição do valor das penalidades que são impostas ao usuário, o custo geral das passagens pode não ser atingido; caso contrário, a tendência será de aumento generalizado dos preços, ou até, em última análise, de retirada de empresas do setor — o qual, aliás, tem amargado prejuízos constantes, segundo informações divulgadas.

Portanto, uma normativa que impacte o mercado somente poderá ser considerada eficiente e, portanto, legítima — sob o prisma proposto — se antes de ser lançada tiver sido pensada a partir de critérios econômicos e jurídicos que assegurem sua vocação de obtenção dos resultados pretendidos, fruto das opções políticas do Estado.

Para além do momento de elaboração da norma, como já mencionado neste trabalho, a análise econômica do direito apresenta ferramentas que permitem valorar como o agente responde à norma, ou seja, qual a sua aptidão à modificação do comportamento do agente, com vistas ao resultado pretendido. Aqui, a meu juízo, existe uma diferença significativa em relação aos sistemas da *civil law* e da *common law*. No primeiro deles, o comportamento do destinatário da norma é a base principal para viabilizar estudos sobre eficiência. Se o valor de uma multa, por exemplo, será apto a conduzir o agente a determinado comportamento ou funcionar como contenção de um comportamento indesejado. No segundo, ganha destaque imediato o comportamento de outro agente, aquele do julgador, o aplicador no caso concreto, e a forma como o direito é aplicado ao caso concreto, mas com possibilidade de considerações mediatas também em relação aos agentes.

Num e noutro, estudar comportamentos, respostas, custos, conflitos, nível informacional pode significar a produção, manutenção ou modificação de instituições formais que tenderão a se tornar mais eficazes (sem que seja necessário pensar-se a efetividade exclusivamente em seu caráter financeiro).

Se, no campo da norma infraconstitucional, aditar critérios de eficiência em cotejo ou em associação à prestação da justiça é algo complicado, o grau de dificuldade aumenta ainda mais se projetarmos o mesmo raciocínio no campo das normas constitucionais. Especialmente em modelos como o nosso, no qual a Constituição da República tem por opção uma vasta disciplina de direitos relacionados não apenas à conformação política do Estado, mas especialmente em relação aos direitos essenciais do cidadão.

Mas não é apenas por meio das ferramentas da análise econômica do direito que se pode questionar a efetividade das normas constitucionais e os requisitos para sua efetividade. Num contexto de primeira metade do século XX, Konrad Hesse (1991) aponta para a fragilidade institucional dos países nos quais as normas constitucionais não atendam aos requisitos que, no seu entender, são essenciais para que não sejam consideradas meras palavras sobrepostas a um papel. Entre os aspectos apontados, tem-se que a norma constitucional não deve perder-se em minúcias e casuísticas, porque estas são mais facilmente mutáveis, gerando uma instabilidade perniciosa para o sistema constitucional. Enfatiza, ainda, que a norma constitucional, ao projetar direitos, não deve deixar de também estabelecer os deveres, para que não corrobore comportamentos oportunistas e de não colaboração. Por fim, diz que uma norma efetiva é uma norma que, embora possa produzir modificações, tem suas raízes na realidade social.

A partir do pensamento do autor, mas com vistas à elaboração de comentários que não têm qualquer conexão com sua linha de pensamento, muitas lições podem ser destacadas.

Sobre a casuística e a estabilidade, não há de se ter a pretensão de que o direito possa interferir em toda gama de relacionamentos que acompanham a vida de seus súditos. Vale dizer, há de se deixar situações sem previsão normativa expressa, permitindo, e aí cabendo especial ênfase nas relações de caráter econômico, que os interessados sejam responsáveis em relação a suas condutas, diligentes e informados, arcando com as consequências de seus atos. Tais aspectos relacionam-se com a capacidade informacional do indivíduo, ou seja, quanto maior a capacidade, menor deve ser a ingerência da norma, ou, a *contrario sensu*, uma norma dotada de especial efetividade será aquela voltada à diminuição das desigualdades informacionais, nas situações em que tal interferência gere todo tipo de redução de custos de transação. Esse raciocínio pode ser desenvolvido quer seja em relação às normas constitucionais, quer seja em relação às infraconstitucionais.

Sobre os direitos e deveres, uma boa definição dos direitos é um excelente fator de pacificação social. Direitos de propriedade bem-definidos, por exemplo, reduzem custos de monitoramento, permitindo aos seus titulares um exercício mais rentável de seus direitos e diminuindo a potencialidade de litígios. E, ao se pensar na figura do proprietário e seus direitos ativos, é necessário também perceber os deveres a que se submete, daí as normas relacionadas ao uso dos bens, evitando-se o abuso de direito, assim como a necessária contabilização do dever de respeito à titularidade dos outros. Direitos sociais, por sua vez, ao serem bem-definidos, precisam estar associados a políticas públicas que assegurem sua efetividade, sob pena ou de se tornarem letra morta, sem valor, ou de serem efetivos exclusivamente em relação a um pequeno número de privilegiados — os que recorrem à Justiça, por exemplo — em detrimento de todos os demais. Por outro lado, na linha de Hesse, para que não se discuta o valor de uma norma fundamental, os direitos que estabelece devem ser acompanhados de deveres que afastem o risco de comportamentos oportunistas da parte dos beneficiários, o qual, por gerar custos excedentes, acabará por reduzir a possibilidade de ampliação de outros direitos. Essa associação entre direitos e deveres funciona como um antídoto à corroboração da passividade geradora de ônus que serão compartilhados por toda a sociedade.

Sobre a correlação entre a realidade e a norma, com ênfase na de índole constitucional, mas também em relação às demais, os dados se apresentam como o melhor modelo de aferição do que seja *realidade*. Uma percepção técnica das pretensões da norma e de seus resultados capaz de funcionar não como único elemento, mas como um importantíssimo auxiliar na tomada de decisão política para fins de garantia de efetividade.

A título de conclusão

A argumentação não pode ser a única ferramenta do jurista, especialmente se existe uma inquietação quanto ao caráter de cientificidade do que produzimos. Precisamos, sim, criar teorias gerais, sem a pretensão de sistema universal, mas que, ao menos, sirvam para serem testadas. Que os testes conduzam a resultados aptos a corroborar a pretensão teórica ou a justificar a revisão dos conceitos e das leis, assim como a dialeticidade nos debates.

Os dados não são infalíveis; às vezes o problema está neles próprios ou em seus intérpretes, mas são mais sólidos do que a intuição e mais transparentes do que a ideologia.

E, sim, Ulen está pleno de razão ao prestigiar os estudos empíricos e conclamar a academia a fazer melhor uso dos estudos empíricos analíticos, a ponto de propor, como o fez recentemente (2012), a criação, nos Estados Unidos da América, de uma agência cuja atividade seja testar as normas.

Talvez os pensadores de outros sistemas se interroguem sobre a utilidade da formulação de teorias gerais, sem saber que temos uma vasta experiência no assunto, habilitando-nos a dizer que a simples existência de teorias gerais não nos torna mais cientistas do que outros — a vida inteligente a que me referi no início. Mas o que se deve retirar de lição é que seja na *civil law* ou na *common law* uma norma que se preze precisa ostentar requisitos de efetividade, e o direito aplicado pode auxiliar nessa tarefa.

Referências

BRASIL. Ministério da Saúde. Sistema de Informações sobre Orçamentos Públicos em Saúde (Siops). *Visibilidade dos gastos públicos com saúde*. Disponível em: <siops.datasus. gov.br/Documentacao/VisGastosPúblicosSaúde.pdf>. Acesso em: 5 jun. 2012.

FRIEDMAN, David D. *Law's order*: what economics has to do with law. Princeton: Princeton University Press, 2000.

HESSE, Konrad. *A força normativa da Constituição*. Porto Alegre: Sergio Antonio Fabris, 1991.

IRTI, Natalino. *L'ordine giuridico del mercato*. Roma: Laterza, 2001.

RIBEIRO, Marcia Carla Pereira; AGUSTINHO, Eduardo Oliveira. Development and innovation: the role of state enterprises. *Global Trade and Customs Journal*, v. 6, p. 361-376, jul. 2011.

SALOMÃO FILHO, C. *O novo direito societário*. 2. ed. São Paulo: Malheiros, 2002.

ULEN, Thomas S. *A Nobel Prize in Legal Science*: theory, empirical work, and the scientific method in the study of law. Champaign, IL: University of Illinois College of Law, 2002. (Illinois Law and Economics Working Papers Series. Working Paper n. LE03-008.) Disponível em: <http://papers.ssrn.com/sol3/papers.cfm?abstract_id=419823>. Acesso em: 9 out. 2012.

_____. *Euclid, Bacon and law*. Palestra proferida por videoconferência para a Fundação Getulio Vargas, no Rio de Janeiro. Ago. 2012.

7. Direito, economia e empirismo

LUCIANA YEUNG

Direito, economia e ciência

É interessante observar que a vanguarda do direito está em momento de refletir sobre a cientificidade ou não de sua área de estudo e usar a economia como parâmetro de comparação. Logo a economia, que por muito tempo sofreu — e ainda sofre — de "crises de identidade" por não ter a segurança de uma física — que é, de fato, uma ciência — e, com isso, ter de conviver com as consequências dessa falta de "autoconfiança". Dizem que, para garantir pelo menos a aparência de uma ciência de verdade, mudaram até seu nome, do original em inglês *political economy*, para *economics*, que soaria mais parecido com seu modelo sublime, *physics*.

Fato que comprova a ainda não garantida cientificidade da economia é a existência das correntes divergentes que, em alguns casos, discordam exatamente sobre o método de análise, estudo e observação dos fenômenos econômicos. Mesmo que não seja considerada corrente principal, há ainda vertentes de economistas que repugnam todos os métodos ditos científicos, como os empíricos e experimentais, sobre os quais Thomas Ulen tanto discorreu em seu texto. A desavença ainda existente entre os grupos de economistas sobre qual método usar, e, às vezes, sobre *como* usar um determinado método, ainda põe dúvidas sobre o fato de a economia ter alcançado plenamente seu *status* de "ciência de verdade".

Mas talvez seja justamente por ter passado, ou estar passando, por esse processo de transição para o estágio efetivamente científico que a economia torna-se o melhor parâmetro para o direito quando este, por sua vez, passa a ter as mesmas pretensões cientificistas. O quanto é possível e como é possível adotar a metodologia empírica, quantitativa, experimental — enfim, científica — é o grande tema em discussão em vários grupos de vanguarda acadêmica do direito. E é nesse contexto que Thomas Ulen tece suas observações no texto: "A Nobel Prize in Legal Science: theory, empirical work, and the scientific method in the study of law".

A seguir, apresentarei as minhas reflexões sobre o texto. Meu objetivo não é fazer um sumário das ideias do autor; nesse sentido, não repetirei passagens suas, caso não haja o explícito fim de agregar com meus comentários e minhas contribuições pessoais.

Quem quer ser ciência?

O autor começa com uma afirmação intrigante: "ao mesmo tempo que o conhecimento jurídico está — acredito eu — tornando-se mais científico, há um declínio perceptível na aceitação social da ciência" (Ulen, 2002:2, trad. minha). Isso se refere exatamente ao ponto que mencionei brevemente na seção anterior. Se tornar-se uma ciência exige que seja adotada a metodologia científica — empiricismo, experimentalismo etc. —, os economistas ainda não chegaram plenamente a um acordo se querem mesmo ser uma ciência de fato. Será que os juristas chegaram a esse acordo? Será que as pretensões são unânimes? É difícil acreditar que uma área de conhecimento possa efetivamente se tornar "algo" (ciência ou qualquer outra coisa), se os seus praticantes não estão de acordo com o que é esse "algo". Esse também é o drama dos economistas, principalmente em países onde o *mainstream* (que preza pela metodologia empírica e experimental) é só *main* e não *only*, como é o caso do Brasil. E no direito? Todos, ou mesmo a maioria, concordam com Ulen quando ele atesta que "eu acredito seguramente que uma mudança em direção a um estudo mais científico do direito trará mais benefícios do que custos" (Ulen, 2002:3, trad. minha)? Esse consenso precisa ser alcançado, pelo menos por uma maioria, antes de se afirmar, com segurança, que o direito deve ou não deve adotar tais e tais métodos de investigação.

O direito quer ser ciência!
(Pelo menos alguns praticantes do direito...)

Ulen mostra que

> o estudo do Direito, em qualquer sociedade, refere-se ao mesmo assunto geral — precisamente, todos os aspectos do sistema social de regulação promulgados e executados pelos órgãos legítimos do governo. Incluídos entre esses aspectos estão [...] o fato de como cortes, legislaturas, agências do Poder Executivo afetam a lei, e a relação entre organismos não governamentais de regulação, tais como a família e as normas sociais, [e como eles] afetam o comportamento e interagem com o sistema legal [Ulen, 2002:20, trad. minha].

O autor afirma logo em seguida que, no direito, inexiste (ainda) um consenso sobre qual método empregar para responder a essas questões. Parece bastante claro que o método empírico seria o candidato perfeito para tal tarefa. Responder "como X afeta Y" é uma tarefa não trivial, pois normalmente "cada caso é um caso", e a resposta natural tenderia a ser "depende": "depende de X", "depende de Y", "depende de W, que afeta X e Y", "depende do dia em que X afetou Y", "depende de onde X afetou Y" etc. Com tantos "dependes", nunca seria possível chegar a conclusão alguma, muito menos chegar a algum conhecimento considerado científico. A estatística, baseada na sua *lei dos grandes números*, é o instrumento mais eficaz (apesar de não infalível) para isso. E é por isso que o método empírico é tão bem-sucedido em responder a perguntas como essas, que também abundam na economia. Parece trivial, mas não é.

Se fosse trivial que o método empírico é um dos mais eficazes instrumentos para responder a perguntas de "como X afeta Y" no mundo do direito, deveríamos — há tempos — ter a resposta para perguntas tais como: "Como juízes afetam as decisões de conflitos sobre dívidas no Brasil?", "Como características dos litigantes afetam a decisão judicial final?", "Como as decisões judiciais afetam as decisões econômicas?" e, não menos importante, "Como o direito afeta a economia?". Poderiam ser citadas várias outras importantes perguntas que podem (devem!) ser respondidas, mas que, na ausência completa (até recentemente) da metodologia empírica, continuam sendo respondidas com "achismos", "*feelings*" e senso comum, às vezes até mesmo por acadêmicos e profissionais bastante sérios. No contexto brasileiro, conseguir responder a essas e a outras perguntas tem um caráter emergencial, já que o país tem o corriqueiro hábito de implementar reformas legais completamente às cegas, sem nenhuma justificativa empírica prévia, e sem saber de antemão "como X (a reforma, ou a nova lei) afetará Y (a sociedade, a economia, o país)". Esse fato é bastante reconhecido: "À míngua, todavia, de dados estatísticos objetivos e confiáveis [...] as contribuições para [as] reformas [...] têm sido apresentadas ao sabor das conveniências, peculiaridades, interesses e concepções doutrinárias" (Rebelo, 2003:10). Os resultados de reformas desse tipo, como sabemos, vão dos simplesmente custosos aos inegavelmente trágicos.

A falta de consenso sobre qual método empregar para responder às perguntas essenciais no direito gera, segundo Ulen, a impossibilidade de comunicação entre os estudiosos de diferentes países. No entanto, essa é uma característica quase que recorrente em todas as ciências humanas e sociais — com a curiosa (ou nem tanto) exceção da economia — e talvez ela seja inevitável. Por que é tão simples fazer aceitar que as leis da oferta e da demanda aplicam-se igualmente a indivíduos no Brasil, na China ou na Moldávia, e é tão difícil fazer acreditar que as leis de direito de propriedade intelectual devam ser igualmente seguidas nesses mesmos países? Por que é tão trivial aceitar que indivíduos em qualquer lugar do mundo maximizam suas utilidades ou lucros, e é tão difícil aceitar que eles maximizam igualmente sua confiança no trato com o outro? Não tenho a certeza de que o emprego mais ou menos frequente dos métodos empíricos ou experimentais seja capaz de responder a isso. Em outras palavras, tornar o direito mais ou menos científico talvez não garanta que a comunicação trans-fronteiras seja tão fácil quanto na física, ou mesmo na economia.

Assim, a constatação um tanto quanto desesperadora de Ulen de que "não há nenhuma teoria jurídica aceita que possa ser aplicada a todos os sistemas legais e para a qual os estudiosos legais de todos os países possam recorrer para explicar instituições ou regras particulares de seus próprios sistemas" (Ulen, 2002:22, trad. minha) não deveria ser entendida de maneira pessimis-ta. Ela deveria ser compreendida como um fato inerente não só ao direito, mas também a outras áreas das ciências humanas e sociais. Especificamente relacionada a esse tema, talvez a economia não seja uma boa referência, pois, como mostramos, esse é um obstáculo já superado pelos economistas, mas ainda não pelos juristas e, acredito, dificilmente o será. Ulen mesmo mostra que existem dois grandes motivos para que a linguagem ou a teoria universal do direito talvez nunca surja: (1) grandes diferenças no contexto cultural dos diversos sistemas legais existentes no mundo; e (2) a natureza de *path depen-dence* do desenvolvimento legal. Assim, dada essa impossibilidade (ou dificul-dade), o melhor talvez seja juntar-se a outras áreas de estudo onde essa "lin-guagem universal" também não existe, e pensar conjuntamente em formas de superar tal lacuna. Ou não. Como já discutido, e como também continuado por Ulen, há, dentro da comunidade jurídica, um número respeitável de es-tudiosos que não crê nas vantagens dessa linguagem universal, mas sim na legitimidade das características das regras locais. Novamente, enquanto uns procuram o "santo graal" da linguagem universal no direito, e outros des-denham de sua necessidade, a questão básica de "o que queremos ser (como área de estudo)" permanecerá não respondida. Como economista estudiosa do direito, a ressalva que eu faria é no sentido de que, enquanto não houver uma linguagem relativamente universal, será muito difícil fazer estudos com-parativos, ou mesmo estudos empíricos mais generalistas (em que dados são agregados em variáveis categóricas), na área do direito. Alguns dos trabalhos mais polêmicos na área de análise econômica do direito parecem ter surgido exatamente por esse motivo.

Teoria vs. *prática*

Segundo Ulen, um dos motivos de o direito não ter encontrado uma linguagem universal ou uma teoria universal[1] talvez seja o fato de os juristas estarem mais preocupados com a prática do que com o desenvolvimento teórico de sua área de conhecimento:

> Por muito tempo, o foco da sabedoria jurídica tem se orientado para a prática do direito. Ou seja, a sabedoria jurídica em quase todos os países, e particularmente nos Estados Unidos, tem sido um subordinado especial da prática da advocacia. Alguns dos trabalhos mais valiosos dos chamados estudiosos de doutrina foram direcionados à criação de padrões unificadores dentro das agitações dos pronunciamentos jurisdicionais sobre um determinado tópico legal [Ulen, 2002:24, trad. minha].

A pergunta que se segue é se tal foco na "criação de padrões unificadores" de jurisprudência tem mesmo ocupado lugar de tanto destaque no direito brasileiro, de tradição notadamente de direito civil. Mesmo que a prática nos tribunais tenha efetivamente incorporado gradualmente o exame da jurisprudência, não me parece que esse exercício tenha alcançado dimensão suficientemente grande para ser considerada a principal atividade dos estudiosos do direito no Brasil. Então, com o que têm se ocupado os juristas brasileiros e todos os outros que não fazem parte da tradição do *common law*?

---

[1] Na verdade, mesmo os físicos padecem de uma teoria universal: até hoje, nem mesmo Einstein conseguiu unificar a teoria quântica com a teoria gravitacional.

Por que é tão difícil para o direito ser ciência?

Empirismo e o estudo do direito

"O trabalho empírico é uma parte absolutamente vital do desenvolvimento de uma ciência jurídica madura" (Ulen, 2002:25, trad. minha). Tire o "jurídica" e a frase poderia ser atribuída não somente a Ulen, mas a qualquer um dos grandes filósofos da ciência, clássico ou contemporâneo. Mesmo que a princípio essa defesa pareça ser criticável pelos juristas menos cientificistas, Ulen apresenta um interessante argumento para mostrar que mesmo os pouco preocupados com o desenvolvimento teórico do direito deveriam se importar muito com o emprego do empirismo: juristas, por definição, estudam leis e regras legais, mais precisamente o quanto essas leis e regras legais conseguem efetivamente afetar o comportamento das pessoas e a organização das sociedades. Ou seja, os juristas querem saber qual é a eficácia do sistema legal. E para saber a eficácia de um sistema é mister perguntar "como o sistema legal afeta a sociedade e as pessoas", ou seja, "como X afeta Y". E como já demonstrado, a melhor forma de responder a isso é empregando instrumentos de metodologia empírica.

Curiosamente, a preocupação em criar padrões de jurisprudência pelos praticantes do direito nos Estados Unidos forçou-os, no século XX, a usar o empirismo na busca desses padrões. Então, como mostra o autor, mesmo na ausência de sólidos fundamentos teóricos ou de teorias unificadoras, os juristas norte-americanos chegaram efetivamente a empregar a metodologia empírica. Talvez isso tenha ocorrido porque eles são um país de tradição no *common law,* porque estavam, como o próprio Ulen mostra, tentando encontrar padrões de jurisprudência, preocupação essa que os países de direito civil não têm como foco principal. Assim, dado que não parece ter havido a necessidade urgente nem grande interesse em criar padrões de jurisprudência, o direito brasileiro abriu mão quase que completamente do empirismo. Até recentemente, entre acadêmicos e praticantes, havia uma absoluta falta de interesse em fazer previsões (no estilo da economia) do que um tribunal faria em uma ou em outra situação. Como o autor mostra, se houvesse essa preocupação, "seria preciso fazer investigações sistemáticas sobre as decisões dos tribunais para chegar a previsões acuradas de como eles decidiriam numa determinada disputa" (Ulen, 2002:26, trad. minha). E previsões desse tipo no Brasil têm sido baseadas fundamentalmente em "achismos", *"feelings"* e evidências anedóticas. Enquanto nos Estados Unidos Ulen critica o fato de que existem somente dados descritivos e não analíticos, no Brasil, padecemos até mesmo de dados descritivos mais consolidados sobre o funcionamento dos tribunais.

A crise do Judiciário brasileiro e a falta de empirismo

Tanto no âmbito acadêmico quanto no âmbito prático do direito, a questão do mau funcionamento dos tribunais brasileiros não pode ser ignorada. Deixá-la de lado para estudar uma bela teoria jurídica seria o mesmo que se conformar com o exercício da análise de um ser mítico que jamais existirá, pois as condições para sua existência não existem. Uma robusta ciência do direito somente poderá existir se o ambiente que ela demanda para sua existência — um bom sistema jurídico e judicial — existir. Assim, a preocupação de "consertar" o sistema judicial tem importância não pouco trivial. No entanto, diferentemente dos Estados Unidos, onde, segundo Ulen, a preocupação com a prática do direito gerou mais trabalhos empíricos (Ulen, 2002:26), no Brasil, padece-se da quase absoluta falta de empirismo mesmo nessa área. Assim, não é de se espantar que a prática judicial voltada para a melhoria do sistema também não consiga evoluir, e daí a situação de "crise permanente" do Judiciário brasileiro. Há aqueles que acreditam que a utilização de dados empíricos é condição essencial para a garantia de um sistema judicial funcional e até mesmo de um verdadeiro sistema democrático:

> Um Judiciário democraticamente transparente, que produza dados e estatísticas de suas atividades, e que os use como meio de organização e planejamento de suas

atividades, é fundamental para a validação e a garantia da democracia. Um sistema confiável de estatísticas judiciais é necessário para que: i) o público possa detectar as atividades desenvolvidas pelo Judiciário; ii) órgãos judiciais superiores possam monitorar seu próprio desempenho e planejar projetos futuros; iii) a administração possa elaborar e promover políticas públicas para a reforma e a melhoria do Judiciário; iv) especialistas possam avaliar o funcionamento do sistema de Justiça como um todo [Cunha, 2008:4, trad. minha].

Fica clara, então, a necessidade vital de trabalhar bem com dados empíricos. No entanto, a rotina da coleta, administração e até mesmo o simples manejo de dados empíricos ainda tem um longo caminho a ser trilhado até que ela faça parte da "cultura" dos indivíduos envolvidos: não somente os acadêmicos, mas também os praticantes da área do direito, incluindo juízes, advogados e funcionários de todo o sistema judicial. Parece, portanto, que no Brasil a falta de empirismo não é apenas uma característica da academia do direito, mas de todo o sistema, incluindo os praticantes. Em particular, o trabalho destes últimos é de suma importância, mesmo se o interesse final é de um desenvolvimento da ciência do direito, pois é do trabalho dos praticantes que surgem os dados empíricos que eventualmente poderão ser usados pelos acadêmicos.

Pode-se argumentar que, nos últimos anos, talvez principalmente com a criação do Conselho Nacional de Justiça (CNJ), a prática de trabalho com dados está se tornando costumeira. Mesmo sendo verdade que a criação de dados judiciais tenha dado um salto durante esse período (e elogios devem ser feitos às iniciativas do CNJ nesse sentido), é também inquestionável que a *qualidade* com que esse trabalho de coleta de dados empíricos é feito ainda tem grande potencial para melhorias. Alguns críticos afirmam que a preocupação ainda se resume na "pirotecnia dos números", ou seja, na produção de uma quantidade enorme de dados, mas muitas vezes coletados e estimados de forma errada[2] e sem utilidade aparente. Esses dados pouco têm a contribuir

---

[2] Por exemplo, identificados pelo Banco Mundial (2004) sobre informações judiciais coletadas pelos tribunais.

para a melhoria da gestão do sistema e muito menos para o desenvolvimento da ciência jurídica.

> Ter números apenas não basta. O ponto é a sua aplicação para investigar e para solucionar problemas reais, e não apenas para "provar" que o Judiciário ou os ministérios públicos estão fazendo mais e usando menos recursos do que qualquer um pudesse imaginar [Banco Mundial, 2004:166].

A persistência da não aplicação dos métodos empíricos confiáveis talvez seja uma das razões de as várias mudanças nas leis e nos processos nas últimas décadas não terem feito avançar efetivamente o funcionamento do Judiciário no Brasil. Reformas ou meras mudanças são feitas sem se saber, preliminarmente, como "X afeta Y".

Se o objetivo é menos mudar o sistema e mais desenvolver a ciência, os dados empíricos, além de terem utilidade para investigação e solução de problemas reais, precisam ser consistentes e representativos da realidade jurídica do país, para que sejam capazes de oferecer previsões futuras (por exemplo, de como "X afetará Y"). Não é de se estranhar, portanto, a falta de trabalhos empíricos no direito brasileiro, sendo que a maioria é baseada em questionários ou estudos de caso. Apesar de muito significativos e de relevância inconteste, trabalhos dessa natureza são insuficientes para derivar conclusões gerais sobre o Judiciário e para gerar novas teorias jurídicas.

No entanto, as perspectivas para a produção de dados empíricos de qualidade que possam ajudar na reforma do Judiciário brasileiro e para o avanço da ciência jurídica são boas. Como aponta o Banco Mundial (2004), o Brasil tem vantagens evidentes para realizar essa tarefa, quando comparado a outros países. A tecnologia de produção de dados já existe e muito já está sendo feito. Já a passagem da produção de dados até a realização de trabalhos empíricos confiáveis envolve outras dificuldades, algumas das quais, difíceis de serem transpostas. Vejamos a seguir.

Dificuldades naturais na realização de trabalhos empíricos

Na análise econômica, dir-se-ia que o objeto de estudos do direito são instituições (legais) e, assim, é inerente a qualquer estudo institucional que haja dificuldades específicas para os trabalhos empíricos. Uma das explicações para isso seria a própria complexidade das instituições e a consequente dificuldade na mensuração quantitativa (Matthews, 1986). Mesmo que empregar métodos estatísticos não seja impossível nesses casos, fazê-lo de maneira robusta e sem negligenciar os conceitos do direito, é sem dúvida, uma tarefa longe de ser trivial. Uma área que mostra a dificuldade de combinar de maneira equilibrada conceitos teóricos e metodologia empírica é a literatura que ficou conhecida como *law and finance*.[3]

Especificamente com relação a estudos do direito que têm impactos na economia — e vice-versa — os trabalhos empíricos são igualmente difíceis de serem desenvolvidos e, por isso mesmo, são de fato bastante raros não só no Brasil, mas em meios acadêmicos mais desenvolvidos, como o norte-americano. O próprio Thomas Ulen, juntamente com seu coautor, Edgardo Buscaglia, escreveram: "Relativamente poucos estudos empíricos têm sido avançados [...]. Observações e verdades lógicas são abundantes, mas a verificação empírica dessas verdades lógicas parece ser escassa" (Buscaglia e Ulen, 1997:3, trad. minha). Particularmente com relação ao estudo de impactos do Judiciário sobre a economia — sobre o qual brevemente discutimos acima —, Sherwood e colaboradores afirmam: "Por mais autoevidente que seja, a proposição de que processos judiciais fortes estimulam o desempenho econômico está longe de ser provada. A extensão de tal estímulo não foi ainda estimada e nem sequer adivinhada" (Sherwood, Shepherd e Souza, 1994:2, trad. minha). É muito evidente que o direito, e mesmo subáreas como a análise econômica do direito,

---

[3] Literatura esta formada principalmente por acadêmicos da economia, que se propõe a medir a eficiência dos sistemas legais de diversos países e cujo resultado principal pode ser resumido por maior eficiência do sistema judicial de países com tradição do *common law* (em detrimento, principalmente, de países de origem no direito civil). Esse resultado e toda a área de estudo têm sofrido fortes críticas principalmente dos adeptos da área da análise econômica do direito (ou *law and economics*). O *law and finance* originou-se em 1998, com a publicação do seminal artigo, de mesmo nome, escrito por La Porta e coautores.

tem se baseado longamente em "verdades lógicas", e não empíricas. E muitas vezes, ao se partir para a mensuração empírica, tais "verdades lógicas" acabam caindo por terra. Por exemplo, uma das verdades lógicas mais conhecidas na análise econômica do direito é que sistemas jurídicos eficientes geram bons resultados econômicos. Entretanto Carlos Santiso mostra que, apesar de tal relação ser bem-entendida na teoria, "estudos recentes sugerem que [essas relações entre estruturas jurídicas e economia] não são tão diretas quanto inicialmente se assumiu" (Santiso, 2003:115, trad. minha).

Em linhas gerais, podem ser apontadas as principais dificuldades para a adoção da metodologia empírica no estudo do direito, e, sobretudo, no estudo da análise econômica do direito, como veremos a seguir.

NEXO CAUSAL ENTRE SISTEMA LEGAL E SISTEMA ECONÔMICO DIFÍCIL DE SER COMPROVADO

Mesmo os estudiosos que têm feito mensurações empíricas reportam grandes obstáculos para o alcance de resultados empíricos confiáveis. Os autores identificam que a relação entre o direito e a economia não é direta, nem unidirecional, nem única. Por exemplo, Feldmann (2009), apesar de ter encontrado resultados robustos dos impactos do sistema legal sobre o mercado de trabalho, admite serem necessários mais estudos para averiguar como de fato ocorre a transmissão da qualidade do sistema jurídico sobre o desempenho econômico. É a mesma conclusão a que chegam Acemoglu e Johnson (2003) no trabalho onde tentam medir os impactos de contratos e instituições de propriedade privada sobre variáveis econômicas. Mesmo com os resultados empíricos em mãos, os autores admitem continuar sem saber "como exatamente [essas] instituições [...] afetavam investimentos, crédito e crescimento", tudo aquilo era "como uma caixa preta" (Acemoglu e Johnson, 2003:989).

Quando o objetivo é verificar alguma relação de causalidade, as dificuldades tornam-se maiores ainda, dado que tal causalidade pode ser perturbada por várias outras forças, que normalmente geram "ruídos" nas mensurações empíricas.

Por exemplo, Beck, Demirgüç-Kunt e Maksimovic (2002) mostram que medidas gerais do ambiente legal afetam o crescimento das empresas; no entanto, quando medidas específicas são incluídas, tal relação de causalidade não é mais observada, ou seja, os autores não conseguiram chegar a um pleno entendimento do mecanismo pelo qual o sistema legal afeta o desempenho das firmas.

Como não poderia ser diferente, também no Brasil, as diversas relações entre o direito e a economia ainda não foram empiricamente (e robustamente) comprovadas e nem claramente compreendidas. Castelar Pinheiro (2003:12) encontrou que os empresários, críticos tradicionais do funcionamento judicial no país, não são capazes de explicar com exatidão como ocorre o impacto do (mau) funcionamento do Judiciário sobre suas empresas, apesar de eles serem unânimes em afirmar que tal impacto existe.

DIFÍCIL QUANTIFICAÇÃO E MENSURAÇÃO EMPÍRICA DAS VARIÁVEIS DO DIREITO

Outro grande obstáculo para a adoção da metodologia empírica no direito é que ainda faltam formas adequadas de medir o impacto das variáveis legais sobre a economia. Muitas vezes a definição do problema básico carece ainda de uma formulação acurada. Por exemplo, o que é um sistema judicial (in)eficiente? Mais ainda: como medir tal eficiência? Existe também um problema que os econometristas chamam de variáveis omitidas: os impactos das variáveis legais afetam indiretamente outras variáveis. Nesses casos, necessariamente, ocorrerá subestimação dos impactos medidos. Relacionados ao problema das variáveis omitidas estão problemas de endogeneidade e causalidade reversa, tão frequentemente observados nos estudos de análise econômica do direito. Especificamente o segundo problema, caracterizado pelo erro na determinação do que constitui a causa e do que constitui a consequência de um fato jurídico ou econômico observado, pode gerar conclusões bastante equivocadas na criação de políticas públicas.

Encontrar variáveis legais e políticas é uma tarefa particularmente espinhosa, pois há uma dificuldade inerente em se medir tais sistemas. As poucas medidas que existem baseiam-se em índices construídos por consultorias ou ONGs, que podem ou não refletir fielmente os aspectos mais importantes da realidade ou os que mais interessam os estudos acadêmicos. Outras medidas são criadas por autores acadêmicos, que depois são reproduzidos em outros trabalhos. No entanto, o que ocorre na maior parte das vezes é que os autores subsequentes pouco discutem sobre a forma metodológica com a qual são construídas essas variáveis, já que a necessidade do pragmatismo normalmente sacrifica a adequação das medidas utilizadas.

PESQUISAS DE OPINIÃO (AINDA) COMO FONTE PRINCIPAL DE "DADOS" NAS PESQUISAS DO DIREITO

Devido à dificuldade de mensuração das variáveis jurídicas, que acabamos de discutir, muitos dos trabalhos acabam fundando-se em bases não robustamente confiáveis. Os resultados ditos "empíricos" ainda são baseados largamente em estudos de caso e/ou pesquisas de opinião. Entretanto o Banco Mundial alerta que "as opiniões de usuários e mesmo operadores do [direito] não podem ser usadas como representação fiel da situação" (Banco Mundial, 2004:69). Portanto, é preciso cuidado quando se quer derivar conclusões baseadas nesses trabalhos. Os resultados ali encontrados podem mostrar apenas uma perspectiva parcial do sistema legal em questão.

DIFÍCIL DERIVAÇÃO DE RECOMENDAÇÕES PARA POLÍTICAS PÚBLICAS

Talvez mais difícil do que medir empiricamente as relações entre o direito e a economia seja derivar políticas públicas a partir dos resultados empíricos encontrados (assumindo que as medidas tenham sido preliminarmente e corretamente feitas). Especificamente no caso de estudos sobre o Judiciário, Hammergren afirma que mesmo as reformas judiciais implantadas pelas agências internacionais em diversos países nos anos 1980 e 1990 foram feitas sem se saber preliminarmente quais resultados seriam alcançados. O motivo é que "havia pouca evidência empírica de que o Judiciário [...] [tivesse] algum impacto sobre o desenvolvimento econômico" (Hammergren, 2007:12, trad. minha). Mesmo quando as evidências empíricas existem, os estudiosos têm dificuldade para entender seu real valor, dado que ainda falta conhecimento de como se dá a relação entre as variáveis jurídicas e a economia. Em outras palavras, mesmo quando os trabalhos empíricos foram relativamente bem-sucedidos em medir os impactos, não se sabe exatamente *como* tal impacto ocorre. Assim, é muito difícil para os *policymakers* replicarem os bons resultados e saberem interpretá-los de forma acurada.

Rodrik, Subramanian e Trebbi explicam situações em que ainda falta segurança para sair de resultados empíricos encontrados nos estudos acadêmicos, para a derivação de políticas públicas:

> Por exemplo, encontrar [empiricamente] que o *rule of law* tem causalidade no desenvolvimento econômico não significa que sabemos ao certo como aumentar tal desenvolvimento sob condições específicas dos países [...] [Rodrik, Subramanian e Trebbi, 2004:136, trad. minha].
>
> [Outro exemplo:] nossos resultados [empíricos] indicam que quando os investidores acreditam que seus direitos de propriedade estão protegidos, a economia acaba mais rica. Mas nada está implicado sobre o fato de qual forma efetivamente os direitos de propriedade devem ter. Não podemos nem mesmo deduzir necessariamente [a partir dos resultados empíricos] que o decreto de um regime de direitos de propriedade privada produziria resultados superiores se comparados a formas alternativas de direitos de propriedade [Ibid., p. 157, trad. minha].

Conclusões: é realmente possível para o direito ser ciência?

Poderíamos concluir as reflexões inicialmente propostas neste texto com as seguintes perguntas:

i. O direito tem o consenso de que quer mesmo ser uma ciência, considerando que se entende que ser ciência implica adotar a metodologia empírica, quantitativa e experimental?

ii. É possível ser ciência sem a existência de uma linguagem ou teoria universal, dado que essa teoria dificilmente será alcançada no direito?

iii. O quanto as preocupações com a teoria *versus* as preocupações com a prática jurídica afetam a frequência do emprego de métodos empíricos? E como isso seria diferente no caso dos países de origem no direito civil, em que existe menos preocupação com a consolidação jurisprudencial (que, segundo Ulen, emprega mais o empirismo)?

iv. Como fazer com que o trabalho com dados empíricos faça parte da "cultura" tanto de acadêmicos teóricos quanto de praticantes do direito?

v. Como vencer as dificuldades naturais da realização de trabalhos empíricos no direito?

Talvez somente com a adequada resposta a essas perguntas seja possível a criação de um Nobel nas Ciências Jurídicas, como imaginado por Ulen. Creio, pessoalmente, que ainda há um longo caminho pela frente.

Referências

ACEMOGLU, D.; JOHNSON, S. *Unbundling institutions*. Cambridge: National Bureau of Economics Research, 2003. (NBER Working Paper 9934.)

BANCO MUNDIAL. Unidade de Redução de Pobreza e Gestão Econômica, América Latina e Caribe. *Relatório n. 32.789-BR*: Fazendo com que a Justiça conte. Medindo e aprimorando o desempenho do Judiciário no Brasil. Banco Mundial, 30 dez. 2004.

BECK, T.; DEMIRGÜÇ-KUNT, A.; MAKSIMOVIC, V. *Financial and legal constraints to firm growth*: does size matter? Washington, DC: The World Bank, 2002. (World Bank Policy Research Working Paper WPS 2784.)

BUSCAGLIA, E.; ULEN, T. A quantitative assessment of the efficiency of the judicial sector in Latin America. *International Review of Law and Economics*, v. 17, p. 272-291, 1997.

CASTELAR PINHEIRO, A. *Direito e economia num mundo globalizado*: cooperação ou confronto? Rio de Janeiro: Ipea, 2003. (Texto para discussão n. 963.)

CUNHA, L. G. *Judicial administration in Brazil*: courts caseload statistics. São Paulo: Escola de Direito de São Paulo da Fundação Getulio Vargas, 2008. (Coleção de Artigos Direito GV — Working Papers, 15.)

FELDMANN, H. The quality of the legal system and labor market performance around the world. *European Journal of Law and Economics,* 29 jan. 2009. (Publicação *online*.)

HAMMERGREN, L. *Envisioning reform*: improving judicial performance in Latin America. University Park: The Pennsylvania State University Press, 2007.

LA PORTA, R. et al. Law and finance. *Journal of Political Economy*, v. 106, n. 6, p. 1113-1155, 1998.

MATTHEWS, R. C. O. The economics of institutions and the sources of growth. *The Economic Journal*, v. 96, n. 384, p. 903-918, 1986.

REBELO, J. H. G. O processo civil e o acesso à Justiça. *Revista CEJ*, Brasília, v. 7, n. 22, p. 8-12, jul./set. 2003.

RODRIK, D.; SUBRAMANIAN, A.; TREBBI, F. Institutions rule: the primacy of institutions over geography and integration in economic development. *Journal of Economic Growth*, n. 9, p. 131-165, 2004.

SANTISO, C. The elusive quest for the rule of law: promoting judicial reform in Latin America. *Brazilian Journal of Political Economy*, v. 23, n. 3, p. 112-134, 2003.

SHERWOOD, R. M.; SHEPHERD, G.; SOUZA, C. M. Judicial systems and economic performance. *The Quarterly Review of Economics and Finance*, n. 34, p. 101-116, 1994.

ULEN, Thomas S. *A Nobel Prize in Legal Science*: theory, empirical work, and the scientific method in the study of law. Champaign, IL: University of Illinois College of Law, 2002. (Illinois Law and Economics Working Papers Series. Working Paper n. LE03-008.) Disponível em: <http://papers.ssrn.com/sol3/papers.cfm?abstract_id=419823>. Acesso em: 9 out. 2012.

8. Um Nobel em Direito? Reflexões sobre o caráter científico e a pesquisa em direito a partir das provocações de Thomas Ulen

PAULO EDUARDO ALVES DA SILVA

Este texto foi elaborado por ocasião de um encontro organizado pelo Centro de Pesquisa em Direito e Economia da Escola de Direito do Rio de Janeiro da Fundação Getulio Vargas, do qual tive a honra e o prazer de participar a gentil convite dos professores Antônio Maristrello Porto e Patrícia Sampaio. É notável e digno de cumprimentos o sadio estímulo vindo desses professores para que tecêssemos livres considerações acerca da pesquisa empírica em direito a partir das provocações feitas pelo professor Thomas Ulen, em seu *working paper* "A Nobel Prize in Legal Science: theory, empirical work, and the scientific method in the study of law". Espero, por este texto com reflexões em tom ensaístico, ter atendido a contento à solicitação. Procuro aqui relatar algumas reações que tive a partir do *paper* do Ulen, ainda um tanto assistematizadas e carentes de teste e confirmação, mas, ao menos para mim, bastante estimulantes de uma reflexão mais profunda em que me embrenhei desde então. Por ambas as oportunidades — a de participar do seminário e do livro — e, especialmente, a de ser "contaminado" pelas perguntas que o texto provocou e continuam a provocar, sou grato ao professor Porto e ao CPDE.[1]

---

[1] Agradeço também aos pesquisadores Charles Borges Rossi e Milena de Mayo Ginjo, alunos da Faculdade de Direito de Ribeirão Preto da Universidade de São Paulo (FDRP/USP), a troca de

O *paper* de Ulen é, no mínimo, provocativo. A partir de sua intrigante pergunta inicial — "Por que não há Prêmio Nobel em Direito?" —, ele faz considerações incômodas acerca da pesquisa em direito. Pergunta-se: o direito possui um nível mínimo de rigor metodológico para ser equiparado a áreas do conhecimento já consagradas como ciências? A teoria do direito firma seus postulados a partir de um processo confiável de construção, sistematização, teste e acúmulo do conhecimento? Segundo ele, não. O direito não é ciência porque não se ampara em rigor de método nem dispõe de "teorias centrais" (*core theories*) que sirvam de alicerce para a construção cuidadosa do conhecimento acumulado. Mas nem tudo estaria perdido, pois a produção em direito estaria em caminho de "cientificização", especialmente por conta da recente profissionalização do pesquisador e pelo investimento na realização de pesquisas empíricas. Para prosseguir nesse caminho, prescreve Ulen, a pesquisa em direito necessita testar rigorosamente suas teorias, para o que seria recomendável adotar o método bayesiano de investigação, baseado na mensuração das probabilidades de acerto e erro de uma afirmação teórica. Seu argumento é construído a partir da comparação do direito com outras ciências do conhecimento, contempladas com o Nobel, como a matemática, a física, a biologia, a medicina e a economia. Sua análise é feita a partir de um ponto de vista de formação jurídica de *common law*, o que torna recomendável alguma cautela na transposição a regimes de *civil law*, em que o papel de teoremas e dogmas é central na formação jurídica.

Os argumentos de Ulen causam desconforto ao jurista com formação em *civil law*: como assim, direito não é ciência? Como assim, não dispõe de teorias centrais, universalmente compartilhadas e falseáveis por método científico? A formação jurídica no Brasil, e a minha não foi diferente, parte do reconhecimento da autonomia científica do direito, e boa parte dos esforços didáticos são dedicados justamente às teorias jurídicas e seus autores. A hipótese de que isso não seria ciência nem haveria verdadeiras teorias é, como disse, incômoda.

---

ideias e a gentil leitura e os comentários feitos ao texto. Como se trata de um texto pleno de ideias iniciais, outros comentários e sugestões serão muito bem-vindos e podem ser enviados para <pauloeduardoalves@usp.br>.

Mas as premissas de Ulen são difíceis de refutar. Na produção do conhecimento em direito, o rigor metodológico não recebe o mesmo tratamento que em outras áreas do conhecimento humano. Temos, em direito, perspectivas diferentes sobre o que seja metodologia de pesquisa e, não raras vezes, ela é compreendida (e, pior, ensinada) apenas em seu aspecto formal, de adequação a normas técnicas de citações e referências bibliográficas.

Por outro lado — e este será um dos meus argumentos —, mesmo sem método científico, o "conhecimento" produzido no direito tem importância central na criação e no funcionamento dos sistemas jurídicos de *civil law*. Se a falta de método não o qualifica para a atividade científica de descoberta da verdade, sua importância na criação e interpretação das normas permite-lhe agir na redefinição da situação de cidadãos e das relações na sociedade, construindo, em algum sentido, novas "verdades".

Já a recente "cientificização" do direito parece ser fenômeno verificado mesmo em sistemas jurídicos de *civil law*, com menor influência do realismo jurídico (Nourse e Shaffer, 2009): cresce o número de professores em direito com dedicação integral à docência e à pesquisa, com resultados bastante profícuos, e cresce também a opção, em trabalhos de graduação e pós-graduação em direito, por perguntas e métodos de natureza empírica. Entretanto, Ulen propõe que isso seja acompanhado da generalização do uso do método bayesiano para a pesquisa em direito, o que — este é outro argumento que faço neste texto — vai contra uma recomendação de diversificação metodológica, natural e mesmo necessária em cenários de transição de paradigmas de pesquisa, como ele diz ser o presente.

Este capítulo é estruturado em três partes, correspondentes aos três componentes do meu argumento: a produção do conhecimento em direito possui um método, de cunho lógico-dedutivo, e algo equiparável às teorias centrais, criadas, compartilhadas, testadas e confirmadas com base naquele método. Sua deficiência, quando comparada a outras áreas do conhecimento, seria outra: o método é insuficiente e a teoria não tem conexão com a realidade. Por outro lado, o direito possui peculiaridades que o distinguem das demais ciências, mas que não necessariamente sustentam a hegemonia do método lógico-dedutivo. A partir dessa análise, compartilho a recomendação de Ulen no sentido da realização de pesquisas empíricas em direito, mas faço uma ressalva para propor a diversidade de métodos (não a redução a um ou outro já praticado em outras áreas) e o esforço constante no diálogo com a teoria e a dogmática jurídicas existentes. Ao final, procuro listar, não taxativamente, novas perguntas cujo enfrentamento pode ser útil nessa trajetória de cientificização do conhecimento em direito.

A produção de conhecimento em direito

Concordo com Ulen no seguinte ponto: o "conhecimento" jurídico não se produz com rigor metodológico, e as "teorias" jurídicas não são falseáveis por procedimentos confiáveis. Os dogmas e os chamados "argumentos de autoridade" da produção em direito não podem ser considerados científicos segundo os parâmetros de outras áreas do conhecimento.

Ainda assim, continuo intrigado por não compreender o que, então, teria sido até agora a teoria do direito senão ciência. Até há pouco, teriam os juristas, em seus longos arrazoados retóricos, produzido simplesmente um sistema de argumentos e regras, baseados em dogmas e crenças generalizadas, não mais do que isso? Qual terá sido sua contribuição?

Ulen explica que, além de rigor no método, uma ciência dispõe de *core theories*, algo como uma teoria universalmente compreendida, aceita e útil para todos os pensadores de uma dada área do conhecimento. Diferentemente de ciências naturais, como a medicina e a biologia, e mesmo de ciências sociais, como a economia, *"there is no accepted theory of law that applies to every legal system and to which legal scholars in every country can appeal in explaining the particular institutions or rules of their own systems"* (Ulen, 2002:22).

Do ponto de vista das ciências humanas, o "conhecimento" deriva das interpretações e explicações do mundo real, do *ser*, objetos de constante teste e refutação — a falseabilidade ou refutabilidade de Popper. Em direito, o conhecimento se traduz por interpretações da norma, do *dever ser*, o que o tornaria menos suscetível de teste e falseabilidade com base na realidade. Por essa perspectiva, não poderia ser considerado "ciência". Por outro lado, o conhecimento em direito, científico ou não, produziu nesses longos anos um repertório teórico de enorme impacto, desconfio até que mais influente do que teria feito se dispusesse de rigor metodológico e caráter científico. Isso não o tornaria mais científico, mas sem dúvida é um dado que merece ser incorporado na reflexão.

Adoto, para ilustrar meu argumento, o direito processual. Não tanto para restringir a análise às regras de solução de litígios, mas porque o que se convencionou chamar de "ciência processual" me pareceu um *case* suficientemente adequado para testar os argumentos articulados pelo professor Ulen.

Os leitores afins bem recordarão que a gênese da teoria processual de linhagem romano-germânica é justamente sua celebrada "autonomia científica". Uma boa parte dos livros de direito processual ensina que, a partir de um debate entre romanistas alemães sobre o conceito de *actio*, em três artigos acalorados publicados entre 1856 e 1857, a teoria do direito daquela época e local se deu conta de que o direito de ação é autônomo em relação ao direito subjetivo ("possuir o direito" e "poder reivindicá-lo" não são a mesma coisa). Disso decorrera, segundo se ensina, a autonomia científica do direito processual e, então, a sistematização de postulados, princípios e teoremas próprios, distintos daqueles das demais áreas do "direito material".[2]

Esse debate resultou em uma convenção generalizada que foi apropriada por teóricos do direito de diversos outros sistemas jurídicos, servindo-lhes para explicar o criar e aplicar suas normas de direito e de processo. Pergunto-me se não podemos considerá-la uma "teoria central" em direito processual: a teoria da autonomia das regras de disputa sobre as regras de convivência, do direito processual sobre o que se chamou "direito material". Antes disso, o estudo das regras processuais se restringia à capacitação para o manuseio das *formas* de atuação junto ao Poder Judiciário — o chamado "direito judiciá-

---

[2] Tanto assim que a obra considerada o marco da ciência processual romano-germânica não é nem de Muther nem de Windscheid, mas de Oskar von Bullow que já em 1895 concebeu, com base na polêmica anterior, a ideia do processo como relação jurídica autônoma. Cf. Dinamarco (1986), especificamente os capítulos "Polêmicas do processo civil" e "Direito e processo".

rio".[3] O sistema de formas não dispunha justamente da premissa teórica construída a partir daquele diálogo, que passou a estruturar o direito processual moderno: mais do que formas, o processo judicial representa uma complexa relação jurídica de direito público entre as partes e o Estado/juiz, composta por situações jurídicas de vantagem e sujeição (direitos, deveres, ônus e faculdades), o que hoje se entende por "direito processual".

A compreensão das regras de solução judicial de litígios como relação jurídica pública e não mero sistema de formas é um típico caso de formação "científica" do "conhecimento" jurídico. Constitui-se uma convenção acadêmica em torno de determinados postulados, a partir dos quais é sistematizada toda uma cadeia de conceitos e instrumentos para lhes dar concretude. Esta compreensão de "ciência" está relacionada principalmente ao seu caráter de autonomia e ao trabalho de sistematização.[4] Mas, é preciso refletir, a convenção acadêmica é capaz de, exclusivamente, conferir caráter científico a uma área do conhecimento?

É evidente a diametral distinção dessa concepção de ciência para aquela outra utilizada por Ulen — e, a bem dizer, pelas demais áreas do conhecimento humano. Ciência, pela perspectiva geral, é produção cumulativa de conhecimento segundo métodos rigorosos, sistematizada através de teorias que se superam umas às outras. O trabalho de sistematização de conceitos aparece em ambas as concepções, mas a preocupação com a autonomia parece mais marcante no direito. Deve haver alguma razão para isso, talvez ligada à tentativa de superar seu caráter eminentemente técnico e emancipar-se como área do conhecimento humano; ou uma contrapartida natural pelo fato de o conhecimento jurídico tradicionalmente se concentrar na hermenêutica abstrata da norma, com pouca ou nenhuma preocupação com a realidade que o direito busca normatizar.

---

[3] O registro mais antigo do estudo do direito processual remonta ao século XII, com o trabalho de recuperação medieval do direito romano. É referência o estudo de Duranti sobre as práticas judiciais romanas (*Speculum iudiciale*, de 1271). As referências mais comuns do período do direito judiciário no Brasil são os manuais acadêmicos dos professores João Mendes Júnior e Pimenta Bueno. Ver Cintra, Grinover e Dinamarco (1998).

[4] É comum ensinar-se que, uma vez autônomo em relação ao direito material, o direito processual se torna ciência e, uma vez construídos dogmaticamente seus princípios e regras, essa "ciência" dispõe de teorias (Cintra, Grinover e Dinamarco, 1998).

As "teorias centrais" em direito e sua influência

O dado histórico acima apresentado permite questionar, ao menos para a *civil law*, a afirmação de Ulen de que o direito não possui algo similar ao que ele define como *core theory*. Apesar do discutível caráter científico, a teoria da autonomia da relação processual conferiu autonomia à produção do conhecimento em direito processual e se tornou central nessa área do conhecimento — ao menos em sua vertente de *civil law*. Não é certo se isso seria realmente uma teoria científica ou uma mera opinião largamente aceita, um *doxa*. De todo modo, o sistema de conceitos e regras processuais concebidos a partir da convenção de que a ação é distinta do direito projetou ampla e profunda influência em praticamente todos os sistemas jurídicos de *civil law* e, mais recentemente, também nos sistemas de *common law*.

A partir da consolidação de Bullow, em 1968, a teoria processual de matriz romano-germânica se emancipa e se constituiu como um sistema próprio, completo e complexo, de conceitos e regras próprios. Algumas premissas teóricas elementares já eram compartilhadas pelos sistemas jurídicos modernos: o réu tem direito à defesa, os julgamentos são racionais, a verdade se obtém por um exercício dialético, o julgamento vincula apenas aqueles que dele participaram e o processo é um instrumento do direito material. Outros conceitos foram sistematizados a partir da teoria da relação jurídica processual autônoma: a ação, o processo, a jurisdição, o procedimento, as defesas, as provas, os recursos etc.[5]

O sistema conceitual então constituído parece amparado justamente no que Ulen destacou para caracterizar as *core theories*: o compartilhamento geral. Em pouco mais de 100 anos, período curto para padrões científicos, a produção do conhecimento em direito processual de matriz romano-germânica sedimentou teorias suficientemente centrais para envolver todo um conjunto de estudiosos em torno delas. À teoria da autonomia da relação jurídica pro-

---

[5] Os cursos básicos de direito processual costumam, inclusive, classificar a evolução da "ciência processual" em três fases, a segunda das quais é chamada de autonomista ou conceitualista, porque é caracterizada por essa autonomia diante do direito material e, a partir dela, pela construção de um sistema próprio de conceitos. Ver Cintra, Grinover e Dinamarco (1998).

cessual seguiu-se um longo debate sobre o papel do juiz em relação à lei (se ele apenas reconhece um direito preexistente ou se ele termina de constituir o que até então era mera expectativa — teorias unitária ou dualista do ordenamento jurídico), bem como os debates em torno da teoria da ação, com nítido fundo político ("a ação é um direito do cidadão de exigir proteção estatal aos seus direitos ou é uma prerrogativa e uma oportunidade de que o Estado precisava para fazer valer os preceitos legais?", perguntava Calamandrei, 1939:22-46). Mais para o final do século XX, o movimento sociopolítico do "acesso à Justiça" reuniu juristas provindos de contextos bastante diversos, e todos dialogaram em torno de suas premissas teóricas. Em seguida, o que foi denominado "perspectiva publicista do processo" culminou na constatação teórica de que o juiz não é um ator indiferente à relação processual entre as partes; ele assume a condução do processo para promover a isonomia entre as partes e alcançar um grau maior de justiça.

Há certo centralismo em torno desses postulados? Poderiam ser consideradas "teorias centrais" nos termos postos por Ulen? Apesar da alegada ausência de caráter rigorosamente científico no método em parte delas, a apropriação generalizada dessas teorias nos sistemas de *civil law* torna inegável seu caráter central. Utilizando um exemplo similar ao de Ulen, um pesquisador uruguaio que discuta a atividade instrutória do juiz baseada numa premissa de acesso à Justiça será compreendido pelo pesquisador tcheco ou japonês e, guardadas as peculiaridades culturais, sua tese pode servir para explicar fenômenos similares em seus respectivos contextos.

Além do compartilhamento geral, essas teorias tiveram um papel nada irrelevante sobre o contexto em que foram difundidas, tendo projetado efeitos profundos e amplos sobre as normas jurídicas, as sociedades e, por que não, a própria realidade em que se inseriam.

Do ponto de vista da formação jurídica, os conceitos e regras então elaborados passaram a compor a massa de conhecimento transmitido nas disciplinas de direito processual nos cursos de direito. A educação jurídica no Brasil dedica atenção especial às regras de resolução de litígios por meio do processo judicial. O direito processual aparece em diversas disciplinas curriculares, organizadas conforme o tipo de litígio em disputa: direito processual civil, direito processual penal, processo do trabalho, processo administrativo, processo tributário, entre outros.

A tese de autonomia entre direito e processo é central na organização do currículo de formação jurídica básica. A despeito da especialização pelos tipos específicos de litígios, há um consenso generalizado de que as regras processuais diferem em natureza e função das regras ordinárias de conduta de cada uma dessas áreas. O direito processual penal, por exemplo, é composto de regras distintas das regras do direito penal. O processo do trabalho regula a relação entre empregador e empregado apenas quando figuram como partes em um processo judicial. E assim por diante.

Do ponto de vista da produção do direito, a tese da autonomia do direito processual e a profusão conceitual que dela decorreu também condicionaram a elaboração legislativa. Só no Brasil, dois códigos de processo civil, um código de processo penal, leis processuais do trabalho, tributárias e administrativas e, recentemente, dois projetos de lei de códigos processuais foram todos concebidos sobre aquelas premissas teóricas, e suas regras refletem os conceitos derivados. Algo semelhante aconteceu em outros sistemas de tradição jurídica romano-germânica, o que pode ser verificado desde o código da Áustria, de 1895, ao ZPO alemão, aos *codices* italianos, ao *code* francês, à nova *lei de enjuciamento* espanhola, aos dois códigos brasileiros, ao uruguaio, entre outros.

Também a atividade de aplicação do direito foi condicionada a essa matriz teórico-conceitual. O sistema de conceitos e regras processuais tem servido de fundamento estrutural elementar de uma quantidade infindável de decisões judiciais em casos concretos, em todas as instâncias da Justiça brasileira. Não é necessária uma pesquisa mais apurada para concluir que as decisões judiciais no Brasil se socorrem, em talvez exagerada medida, de argumentos de natureza processual. Esses argumentos são normalmente fundados nos dogmas concebidos a partir daquela mesma matriz teórica original.

Recentemente, por motivos específicos, a mesma matriz teórica processual de *civil law* projetou influência para os sistemas jurídicos de *common law*. Em decorrência do aumento do uso da *statute law* como matriz normativa e da inserção de elementos de justiça inquisitorial, a produção teórica naqueles países atentou para a referência que lhes poderia fornecer a teoria processual de linhagem romano-germânica — e, claro, seus sofisticados sistemas de princípios, conceitos, regras e doutrinas. Um bom exemplo é o modelo processual mais estadista do código processual inglês, que é basicamente pautado no poder do juiz para conduzir o processo (o *judicial case management*).[6]

O método da produção do conhecimento em direito

Segundo uma importante vertente da teoria jurídica, o conhecimento em direito é essencialmente técnico e instrumental para a ordenação social e para a resolução de conflitos (Ferraz Jr., 1991:88 e segs.). Como tal, é esperado que o direito sirva para os propósitos a que se propõe. Ainda assim, acredito que esse seu traço instrumental e seus objetivos não correspondam ao método tradicionalmente adotado para a produção do conhecimento em direito, ao menos na tradição de *civil law*. O conhecimento é instrumental, aplicado, mas o método de produção do conhecimento é retórico, dedutivo e abstrato. Como se o mais importante fosse o argumentar em torno do instrumento, não tanto o resultado obtido pelo seu manuseio, o conhecimento jurídico é produzido e disseminado quase que exclusivamente por exercícios de silogismo dedutivo permeado de intensa atividade retórica. Em outras palavras, a ferramenta não é forjada segundo o que se pretende com ela, mas pelo que se diz sobre ela.

Do ponto de vista teórico, importa mais a sistematização taxonômica de conceitos e regras do que a descoberta da verdade sobre sua aplicação. Embora pareça paradoxal em se tratando da produção de conhecimento técnico, é raríssima, nessa tradição, a investigação sobre a realidade, sobre, por exemplo, o nível de ordenação social promovido ou o grau de resolução de conflitos.

---

[6] Outro exemplo, trazido do debate acadêmico, é o artigo do professor John Langbein, sugestivamente intitulado "The german advantage in civil procedure" (1985).

A trajetória de consolidação do direito processual também pode, nesse aspecto, ajudar a explicar o argumento. O direito processual, por definição uma técnica, um método de resolução de conflitos nas sociedades, concentra e evidencia o caráter instrumental do direito. Parece natural que ele fosse construído a partir da eficácia e da eficiência das suas próprias técnicas no alcance dos resultados desejados.[7] Porém desde sua origem — ou o que se convencionou com tal — a teoria processual é exclusivamente construída por silogismos dedutivos abstratos.

Em todas as fases relevantes da formação da teoria processual, o método de produção do conhecimento foi sempre o mesmo: a articulação coerente de argumentos em prol da tese forte (*v.g.*, a autonomia da relação jurídica processual, a função instrumental do direito processual em relação ao direito material). A tese assumia o papel de um dado previamente determinado, inquestionável, a partir do qual restava à produção subsequente encontrar os mecanismos formais específicos que permitissem concretizar a tese e operacionalizar as ferramentas por ela propagadas.

O debate entre Windscheid e Mutter, embora se tratasse de uma polêmica de caráter histórico, se limitou ao sofismo retórico e às críticas dirigidas aos oponentes.[8] As teorias subsequentes, acima retratadas, foram construídas com base em um quase infindável e, de certo modo enfadonho, exercício de retórica argumentativa abstrata. Basta lembrar os debates em torno do caráter unitário ou dualista do ordenamento jurídico (que envolveu desde Bullow, o próprio Kelsen, Mortara, Pekelis, Satta, Allorio e Ascarelli) ou as várias vertentes dos debates sobre o direito de ação (com argumentos sofisticados de Satta, Chiovenda, Carnelutti, Calamandrei, Liebman etc.).[9]

---

[7] Aliás, essa recomendação é bem conhecida na teoria processual brasileira através das sensíveis lições de Barbosa Moreira (1989).

[8] Os dois juristas diferenciavam-se em idade, trajetória e projeção acadêmica: T. Muther era um jovem estudioso do direito, recém-iniciado em sua carreira na universidade. B. Windscheid era mais velho, dispunha de considerável projeção acadêmica e, naturalmente, era adepto da tese hegemônica. O debate se estendeu por não mais que três ou quatro publicações. Ver "Polêmicas do processo civil" (Dinamarco, 1986).

[9] Ver "Polêmicas do processo civil" (Dinamarco, 1986).

Mais recentemente, na segunda metade do século XX, a teoria processual de matriz romano-germânica passou por um novo processo de reposicionamento metodológico: a superação da autonomia e conceitualismo para a conscientização da função instrumental em relação ao direito material — autônomo, claro, mas instrumental. A produção teórica na Itália e no Brasil, desde a década de 1980, representa muito bem a nova tendência, com valiosos trabalhos sobre a instrumentalidade do processo e a efetividade do direito processual, e as teorias italianas sobre as *tutele differenziatte* e a relação *diritto e processo*.[10] O método de produção teórica, porém, pouco mudou. A consolidação de novos princípios e regras se baseou em uma profusão de trabalhos de argumentação em prol da tomada de posição instrumental do processo em relação ao direito.

O uso praticamente unânime do silogismo dedutivo abstrato na produção de conhecimento em direito processual chega a ser, de certo ponto de vista, paradoxal. O objeto das teorias processuais é bastante concreto: as regras para a resolução dos conflitos de interesses, a distribuição de papéis (e de poder) entre o juiz e as partes, as ferramentas que permitem a "atuação da vontade concreta da lei". O autores dessa produção teórica são, no mais das vezes, operadores profissionais do sistema judiciário, com intensa atividade prática: juízes, advogados... É, inclusive, fácil perceber nas teses por eles concebidas posicionamentos claramente identificáveis ao seu outro exercício profissional. Ainda assim, as teses processuais parecem nascer de um esforço enorme para sublimar sua origem concreta e se construir em torno de raciocínios e argumentos abstratos, como se somente esses conferissem legitimidade à teoria. Como resultado, elas se tornam quase incompreensíveis pela própria massa de operadores da Justiça que não disponham de formação específica em direito processual, assim como pelos teóricos do direito de outras áreas, pelos profissionais de outras áreas e, em maior medida, pelos mais legítimos

---

[10] São referenciais, como exemplos, os trabalhos de Carnelutti (1958) e Proto Pisani (1978) sobre a relação entre direito e processo (respectiva e ilustrativamente, *Diritto e processo* e "Appunti preliminari sui rapporti tra diritto sostanziale e processo") e, deste último, sobre a tutela diferenciada, "Sulla tutela giurisdizionae differenziatta" (Proto Pisani, 1979). E, no Brasil, a sistematização de Candido Dinamarco sobre a perspectiva instrumentalista (Dinamarco, 1987).

interessados na resolução dos conflitos — os cidadãos litigantes. Basta recordar o que foi explicar, mesmo para juízes e advogados no Brasil, as diferenças entre a tutela cautelar e as novas tutelas antecipatórias; ou as novas regras sobre recorribilidade e efeito suspensivo dos recursos de agravo; ou ainda a tutela específica, as medidas de apoio e o chamado processo sincrético. O método de produção do conhecimento em direito processual parece criar um afastamento progressivo do *dever ser* em relação *ser*, para em seguida dispender enorme energia para tentar reconectá-los.

Técnica, dogma e verdade

O *case* "Teoria processual" pode, em boa medida, ser replicado para as demais áreas do direito, de modo que as conclusões a que cheguei (de que dispõem de teorias centrais, mas não de rigor metodológico) lhes podem ser aplicadas. Assim como o direito processual, todas as áreas do direito compartilham essa característica geral de saber técnico, instrumental. E, também como a teoria processual, a teoria jurídica é geralmente construída com base quase exclusivamente em métodos de raciocínio silogístico dedutivo, com escassa avaliação da correspondência à realidade. De modo geral, essa produção se concentra na hermenêutica normativa destinada a orientar o trabalho de tomada de decisão pelo aplicador do direito. Essa atividade é focada no que convencionamos chamar de *dever ser*, em oposição ao *ser*, excluído deliberadamente da pauta dos juristas, técnicos e teóricos segundo parte expressiva dos teóricos do direito.[11]

Como saber técnico, pode-se inclusive argumentar que a verdade seria menos importante para o direito do que a tomada de decisão. Esse ponto é importante para compreender o argumento de Ulen de que o direito não é ciência, no sentido reconhecido pelas demais áreas do conhecimento humano. A busca da verdade é premissa nessa definição de ciência: a produção do co-

---

[11] A "teoria pura do direito", de Kelsen (1987), é certamente o melhor exemplo.

nhecimento científico visa à descoberta da verdade. Seria correto concluir que o direito poderia ser diferente? Do ponto de vista do direito como técnica, parece que sim. Mas não haveria, nesse raciocínio, uma confusão entre direito, tecnicamente pautado pela decisão, e conhecimento jurídico, cientificamente preocupado com a verdade?

Seria correto concluir, apenas a partir do caráter técnico do direito, que a verdade não tem o mesmo papel legitimador da produção de conhecimento como nas (demais) ciências em geral? A tomada de decisão jurídica pode prescindir da verdade? É sensato presumir que os conteúdos prescritivos do *dever ser*, porque silogisticamente organizados, refletem um *ser* real? Se não é a verdade, e nem o método, o que estaria legitimando a produção teórica em direito? A coerência do argumento, ou o peso do seu autor, ou as vozes que com ele engrossam o coro são suficientes para legitimar a produção teórica em direito? Quem assegura que a decisão tomada com amparo na teoria jurídica tem sido a decisão correta?

Esse conjunto de questões remete a outro ponto relevante da produção de conhecimento em direito: a relação entre dogma e verdade. A produção de conhecimento em direito, porque fundada no método do silogismo argumentativo, é constitutiva de dogmas que auxiliam a tomada de decisão e que são reproduzidos sem uma preocupação muito rigorosa com a verdade. Em outras palavras, o direito produz dogmas, mas não necessariamente verdades. Uma primeira indagação a ser feita é se isso seria suficiente. A outra, que pressupõe a negação à primeira, seria como fazer diferente.

Por outro lado, pode ser temerário propor o aperfeiçoamento da produção teórica em direito pela aplicação do modelo de produção teórica das demais ciências humanas. Diferentemente das premissas de Ulen, o direito não é comparável com elas, seja em termos de métodos, seja em termos de objeto. Elas próprias possuem diferenças entre si, e o direito talvez esteja em um ponto ainda mais distante em termos metodológicos, o que dificulta ainda mais sua adequação ao padrão racional de produção do conhecimento daquelas ciências. Seu caráter instrumental torna peculiar sua metodologia e dificulta a adoção de métodos de outras ciências humanas.

Novas perguntas

Se é que é possível arriscar algumas conclusões a partir das reflexões que fiz acima, posso sintetizar meu argumento concordando que o professor Thomas Ulen, por assim dizer, "atirou no que viu e acertou no que não viu".[12] Em minha visão, a produção de conhecimento em direito realmente não tem o perfil de ciência, como aquelas agraciadas com um Prêmio Nobel. Mas, diferentemente de sua opinião, não creio que isso decorra da falta, como ele diz, de *core theories* ou de método. Há, sim, ao menos na produção jurídica da *civil law*, um sistema complexo de teorias, conceitos, princípios e regras. E há um método próprio, compartilhado pelos teóricos, que é o silogismo lógico dedutivo e a retórica abstrata.

O problema que vejo na produção de conhecimento em direito é a perversa relação que constrói entre a teoria e a verdade e, de outro lado, o perfil doutrinador que nasce da importância exageradamente atribuída ao dogma. As teorias existem, são compartilhadas por um número grande de teóricos e projetam considerável influência para a sociedade. Ocorre que elas não são avaliadas pelo quão explicativas da verdade se revelam. A verdade não é, para elas, um critério legitimador — ao menos como o é nas outras áreas do conhecimento. Fatores menos nobres a legitimam, como a coerência da retórica, a perfeição da taxonomia conceitual ou mesmo a autoridade do autor da tese e o coro de vozes que a ele se junta.

Há uma razão forte para isso: o direito é, segundo uma perspectiva importante nesse debate, técnica para tomada de decisão, e esta tem sido a medida de sua importância.[13] Consequentemente, a produção em direito assume perfil dogmático, minimiza a importância da descoberta da verdade e aumenta a importância do manuseio da retórica, porque é esta a principal ferramenta do técnico em direito e é ela que vai auxiliar na tomada de decisão. Enquanto a retórica assume o lugar da descoberta da verdade, o espaço de legitimação da

---

[12] A conclusão não é minha, mas produto dos debates realizados no próprio seminário organizado na FGV Direito Rio que deu origem ao texto.

[13] "O seu problema [do direito] não é propriamente uma questão de verdade, mas de *decidibilidade*" (Ferraz Jr., 1991:89).

produção teórica se reduz a duas opções: a estética ou a autoridade. A teoria é válida e ganha adesão porque é bem-construída retoricamente ou porque a respeitabilidade do autor se projeta para sua teoria. Não é difícil pensar em nomes para ilustrar essas situações.

Mas a peculiaridade instrumental do direito tem outro preço além da sua não categorização como ciência. Embora influentes e úteis para operacionalizar a tomada de decisão, as teorias jurídicas, despreocupadas da busca da verdade, têm maior risco de não explicar a realidade dos fenômenos jurídicos e, então, deixar de conferir suporte à construção da matriz de ordenação social e resolução dos conflitos — seus objetivos primeiros. Teorias jurídicas servem para formar juristas, conceber leis, orientar decisões judiciais, mas a sociedade não se sente ordenada e os conflitos não são satisfatoriamente resolvidos. A sensação de injustiça e o baixo grau de confiança nas instituições jurídicas, evidenciados em diversos estudos recentes, são exemplos de como o direito pode não estar funcionando da maneira imaginada pelo teórico. Em outros termos, o *dever ser* que nasce das teorias jurídicas, porque não embasado em uma sensível descrição da realidade, resulta em um *ser* anômalo, inesperado e distinto daquele pretendido. Exemplo sempre lembrado é o colapso da teoria da pena baseada em prisão como caminho para a ressocialização. A conta não bate. Ao final, o *dever ser* simplesmente não *é*, não chega a *ser*.

Esse cenário me conduz a uma nova rodada de perguntas, na tentativa de reorientar a busca por um perfil de produção de conhecimento em direito sensível à realidade e igualmente funcional do ponto de vista dogmático. Essa agenda passa pela reavaliação e definição da função da produção do conhecimento em direito: se a teoria do direito não produziu ciência, o que quer que tenha produzido tem alguma validade do ponto de vista de descoberta da verdade? Esse trabalho serviu apenas para transmitir técnica e capacitar operadores de regras?

As perguntas abordam a compreensão do potencial da teoria jurídica: como compreender que, mesmo desqualificada como instrumento de descoberta da verdade, a teoria jurídica constitua tão eficazmente a realidade do direito e da sociedade (a teoria não explica a verdade, mas a cria; um *dever ser* que constitui o *ser*)?

A agenda chega ao diagnóstico das consequências do modelo teórico tradicional: se a teoria do direito não revela a verdade, seria essa a causa do seu relativo fracasso no alcance de justiça e igualdade? Caso sim, o problema da eficácia das regras jurídicas se resumiria a sua falta de rigor como método científico? Bastaria ao direito, como defende Ulen, dispor de instrumental metodológico acurado para validar como ciência, revelar verdade e, então, produzir justiça e igualdade?

Como o problema da produção em direito não parece ser a falta de teorias centrais, as perguntas se dirigem para a peculiaridade e falta de rigor do método: se a teoria do direito não é ciência porque não viabiliza a depuração rigorosa da verdade, qual seria o método adequado a tanto? A investigação da realidade, em detrimento da profusão retórica de dogmas e crenças, traria maior cientificismo à produção em direito? Diante da carência de dados sobre o funcionamento do direito, a investigação empírica nessa área deve se dedicar a descrições qualitativas não generalizáveis em lugar das sofisticadas análises quantitativas multicausais? Diante do excesso de teorias com perfil dogmático, deve a pesquisa empírica em direito se preocupar em também produzir dogmática jurídica? Qual o risco de a investigação empírica, por outro lado, desnaturar e neutralizar a função primária de regulação social (descobre-se a verdade, mas se deixa descoberta a sociedade)?

A provocação do professor Ulen, como vimos, acertou em cheio em um dos problemas mais sérios e complexos da teoria jurídica: não ser ciência como as demais. Essa é uma hipótese forte, mas ainda muito incômoda e indigesta. Nesse cenário, ela vale menos como um prognóstico fechado ou como receituário predeterminado (o método bayesiano, por exemplo) do que como uma provocação geral, que aceito de bom grado, para que façamos mais perguntas, novas perguntas.

Referências

BARBOSA MOREIRA, J. C. Sobre a multiplicidade de perspectivas no estudo do processo. In: _____. *Temas de direito processual*. 4. série. São Paulo: Saraiva, 1989.

CALAMANDREI, P. Relatività del concetto di azione. *Rivista di Diritto Processuale Civile*, Pádua, v. 15, p. 22-46, 1939.

CAPPELLETTI, M.; GARTH, N. *Access to Justice*. Milão: Giuffre, 1978. v. 1: A world survey.

CARNELUTTI, F. *Diritto e processo*. Nápoles: Morano, 1958.

CINTRA, A. C.; GRINOVER, A. P.; DINAMARCO, C. R. *Teoria geral do processo*. 14. ed. São Paulo: Malheiros, 1998.

DINAMARCO, C. R. *Fundamentos do processo civil moderno*. São Paulo: RT, 1986.

_____. *A instrumentalidade do processo*. São Paulo: RT, 1987.

ENCONTRO DE PESQUISA EMPÍRICA EM DIREITO, II., 2012, Ribeirão Preto, SP. *Anais...* Ribeirão Preto, SP: Rede de Pesquisa Empírica em Direito/FDRP-USP, 2013. No prelo.

FERRAZ JR., T. S. *Introdução ao estudo do direito*: técnica, decisão e dominação. São Paulo: Atlas, 1991.

KELSEN, H. *Teoria pura do direito*. São Paulo: Martins Fontes, 1987.

LANGBEIN, J. The german advantage in civil procedure. *The University of Chicago Law Review*, v. 52, n. 4, 1985.

NOURSE, V.; SHAFFER, G. *Varieties of new legal realism*: can a new world order prompt a new legal theory? Mineápolis, MN: University of Minnesota Law School, 2009. (Minnesota Legal Studies Research Paper n. 09-17.) Disponível em: <http://ssrn.com/abstract=1405437>. Acesso em: ago. 2012.

PROTO PISANI. Appunti preliminari sui rapporti tra diritto sostanziale e processo. *Dirittto e Giurisprudenza*, p. 1 e segs., 1978.

_____. Sulla tutela giurisdizionae differenziatta. *Rivista di Diritto Processuale*, Pádua, ano 34, n. 4, p. 536-591, out./dez. 1979.

ULEN, Thomas S. *A Nobel Prize in Legal Science*: theory, empirical work, and the scientific method in the study of law. Champaign, IL: University of Illinois College of Law, 2002. (Illinois Law and Economics Working Papers Series. Working Paper n. LE03-008.) Disponível em: <http://papers.ssrn.com/sol3/papers.cfm?abstract_id=419823>. Acesso em: 9 out. 2012.

PARTE III

Direito e método

9. O direito comporta testes empíricos?

MARCELO GUERRA MARTINS

Conhecimento e ciência

Através do conhecimento toma-se noção de algo, sendo que a ciência gera apenas um dos tipos de conhecimento possíveis. Na verdade, é muito raro que a superação dos comezinhos problemas e afazeres diários requeira o emprego do conhecimento científico. Em regra, basta uma dose de intuição ou bom senso e a solução vem à tona.

Nesse sentido, os conhecimentos "não científicos" (por exemplo, meras experiências acumuladas, superstições, regras religiosas e da moral etc.) são muito mais utilizados no dia a dia, até mesmo por questão de praticidade. É que a produção do conhecimento científico é, de um modo geral, bem mais onerosa (em termos de tempo e recursos materiais) em comparação aos demais, o que faz com que seu emprego seja exceção.

Em adição, seria ingênuo supor que o conhecimento científico possui mais força persuasiva do que os demais. Isso só funciona para os que o admitem como correspondente à verdade, ou o que mais dela se aproxima. Assim, por exemplo, milhares de pessoas refutam as teorias evolucionistas de Darwin sob o argumento de que a Bíblia narra a criação da Terra de modo diverso.

Para tais pessoas, com efeito, o conhecimento científico pouco ou nada vale, ainda que esteja amparado em fortes argumentos racionais e comprovações originadas da observação, com destaque para os métodos de datação radioativa e os registros fósseis de milhões de anos.

Mas, então, o que qualifica essa modalidade de saber como científico? Na concepção de Ferraz Jr. (1980:11), o conhecimento científico se origina de um "conjunto de princípios de avaliação da evidência, cânones para julgar a adequação das explicações propostas, critérios para solucionar hipóteses".

Em sentido análogo, na explicação de Ullen (2002:7), a ciência: "procura articular uma teoria lógica e consistente sobre uma classe de fenômenos e, em seguida, sujeitar a referida teoria à investigação sistemática para verificar se a teoria descreve e prevê de maneira precisa a classe de fenômenos em questão".[1]

Portanto, em síntese, terá a qualidade de científico o saber gerado a partir de determinada metodologia, ou seja, com amparo em regras precisas de investigação e registros de resultados, predominantemente aceitas como idôneas e aplicadas pela comunidade de pesquisadores da área envolvida no respectivo exame. Todo o resto está de fora, é conhecimento vulgar.

Não se pode esperar, porém, que o conhecimento científico seja aceito e substitua outras crenças, sejam elas racionais, razoáveis ou não. Também não se pode afirmar que se trate de conhecimento superior, de melhor qualidade ou mesmo mais eficaz do que os demais, uma vez que isso dependerá primordialmente dos objetivos do tipo de conhecimento observado. Na lição de Chalmers (2006:212): "Cada área do conhecimento deve ser julgada pelos próprios méritos, e em que extensão é capaz de alcançá-los. Mais ainda, os próprios julgamentos relativos aos objetivos serão relativos à situação social".

Ademais, a concepção do que hoje é ciência não nasceu pronta e nem possivelmente tenha se esgotado. Existe um processo histórico que permeia e influencia o respectivo significado desse modo especial de saber e as formas de descrevê-lo, conforme será a seguir esposado.

---

[1] Trad. livre do original em inglês: *"seeks to articulate a logically consistent theory about a class of phenomena and them to subjet that theory to systematic investigation to see if the theory accurately describes and predicts that class of phenomena"*.

Modelos de desenvolvimento da ciência

Certeza e o princípio da verificabilidade

Segundo essa corrente, cujo auge se manifestou nos séculos XVIII, XIX e início do XX, o conhecimento científico é dado pela indução a partir de uma base de dados supostamente segura fornecida pela observação.

Nessa linha, quanto mais observações ocorrerem, mais confiável será a respectiva teoria. Trata-se do princípio da verificabilidade, cuja base é o empirismo clássico e o positivismo de tradição francesa (positivismo lógico), muito valorizado pelos cientistas que compunham o chamado "Círculo de Viena", notadamente com a publicação, em 1929, do manifesto "A concepção científica do mundo", subscrito por Hans Halm, Otto Neurath e Rudolf Carnap, segundo noticia Barreto (2001).

Repita-se: segundo essas ideias, apenas aquilo que é verificável por meio da observação pode ser tido como verdade científica. Todo o resto pertence à metafísica (religiões e crenças em geral). A ideia é bem colocada por Liard (1893:4): "Assim, a ciência propriamente dita se propõe a explicar os fenômenos por leis, e essas leis são tidas por invariáveis na sua aplicação aos fenômenos".[2]

De acordo com tal concepção, os conhecimentos (científicos) novos sempre vão se somando aos adquiridos anteriormente. Segundo Magee (2001:220): "O crescimento da ciência, acreditava-se, consistia na adição de certezas recém-descobertas a um corpo de certezas existentes em eterna expansão, como um baú de tesouros cujo conteúdo vai crescendo com o tempo".

Por exemplo, após ser constatado que vários tipos de metais, independentemente da temperatura ambiente inicial e da pressão atmosférica, se dilatam quando aquecidos, mesmo que não se faça a experiência com todo metal do mundo, é viável aceitar cientificamente tal propriedade dos metais.

Verifica-se aqui que o raciocínio inicial é tirado por meio de indução, isto é, a partir de eventos relativamente restritos (a análise de um número X de

---

[2] Trad. livre do original em francês: "*Ainsi la science proprement dite se propose d'expliquer les phénomènes par lês lois, et ces lois sont les rapports invariables qui unissent entre eux lês phénomènes*".

metais aquecidos), chega-se, por dedução, a uma proposição geral e tida por verdadeira (todos os metais se dilatam quando submetidos ao calor). Do particular chega-se ao genérico.

Noutro exemplo, suponha-se que alguém tenha lido vários textos sobre ciência e, como os achou enfadonhos, mesmo não tendo analisado — o que de fato seria impossível — todo o material disponível no mundo, por indução, formulou esta regra: "todo texto que trata de ciência é cansativo". Este texto trata de ciência (a constatação é óbvia, bastando a leitura do título), logo, por dedução, este texto é cansativo. É possível aqui observar:

- 1ª premissa: todo texto que trata de ciência é cansativo;
- 2ª premissa: este texto trata de ciência;
- conclusão: este texto é cansativo.

Constata-se que, na hipótese em foco, se as premissas 1ª e 2ª forem tidas como verdadeiras, obrigatoriamente a conclusão também o será. Aqui não há como a conclusão ser falsa, sob pena de contradição, o que invalidaria a dedução por falta de lógica.

Entretanto, noutras hipóteses, ainda que as premissas sejam verdadeiras, a conclusão pode não ser. Por exemplo:

- 1ª premissa: a maioria dos textos que tratam de ciência é cansativa;
- 2ª premissa: este texto trata de ciência;
- conclusão: este texto é cansativo.

Nesse caso, já um pouco diverso, mesmo que as premissas 1ª e 2ª sejam aceitas como verdadeiras, a conclusão não o é, uma vez que o texto pode pertencer à minoria não cansativa. Destarte, é inviável aceitar a conclusão como verdade.

Ainda:

- 1ª premissa: todas as leis prescrevem condutas (permissivas ou proibitivas);
- 2ª premissa: a norma X é uma lei;
- conclusão: a norma X prescreve alguma conduta, seja permissiva ou proibitiva.

Será verdade que todas as leis prescrevem condutas (permissivas ou proibitivas)? A resposta é negativa, sendo notórios vários exemplos de leis que apenas nominam alguma rua, avenida, aeroporto etc., em homenagem a alguém. Nessas hipóteses, não há qualquer prescrição de conduta. Logo, se a 1ª premissa for tida por falsa, por lógica a conclusão também o será.

Resta claro, pois, que um grande problema a ser superado no sistema indução/dedução reside em constatar a verdade (ou não) das premissas. Quais métodos e sob que garantia é possível estabelecer que algo (um fato, circunstância ou suposição) é verdadeiro ou se identifica com a realidade?

Poder-se-ia responder afirmando que a indução válida é aquela baseada em observações (princípio da verificabilidade). Logo, em qualquer caso, bastaria atentar aos resultados fornecidos pelas observações para, com segurança, afirmar ser a premissa verdadeira. Na realidade, contudo, problemas surgem. Segundo Chalmers (2006:40):

> O que deve ser considerado como uma variação significativa nas circunstâncias? Na investigação do ponto de fervura da água, por exemplo, é necessário variar a pressão, a pureza da água, o método de aquecimento e a hora do dia? A resposta às duas primeiras questões é "Sim" e às duas seguintes é não. Mas quais são as bases para estas respostas? Esta questão é importante porque a lista de variações pode ser entendida indefinidamente pelo acréscimo de uma quantidade de variações subsequentes tais como a cor do recipiente, a identidade do experimentador, a localização geográfica e assim por diante. A menos que tais variações "supérfluas" possam ser eliminadas, o número de observações necessárias para se chegar a uma inferência indutiva legítima será infinitamente grande.

Nessa banda, considerem-se estes exemplos simples: se os metais aquecidos se dilatam, conforme vem sendo constatado desde tempos imemoriais, ao aquecer uma barra de aço, sendo o aço um metal, a barra se expandirá, certo? Em regra sim, pois as premissas aqui parecem ser verdadeiras. Outra situação: todos os dias alguém observa que o Sol se põe; portanto a previsão de que ele irá se pôr hoje é verdadeira, certo? Errado, pois nas regiões polares, no verão, o Sol não se põe.

Vê-se que mesmo a observação continuada e cuidadosa pode conduzir a premissas falsas. É preciso ter cuidado. Outras objeções podem ser apontadas a esse modelo. Primeiramente, não é dado saber, com plena segurança, em que momento as observações são suficientes para que se aceite alguma teoria como verdadeira. Quantas observações são necessárias para chegar a uma conclusão? Mesmo após milhares de procedimentos, é possível haver engano.

Ademais, como garantir que as observações foram corretas e que os resultados não são enganosos por problemas existentes em aparelhos de medições (termômetros, barômetros, cronômetros, estufas etc.)? Logo, a verdade como algo inatacável nunca será atingida, por mais observações que sejam ultimadas. Mais uma vez, conforme Chalmers (2006:41): "Não podemos estar cem por cento seguros de que a próxima pedra atirada não 'cairá' para cima".

Isto invalida totalmente o raciocínio indutivo e a conclusão por dedução? Obviamente que não, sendo certo que a observação é, e provavelmente continuará sendo, de importância fulcral no desenvolvimento da ciência. Todavia, é inegável a conclusão de que conhecimento científico não é conhecimento provado, mas representa conhecimento provavelmente verdadeiro que pode se revelar inadequado com o passar do tempo, pela continuidade das observações ou em vista do desenvolvimento de sistemas mais refinados de medição etc.

A refutação e o princípio do falsificacionismo

Começou-se a perceber que os conhecimentos, ainda que qualificados de científicos, eis que embasados em provas obtidas pela observação etc., poderiam ser refutados, devendo, por conseguinte, ser retirados da "arca do tesouro" que os continha. Aliás, segundo Magee (2003:220): "Os que tinham familiaridade com as ideias de Locke e Hume se apercebiam que as leis científicas não tinham sido provadas conclusivamente; mas em vista do sucesso aparentemente ininterrupto de sua aplicação por longos períodos de tempo". Em verdade, é fato que as teorias, mesmo nas chamadas ciências naturais, sempre são produtos da mente humana, materializando-se em construções linguísticas, e a realidade existe independentemente dessas teorizações.

Com efeito, apenas para recordar, as formulações de Newton cederam em parte ante a relatividade de Einstein, sendo que tal constante superação de antigas concepções por novas sempre acompanhou o progresso científico em todas as áreas, e continua ocorrendo até a atualidade. Uma analogia — um tanto simplória, diga-se — seria algo como a subida de uma escada infinita: os degraus superados não são mais úteis, mas foram essenciais para atingir os superiores, e assim por diante.

Assim, é imperioso concordar com Carvalho (2005:106) no sentido de que o cientista "está, em verdade, tentando produzir um modelo causal que busca reproduzir a realidade: tal empresa se aproxima mais de uma interpretação do que uma descrição do mundo".

Nessa toada, é o momento de introduzir o falsificacionismo. Parte-se da premissa de que é impossível estabelecer uma regra científica irrefutável para sempre. Na melhor das hipóteses, uma teoria sobrevive bem por certo tempo, até que, por vários motivos (novas técnicas e outras observações), reste clara sua não veracidade. O principal edificador e divulgador do princípio foi Karl Popper, em meados da década de 1930, com a obra *The logic of scientific discovery*. Nessa linha, conforme sua preciosa lição:

> A meu ver não existe a chamada indução. Nestes termos, inferências que levam a teorias, partindo-se de enunciados singulares "verificados por experiência" (não importa o que isto possa significar) são logicamente impossíveis. Consequentemente, as teorias *nunca* são empiricamente verificáveis. [...] Essas considerações sugerem que deve ser tomado como critério de demarcação, não a *verificabilidade*, mas a *falseabilidade* de um *sistema* [Popper, 1975:41-42, grifos no original].

Então, a base fundamental do falsificacionismo é a proposta de que a ciência, ao contrário de se ocupar primordialmente de estabelecer novos postulados, deve procurar sempre testar suas próprias teorias, a partir de problemas intrínsecos que passam a ser observados no nascedouro ou com o passar do tempo.

Destarte, aquelas teorias que não resistirem aos testes e, por isso, forem refutadas, cederão lugar à subsequente, que será, então, a melhor teoria disponível para o momento, e assim por diante. Desta feita, o papel do cientista é testar incansavelmente uma teoria, até que eventualmente seja possível a refutação. Portanto, conclui-se que a crítica se torna um dos meios principais do progresso da ciência.

Atente-se que os falsificacionistas somente admitem como científicas afirmações que possam ser refutadas, ou seja, que façam juízos decisivos sobre seu objeto. É o próprio Popper (1975:42, grifos no original) quem diz: "exigirei, porém, que sua forma lógica seja tal que se torne possível validá-lo através de recurso a provas empíricas, em sentido negativo: *deve ser possível refutar, pela experiência, um sistema científico empírico*".

Logo, a validação de uma teoria se faz por um critério negativo, isto é, as tentativas malsucedidas de invalidar uma teoria é que afirmam sua pertinência. Disso resulta concluir que afirmações como: "Deus existe", "o ser humano possui uma dimensão física, mental e outra espiritual" etc. estão definitivamente fora da ciência, pois se constituem em afirmações que não podem ser invalidadas por observações e, segundo Magee (2003:223), "tudo o que poderia acontecer é compatível com sua verdade, então nada pode ser visto como prova para ela". Pode ser que Deus exista (o conhecimento religioso e a fé individual de cada um assim indicam), mas como não se trata de algo irrefutável, não pertence à ciência, ao menos para a corrente que esposa o princípio do falsificacionismo.

Note-se que refutar uma teoria como "todos os cisnes são brancos" não implica dificuldade, pois a afirmação é categórica e única. Basta encontrar um único cisne não branco que a refutação ocorrerá. Contudo, a realidade normalmente se mostra muito mais complexa, podendo ocorrer um labirinto de premissas a serem testadas conjuntamente. Em adição, nada garante que a refutação não esteja eivada de algum vício ou falha em suposições auxiliares ou parcela da descrição das condições iniciais. Portanto, como bem adverte

Chalmers (2006:95): "Uma teoria não pode ser conclusivamente falsificada, porque a possibilidade de que alguma parte da complexa situação do teste, que não a teoria em teste, seja responsável por uma previsão errada não pode ser descartada".

Por fim, em certas circunstâncias, algo falsificado de início pode, posteriormente, ser aceito, não apenas por uma questão de erro nos testes etc., mas pelo aprimoramento de outras técnicas "paralelas". Logo, nessas hipóteses, o que antes fora refutado retorna vívido. Chalmers (2006:97-107) narra com detalhes quatro exemplos históricos: teoria gravitacional de Newton, teoria do átomo de Bohr, teoria cinética de Maxwell e a revolução copernicana. Portanto, em situações tais, a falsificação não é capaz de garantir que uma teoria que chegue a refutar outra seja efetivamente mais precisa que a anterior "falsificada".

Trata-se, em resumo, de uma suposição, ou seja, o que normalmente se observa é que a teoria apta a refutar outra é mais aproximada da verdade do que a antecessora, mas há exceções, com a "reabilitação" da teoria arquivada.

Defronte a tal cenário, é possível vivenciar algum desânimo. E, se nos dizeres de Popper (1975:305), "nossa ciência não é conhecimento (*episteme*): ela jamais pode proclamar haver atingido a verdade ou um substituto da verdade, como a probabilidade", não seria inútil nos preocuparmos com ela? Em que pese esta conclusão algo decepcionante (para alguns), a resposta é dada, mais uma vez, pelo próprio Popper, ao afirmar categoricamente que: "o esforço por conhecer e a busca da verdade continuam a ser as razões mais fortes da investigação científica" (Popper,1975:305).

Imre Lakatos e os programas de pesquisa

Conforme visto, o falsificacionismo puro não resolve todos os problemas, uma vez que, em várias hipóteses, uma teoria inicialmente considerada imprópria pode posteriormente ser reabilitada por outras observações mais acuradas. Então, ciente de tal circunstância, Imre Lakatos elabora a proposta de que a falsificação não deve ser instantânea ou mecânica; ao contrário, há de ser tratada sob a égide mais complexa e abrangente de um programa de pesquisa inicialmente proposto e colocado para se desenvolver.

Nesse programa de pesquisa haveria um núcleo irredutível a ser aceito pelos pesquisadores, surgindo daí teorias auxiliares e subjacentes, capazes de receber refutações sem que reste comprometido o núcleo.

É o que Chalmers (2006:113) considera um "cinturão protetivo" contra falsificações. A ideia é que pelo "cinturão protetor" seja possível a determinado programa se desenvolver, atingindo seu ápice ou, ao contrário, entrar em decadência, por não mais conseguir explicar os fenômenos em coerência com o núcleo.

É a partir do núcleo, cuja base é alguma hipótese teórica geral, que os programas se realizam, sendo que apenas suposições adjacentes e acessórias podem ser refutadas, mas não seu núcleo, pois este deve ser aceito pelo pesquisador, ainda que provisoriamente. O núcleo deve ser tido por irrefutável, sob pena de se iniciar um novo programa. Exemplificando, conforme Silveira (1996:2), o núcleo firme de Copérnico era a proposição de que as estrelas constituem o sistema de referência fundamental para a física; o de Newton era fundeado nas três leis básicas do movimento e na lei da gravitação universal; o de Piaget se fixava na hipótese de equilibração; o de Pasteur afirmava que a fermentação é um fenômeno correlacionado com a vida.

Nessa linha de raciocínio, mesmo diante de fatos e observações problemáticos (refutações ou anomalias), as premissas do núcleo não seriam descartadas logo de plano; tentar-se-ia, em primeiro momento, salvar o programa. Aqui Silveira (1996:2) fornece um exemplo muito interessante e deveras esclarecedor: constatou-se que a órbita do planeta Urano não se acordava com a observação astronômica, salvo se a teoria de Newton (a mecânica) fosse refutada.

Em vez de considerar a teoria como "falsificada", em torno de 1845, Adams e Leverrier propuseram que a dita discordância deveria ser carreada à influência de algum outro planeta ainda não descoberto, e por isso é que os cálculos restavam inexatos. A hipótese, ainda que meramente teórica, permitiu recalcular o trajeto desse sugerido "novo planeta", indicando locais mais precisos para novas observações que posteriormente confirmaram a existência de Netuno.

Todavia, é certo que um programa pode entrar em decadência, chegando ao exaurimento. E, quando isso ocorreria? Segundo Chalmers (2006:117) o programa seria degenerescente diante de sua incapacidade de descobrir fenômenos novos, isto é, somente oferecer explicações a descobertas casuais ou a fatos antecipados e descobertos por um programa rival. Portanto, segundo Lakatos (apud Silveira, 1996:4): "Se um programa de pesquisa explica de forma progressiva mais fatos que um programa rival, 'supera' a este último, que pode ser eliminado (ou se se prefere, arquivado)".

Evidentemente, o fenômeno não é instantâneo, mas decorre de um processo histórico, relembrando que o "cinturão protetor" deve ser capaz de absorver a pressão crítica de algumas refutações secundárias. Destarte, o pluralismo teórico com a coexistência de programas concorrentes é importante para o progresso da ciência. Contudo, nunca é dado saber o momento certo de arquivar um programa, que pode se prolongar por décadas agonizando antes de perecer.

Thomas Kuhn e os paradigmas

Thomas Kuhn entende que a ciência evolui por meio de "revoluções" que rompem com paradigmas anteriormente criados e aceitos. Então, o fenômeno estaria sempre a se repetir, resumidamente, nos seguintes moldes: passada a fase de "pré-ciência", os cientistas trabalhariam com fulcro em determinado paradigma, até que se dariam conta de que o modelo já não responderia satisfatoriamente às novas e inevitáveis arguições; a ciência entraria em crise (fase de "crise/revolução"), até que novos parâmetros fossem descobertos e aceitos, instaurando-se um novo paradigma, iniciando-se, então, uma fase de "ciência normal". Passado certo tempo, novamente surgiria outra crise que abalaria o paradigma em vigor, até que outro fosse estipulado em seu lugar, e assim por diante.

Melhor explicando, segundo Borradori (2003:210-211):

> A instauração da primeira, a fase normal, depende da imposição gradual de um sistema teórico mediante o consenso cada vez mais crescente da comunidade. De um período pré-paradigmático, conotado por uma acumulação caótica de fatos, a prática científica se normaliza em torno da instituição de um "paradigma", que representa uma mescla normativa de teoria e de método. [...] A certa altura, porém, a solidez do paradigma começa a rachar e a fase de ciência normal se transforma em fase de ruptura revolucionária. [...] A história é pontilhada destes exemplos: a transição do sistema aristotélico para o galileano e do ptolomaico para o copernicano, na astronomia, e a passagem da química do flogisto para a de Lavoisier são apenas os mais clássicos.

O paradigma, de fato, é um modelo, um pressuposto ou um conjunto de premissas que devem ser aceitas. Conforme Chalmers (2006:124): "Um paradigma é composto de suposições teóricas gerais e de leis e técnicas para a sua aplicação adotadas por uma comunidade científica específica". Em linha semelhante, segundo Amaral Jr. (1993:17), o paradigma é: "o conjunto de crenças, valores, conceitos, teorias e técnicas que são partilhados sem discussão por uma dada comunidade científica".

Assim, por exemplo, as leis do movimento de Newton formam o paradigma newtoniano. O paradigma aristotélico via o universo dividido em dois reinos: a região sobrelunar (incorruptível e imutável) e a região terrestre (corruptível e mutável). A Terra como sendo o centro do universo, com o Sol e as estrelas girando ao seu redor foi um paradigma para muitos astrônomos antigos.

Ao contrário do que possa parecer, a ideia principal não é tentar falsificar o paradigma, mas desenvolvê-lo ao máximo enquanto perdurar a fase de "ciência normal", eliminando discussões sobre seu fundamento, fixando regras e padrões gerais. Com efeito, via de regra, o paradigma deve ser aceito pelo cientista e, em princípio, eventuais falhas em solucionar problemas são encaradas como anomalias passíveis de superação no futuro, salvo se elas, como bem diz Chalmers (2006:129): "for[em] vista[s] atacando os próprios fundamentos de um paradigma e resistindo, entretanto, persistentemente, às tentativas dos membros de uma comunidade científica normal de removê-la[s]".

Resta claro que não é possível prever com exatidão quanto tempo será necessário para a troca de paradigmas, sendo possível inferir, inclusive, que a crise pode perdurar por muito tempo. Conforme relata Chibeni (2004:1, grifos no original):

> As investigações da ciência normal acabam levando, não intencionalmente, à acumulação de quebra-cabeças particularmente resistentes às tentativas de resolução. Essas dificuldades de ajuste do paradigma à Natureza não são vistas como falseadoras do paradigma, mas como meras *anomalias* (Seções 6 e 7). Quando incidem sobre partes vitais do paradigma, ou estão ligadas a algum fator externo premente, ou acumulam-se em grande número, ou resistem por muito tempo, essas anomalias levam a estados de *crise* (Seções 7 e 8). Somente então inicia-se a busca deliberada de alternativas para o paradigma vigente.
>
> Fatores variados e não necessariamente racionais podem levar um indivíduo, ou um pequeno grupo de indivíduos, a se interessar por uma dessas alternativas, por embrionárias que sejam, e tomar para si a tarefa de desenvolvê-la, e, posteriormente, de convencer o restante da comunidade científica a que pertencem. Apenas nessas condições a comunidade científica pode se dispor a abandonar o seu paradigma; um paradigma nunca é rejeitado sem que concomitantemente um outro seja aceito. Esta é outra constatação importante de Kuhn (Seção 8).

Não se nega, antes se admite, que diferenciar paradigmas de programas de pesquisa pode nem sempre ser uma tarefa fácil. É de ser lembrado, todavia, que os programas de pesquisa, de um modo geral, são constituídos por concepções relativamente abrangentes, sendo de certo modo blindados pelo retromencionado "cinturão protetor". Já os paradigmas, em princípio, implicam uma única ou poucas premissas essenciais, que necessariamente precisam ser acatadas pelo pesquisador. Nessa linha, é possível aferir a maior generalidade dos programas de pesquisa que, inclusive, podem se amparar em mais de um paradigma.

O direito como ciência

Considerando o direito como um conjunto de normas cujo objeto é regular a conduta humana, percebe-se que mesmo as sociedades primitivas ou muito antigas vivenciaram o fenômeno. Noticia Coulanges (1954:284-285) que: "Entre gregos e romanos, do mesmo modo que entre os hindus, desde princípio, espontaneamente, a lei surgiu como especialidade de sua religião". Como bem preleciona Ráo (1991:29): "encontra-se, pois, a origem do direito na própria natureza do homem, havido como ser social. [...] o direito procura estabelecer, entre os homens, uma proporção tendente a criar e manter a harmonia na sociedade".

Em conclusão, onde quer que exista ou tenha existido uma sociedade humana, é altamente presumível sua regência por meio de normas, escritas ou costumeiras, ainda que em sua origem não tenham sido sancionadas por um poder estatal nos moldes atualmente concebidos.

Logo, se o direito é um fenômeno humano e não da natureza, é inegável seu caráter de mutabilidade, configurando-se seu aspecto eminentemente transitório, notadamente com a entrada em cena da escola positivista, conforme ressalta Ferraz Jr. (1980:43). Com efeito, no campo estritamente jurídico, a revogação de uma lei pode alterar, de um dia para o outro, toda uma sistemática, sendo desnecessário enumerar exemplos a respeito. Aliás, não se pode olvidar também que as normas se revelam de modo muito diverso dependendo da região focada, sendo deveras complicado admiti-las em termos universais. Nessa linha, diferenças inconciliáveis surgirão, por exemplo, entre os valores do Ocidente e do Oriente, do liberalismo clássico e do Estado social, do Estado nazista e do democrático, e assim por diante.

Nota-se que enquanto na física vige o princípio da universalidade, pelo qual uma regra, *v.g*, a velocidade da luz, é válida em todo o Universo, nas normas jurídicas tal circunstância é totalmente ausente, pois variam constantemente no tempo e no espaço.

Nessa esteira, seria possível aplicar ao direito métodos científicos de busca de conhecimento? A constante alteração das normas jurídicas e a impossibilidade de estatuí-las num cunho universal não tornaria estéril uma ciência que tal?

Primeiramente, é de se afirmar que o direito em si não é ciência. Ele pode ser objeto de ciência, isto é, suas prescrições podem ser investigadas de maneiras variadas e para diversas finalidades. Certamente, não há de se confundir o fenômeno com sua análise, *v.g.*, a maçã que cai da árvore poderá ser objeto de observação pela ciência da mecânica desenvolvida por Newton, mas a fruta e as forças que sobre ela atuam em si não são ciência; ao contrário, são objetos dela.

Com o direito, o mecanismo se assemelha, sendo assim amplamente reconhecido. De fato, segundo Kelsen (1987:89-90): "O jurista científico que descreve o direito não se identifica com a autoridade que põe a norma jurídica". Portanto, será ciência um texto elaborado por um eminente professor a respeito do homicídio. Não será ciência, mas se constituirá no próprio direito, a norma insculpida no art. 121 do nosso Código Penal. Todavia, tal visão é relativamente nova. Na lição de Ferraz Jr. (1988:55, grifos no original):

> *O conhecimento do direito, como algo diferenciado dele, é, pois, uma conquista tardia da cultura humana.* A distinção, pois, entre direito-objeto e direito-ciência exige que o fenômeno jurídico alcance uma abstração maior, desligando-se das relações concretas (como as de parentesco: o pai tem direito de vida e morte sobre o filho, porque é pai, sem que se questione por que a relação pai/filho se identifica com uma relação jurídica de poder de vida e morte), tornando-se um regulativo social capaz de acolher indagações a respeito de divergentes pretensões.

Aliás, segundo Grau (2005:37, grifos no original), não haveria uma, mas várias ciências do direito, *v.g.*, filosofia do direito, teoria geral do direito, história do direito, sociologia do direito, dogmática jurídica etc. Segundo o autor: "Todas as ciências do direito são *ciências sobre o direito*. Assim, as linguagens das ciências do direito são *metalinguagens*". O direito, destarte, é um fenômeno denominado por Grau (2005:42) "prudência" que não se confunde com as ciências que o abordam. Em sentido contrário, Nogueira (1993:34-35) considera que existe apenas a ciência do direito, sendo que seus diversos ramos apenas se constituem em parcelas daquela.

O princípio da verificabilidade na ciência do direito

É possível questionar se o método da verificação com a posterior conclusão por indução/dedução se aplicaria à ciência do direito. Começa-se recordando que a ciência do direito, em regra e de modo geral, procurará descrever, explicar, circunstanciar, criticar, comparar etc., prescrições jurídicas. Aqui não há espaço para identificarmos o que ou quais fenômenos conferem o caráter jurídico a determinada norma, diferenciando-a, por exemplo, daquelas baixadas por organizações criminosas ou ilegais.

É certo que por meio da observação será possível edificar teorias acerca de determinado ordenamento jurídico. Assim, observando os dizeres do *caput* do art. 5º da Constituição Federal de 1988, é possível concluir que o direito brasileiro acolhe o direito à vida, que possui previsão constitucional. Logo, a tese acima apresentada pode ser tida por verdadeira.

Todavia, é de se esperar que muitas teorias estejam mergulhadas em muito maior complexidade, pressupondo certamente a conjugação de várias normas, além de outros elementos. Por exemplo, antes de se propor que "o feto anencéfalo possui direito à vida, não sendo possível sua eliminação por meio de aborto", será de rigor verificar e analisar textos em vigor que tratem da matéria, passando pela Carta Magna e códigos Penal e Civil. E, mesmo que o assunto fosse inteiramente solucionado pelas normas positivadas (não o é!), haveria necessariamente de se considerar princípios acolhidos expressa ou implicitamente pela Constituição, possivelmente saindo do aspecto puramente jurídico para aportar em questões filosóficas, morais e éticas. Vê-se que a teoria envolve um raciocínio complexo, interdisciplinar e valorativo. Trata-se não apenas de uma mera constatação, mas de uma compreensão.

É que, na lição de Ferraz Jr. (1980:15): "Ao expor diversas teorias referentes a um problema jurídico qualquer, o jurista não se limita a levantar possibilidades e, em certas circunstâncias, a suspender o juízo, mas é forçado a realizar, por vezes, uma verdadeira opção decisória".

Retornando ao exemplo do feto anencéfalo, não obstante serem analisados os mesmos elementos (Constituição, códigos, princípios e questões filosóficas etc.), dificilmente os juristas chegariam a um único resultado. Com efeito, alguns poderiam dar relevância maior a aspectos considerados secundários pelos outros. Destarte, se o direito à vida for levado como absoluto e independente de outras circunstâncias, a tese tenderá a prevalecer. Ao contrário, se esse direito for enfocado como sendo fruível apenas em face de viabilidade da vida, pressupondo-se que a ausência de cérebro a inviabiliza, a solução provavelmente se inclinará por rejeitar a tese, aceitando o aborto em tais hipóteses.

Seria possível enumerar vários outros exemplos, assim: dano moral na pessoa jurídica, indenização pelo erro judiciário, responsabilidade do Estado por atos legislativos, identificação do confisco tributário, imunidade tributária em relação a CD-ROMs e DVDs, o direito de funcionários públicos fazerem greve e sua respectiva extensão — todos sujeitos a um juízo complexo de compreensão. Resta claro, pois, comungando com o entendimento de Serrano (2007:66) que "para as proposições prescritivas se reservam critérios de avaliação diferentes dos de verdade e falsidade, embora também elas façam referência a uma realidade".

Então, em face da constante possibilidade de, por métodos e argumentos razoáveis, juristas chegarem a resultados opostos ou, no mínimo, incompatíveis para um mesmo tema, mesmo diante da análise de elementos idênticos, o método aqui tratado (observação pura e simples) é muito limitado para a ciência do direito.

Logo, é de pouca segurança qualificar uma proposição jurídica como verdadeira. Desta feita, com fulcro nessa peculiaridade da ciência do direito, talvez o máximo que se possa admitir é considerar uma proposição jurídica como "aceitável".

A refutação e o princípio do falsificacionismo na ciência do direito

Seria o falsificacionismo aplicado na ciência do direito? A resposta é positiva, mas de forma limitada, ou seja, somente é possível falsificar teorias jurídicas simples. Por exemplo: "o Estado brasileiro nunca poderá aplicar legitimamente a pena de morte" é falsificável? Sim, pois segundo a própria Carta Magna prevê em seu art. 5º, XLVII, "a", em caso de guerra declarada é possível instituir a pena de morte. Logo, a proposição é falsa.

Prosseguindo, é de ser lembrado que se as propostas mais complexas (exemplo do feto anencéfalo) não se coadunam com a insígnia de "verdadeiro", também não será apropriado taxá-las de falsas, justamente porque entendimentos opostos são previsíveis e, desde que se façam por meio de argumentos racionais que contradigam suas premissas, são plenamente viáveis em termos de ciência do direito. Aqui têm-se divergências que perduram no tempo, com debate doutrinário renovado e constante, sendo muito difícil, em muitas ocasiões, admitir a superação de uma delas.

Como é sabido, teorias rivais podem conviver durante anos, sem que se possa afirmar ou prever um prazo para a suplantação de uma delas, *v.g.*: a natureza jurídica da posse e a polêmica travada por Savigy e Ihering (Gomes, 1993:17 e segs.); a viabilidade de utilizar preço ou tarifa pública como elemento de remuneração de serviços públicos (Amaro, 2005:40 e segs.; Carraza, 2004:491 e segs.; Coêlho, 1996:52 e segs.); o município como entidade federada ou não (Silva, 1996:589 e segs.); a divergência entre finalistas e maximalistas quanto à noção de consumidor (Marques, 1992:67 e segs.).

Evidentemente, é certo que muitas teses jurídicas sucumbiram diante de proposições posteriores, *v.g*: a propriedade como um direito absoluto e sua utilização sem qualquer correspondência com seu fim social; o *pacta sunt servanda* a embasar a imutabilidade contratual, mesmo diante de fatos imprevistos e excessivamente onerosos a uma das partes; a responsabilidade extracontratual do Estado com fulcro na teoria da culpa; o crédito público como um mero contrato de direito privado e muitos outros.

Portanto, em vista da impropriedade de considerar falsificada uma tese jurídica, ao menos as complexas, propõe-se que a qualificação se restrinja a "não aceitável". Nessa ótica, enquanto aceita pela maioria dos cientistas do direito, a tese resta "aceitável" e, entrando em cena o descrédito, passa a ser "não aceitável".

Interessante notar que uma proposta pode nascer "não aceitável", talvez como fruto de um posicionamento isolado e, à medida que o tempo corre, passa a ser "aceitável". Nessa linha, nas décadas de 1970 e 1980, era muito controvertido considerar que um supermercado ou *shopping center* pudesse ser obrigado a indenizar o proprietário de um veículo por danos causados neste, ainda mais se o estacionamento fosse a título gratuito. Como exemplo, cita-se o decidido pelo Supremo Tribunal Federal, no Recurso Extraordinário nº 114.671-RJ, em 20/10/1987, ementário volume 1482-03, p. 540, relator ministro Carlos Madeira.

Aos poucos, o que era exceção foi-se tornando regra, via construção jurisprudencial, sendo que após o advento do Código de Defesa do Consumidor, espancaram-se quaisquer dúvidas a respeito da obrigação indenizatória, em termos objetivos, ou seja, ainda que não tenha havido qualquer culpa do estabelecimento. Como exemplo, cita-se o decidido pelo Superior Tribunal de Justiça, no Recurso Especial nº 419.059-RJ, em 19/10/2004, publicado na RSTJ volume 188, p. 339, relatora ministra Nancy Andrighi.

Programas de pesquisa e "cinturões protetores" na ciência do direito

Passamos a abordar os programas de pesquisa e a ciência do direito. Seria possível, na área jurídica, encontrar programas de pesquisas com um núcleo essencial e irredutível a serem desenvolvidos? Em princípio sim, desde que se tenha consciência de que a pesquisa numa ciência social como o direito se utiliza de uma metodologia diversa daquela apropriada às ciências naturais. De qualquer modo, à primeira vista seria possível considerar propostas como a análise econômica do direito, por exemplo, como um programa de pesquisa *latu sensu*, com origem nos Estados Unidos, nos trabalhos de Ronald Coase (*The problem of social cost*, de 1960), Guido Calabresi (*Some thougts on risk distribution and the law of torts*, de 1961) e Richard Posner (*Economic analisys of law*, de 1973), segundo nos informa Alvarez (2006:52).

Para essa escola, em linhas gerais, um dos pontos fulcrais que poderia ser identificado como um programa de pesquisa merecedor de atenção do cientista é a proposta (verdadeiro pressuposto) de que os indivíduos são agentes racionais que escolhem suas ações para maximizar suas utilidades individuais com base numa ordem coerente de preferências transitivas. Logo, as escolhas individuais seriam sempre guiadas por um raciocínio econômico do melhor proveito sob o menor custo possível, sendo que tal raciocínio é que deve inspirar o legislador e o aplicador do direito.

Em rivalidade a esse programa, destaca-se a *critical legal studies*, que tem como uma de suas propostas primordiais, segundo Alvarez (2006:59), a de que outros valores hão de ser considerados que não apenas a eficiência econômica das normas, mas colocando-as a serviço de objetivos humanos e sociais. Aqui, então, questões éticas se sobrepõem à eficiência do mercado.

Cada ramo do direito acaba por apresentar tais programas, de forma mais ou menos explícita. Assim, *v.g.*: programas quanto ao desenvolvimento do conceito e extensão de figuras como: dignidade da pessoa humana, interpretação das normas constitucionais, classificação dos tributos, interesses difusos e coletivos, competência regulamentar da administração pública, abuso do poder econômico, responsabilidade fiscal, negócio jurídico etc.

Paradigmas e revoluções na ciência do direito

Com relação aos paradigmas e às revoluções, também é possível constatar sua presença na ciência do direito. De modo a exemplificar, é de serem lembrados os paradigmas utilizados pelas escolas do jusnaturalismo, positivismo e pós-positivismo.

Para um jusnaturalista do século XVIII, conforme relata França (1974:37-38): "o Direito Natural seria um sistema completo, universalmente válido e imutável, deduzido de uma noção abstrata do homem e da sua natureza". O fundamento e a obrigatoriedade do direito não residiria no fato de ter sido legislado segundo uma ordem preestabelecida, mas sim na circunstância de corresponder a um ideal de justiça, cuja apreensão se faz pelo uso da razão.

Trata-se, com efeito, de "geometrificar" ou mesmo "matematificar" o direito, afastando-o de uma concepção histórica, ou seja, fruto da evolução e contínuo convívio entre os seres humanos. Nessa linha, conforme Bobbio (1987:21): "Se a interpretação foi o método tradicional da jurisprudência, o método da nova ciência do direito será — à imitação das ciências mais evoluídas — a demonstração". Logo, as regras jurídicas poderiam ser conhecidas com certeza, pois, segundo Bobbio (1987:23), "o que os jusnaturalistas eliminam de seu horizonte é a *interpretatio*: mesmo que os juristas continuem a interpretar as leis, o jusnaturalista não é um intérprete, mas um descobridor".

No século XIX o jusnaturalismo decai por uma série de razões que não cabe expor neste tópico e, por meio de uma mudança de paradigma, que para Kuhn equivaleria a uma "revolução", em seu lugar inicia-se a escola positivista, cuja premissa, conforme Ross (2003:134), é que "em toda comunidade existe uma vontade soberana, que é a fonte suprema de toda validade jurídica. A expressão desta vontade, o direito legislado é, consequentemente, a fonte suprema do direito".

Em linha semelhante, para Kelsen (1987:252):

Uma norma somente pertence a uma ordem jurídica porque é estabelecida de conformidade com outra norma desta ordem jurídica. Por esta via, somos reconduzidos à norma fundamental, que já não é estabelecida de conformidade com a determinação de uma outra norma e que, portanto, tem de ser pressuposta.

Então, pouco interessa o fato da norma corresponder a um ideal de justiça ou não, mas sim o respeito a um processo formal de edificação previamente estatuído.

Em que pese o fato de os paradigmas positivistas ainda estarem em voga no mundo ocidental, constata-se a presença de outras propostas, denominadas "pós-positivistas", que abandonam o paradigma do direito legislado como única fonte do direito para considerar também, segundo Dantas (2005:53), "os princípios e valores morais como fontes de direito *latu sensu* quando eles aparecerem em um contexto jurídico, ou seja, quando são razões justificadoras no discurso jurídico". Em linha assemelhada, enfatiza Amaral Jr. (1993:91-92):

> O direito não é mais visto como a totalidade de regras postas, mas como conjunto de regras que se propõem continuamente. [...] Portanto, a questão decisiva para o novo saber jurídico passa a ser a construção de instrumentos teóricos que permitam compreender o processo de legitimação pelo qual normas, valores e princípios se tornam vinculantes em um sistema jurídico determinado.

Vê-se, pois, que a sucessiva substituição de paradigmas também ocorre no campo jurídico, algo semelhante ao falado quanto aos programas de pesquisa. Assim, ao que parece, a diversidade científica, muitas vezes entrando no campo da rivalidade, é fulcral para o desenvolvimento da ciência, seja em que matéria for.

Pesquisa empírica em direito

Até aqui a exposição levou em conta a análise do direito por um prisma eminentemente teórico, ou seja: a partir da observação do conteúdo de determinada(s) norma(s) ou instituto(s) jurídico(s), elabora-se uma teoria a seu respeito, descrevendo o fenômeno inteiramente *in abstractu*.

Nesse sentido, a teor dessa modalidade de análise, o jurista não deve estar preocupado como seu objeto de exame (em suma, as normas) se expressa na realidade social. Deve apenas descrever os respectivos conteúdos normativos. Trata-se da famosa distinção proposta por Kelsen (1987:1) entre o ser e o dever ser. Nas palavras do grande jurista, para a teoria pura "não importa a questão de saber como deve ser o Direito, ou como ele deve ser feito. É ciência jurídica e não política do Direito". Mais adiante, o autor aduz:

> A jurisprudência tem-se confundido com a psicologia e a sociologia, com a ética e a teoria política. Esta confusão pode porventura explicar-se pelo fato de estas ciências

se referirem a objetos que indubitavelmente têm uma estreita conexão com o Direito. Quando a Teoria Pura empreende delimitar o conhecimento do direito em face destas disciplinas, falo não por ignorar ou, muito menos, por negar essa conexão, mas porque intenta evitar um sincretismo metodológico que obscurece a essência da ciência jurídica e dilui os limites que lhe são impostos pela natureza do seu objeto [Kelsen, 1987:1].

Assim, segundo esse modelo de raciocínio, o resultado do encontro do mundo do "dever ser" com o mundo do "ser" pertenceria a outras ciências, tais como a política, a ética, a sociologia, a economia etc. Com efeito, tal enfoque é o que prevaleceu para o estudo do direito em todo o século XX, estando ainda presente na maioria dos tratados, cursos e manuais jurídicos.

Porém, considerando que o objetivo primeiro e, por óbvio, mais importante de qualquer ciência é, dentro de seu espectro investigativo, contribuir para a solução de problemas reais e, com isso, supostamente auxiliar na melhora da qualidade de vida dos seres humanos, a abordagem exclusivamente teórica do direito (apenas *in abstractu*) não permite que a ciência jurídica atinja todo o potencial desse objetivo primordial.

Ora, se o direito se revela essencialmente por normas destinadas a regularem o comportamento humano, de maneira a minimizar os potenciais conflitos, é de se concluir ser necessário averiguar se essas normas estão conseguindo tal desiderato. É que, na exposição de Lewandowski (2005:168, grifos no original):

O jurista, em verdade, transcende a esfera do mero *ser*, do *Sein*, para operar no campo do *dever ser*, ou seja, do *Sollen*. Ele, porém, não limita suas indagações ao plano do *Sollen*, pois não trabalha apenas com um conjunto de normas preceptivas, logicamente encadeadas, conforme queria Kelsen, mas opera com *modelos jurídicos*, que constituem, no dizer de Reale, uma síntese dialética resultante do embate entre certas exigências axiológicas a um dado complexo fático, travado no âmbito de determinada conjuntura histórica.

Em síntese, nas academias tem sido cada vez mais aceito o fato de que é preciso voltar a atenção para o modo como o direito se manifesta no meio social em que vigora. Aliás, nos Estados Unidos, essa tendência não é recente. Nessa linha de entendimento, noticia Ulen (2002:26) que, quando o *"legal formalism gave away to legal realism in the 1930s and 1940s, the desire for empirical work was born"*.

É bem sabido que o conhecimento empírico é o gerado a partir da experiência, ou seja, da observação de algum fato ou conjunto de ocorrências. Mas seria tal concepção aplicável ao direito?

O direito como fenômeno observável

Nas ciências naturais (*v.g.*, física, química, astronomia, geologia etc.), a partir de observações sobre determinado fenômeno (*v.g.*, uma maçã que cai da árvore) — observações que, em suma, nada mais são do que tentativas de apreender uma parcela do mundo real —, o cientista elabora uma teoria (*v.g.*, a força da gravidade da Terra sempre puxará os objetos ao seu encontro). Nesse ponto, tirada essa conclusão, as observações posteriores sobre tal fenômeno girarão em torno de confirmar, refutar ou aperfeiçoar a teoria.

Ademais, na grande maioria das vezes, é possível reproduzir o fenômeno em laboratório ou ambiente controlado e previamente preparado ao experimento (*v.g.*, abrir a mão que segurava uma maçã e calcular quantos segundos ela leva para atingir o chão). As possibilidades são infinitas, pois, em regra, tudo o que estiver ligado aos fenômenos da natureza é passível de ser teorizado e posteriormente repetido por meio da experiência científica.

Basta recordar, por exemplo, do LHG (Large Haddron Collider) entre a Suíça e a França, quiçá o experimento mais complexo já realizado pelos humanos e que busca recriar as condições inaugurais do universo a partir do choque de partículas que viajam em direções opostas a velocidades que beiram a da luz.

Em relação ao direito, o processo é semelhante, mas há diferenças de monta. A semelhança consiste na circunstância de que, em regra, tanto nas ciências naturais como nas sociais (como a psicologia, a economia, o direito etc.), a teoria inicial nasce da observação de um fenômeno eleito pelo pesquisador como objeto de trabalho.

No caso, sendo o direito um conjunto de normas de conduta criadas pelo homem, sua qualidade de fenômeno (social e não da natureza) é inegável. Logo, é passível de ser observado e estudado. É isso o que ocorre quando qualquer jurista observa a norma em sua dimensão estática, ou seja, deixando de lado como ela é efetivamente aplicada, e faz suas ilações.

Então, a partir de uma teoria inaugural qualquer, que necessariamente envolverá normas jurídicas, impende verificar quais os principais cenários em que essas normas se aplicam e, por conseguinte, constatar se há correspondência ou não com a teoria antes empreendida.

Em primeiro lugar, merecem destaque as decisões dos tribunais na interpretação das normas. Com efeito, cabe ao Poder Judiciário dirimir, de modo definitivo, as controvérsias a ele apresentadas. O exame da jurisprudência, nesse sentido, se mostra como importantíssima aferição do direito na realidade.

De fato, as normas somente são editadas com vistas a produzirem certos resultados (o objetivo) no mundo real. Em conclusão, é importante levar em conta esse pressuposto para apreender-se com maior segurança o significado de seus mandamentos. Tome-se, como exemplo, a questão do "bem de família" (Lei nº 8.009/1990). Aqui, conforme decidiu o Superior Tribunal de Justiça:

> A interpretação teleológica do art. 1º da Lei nº 8009/90 revela que a norma não se limita ao resguardo da família. Seu escopo definitivo é a proteção de um direito fundamental da pessoa humana: o direito à moradia. Se assim ocorre, não faz sentido proteger quem vive em grupo e abandonar o indivíduo que sofre o mais doloroso dos sentimentos: a solidão. É impenhorável, por efeito do preceito contido no art. 1º da Lei nº 8009/90, o imóvel em que reside, sozinho, o devedor celibatário [3ª Turma, Resp. nº 450.989-RJ, j. 13/4/2004, rel. min. Humberto Gomes de Barros].

Noutro giro, é importante observar o momento histórico em que determinada lei foi elaborada, verificando a evolução que o tema experimentou ao longo do tempo, o que somente pode ser ultimado, de maneira coercitiva e vinculante, pelos tribunais. Nesse sentido, por exemplo, tem-se a previsão do art. 233 do Código Penal, norma editada em 1940, ou seja:

Art. 233. Praticar ato obsceno em lugar público, ou aberto ou exposto ao público:

Pena: detenção, de três meses a um ano, ou multa.

É sabido que o sentido de ato obsceno modificou-se sobremaneira nas últimas décadas, o que implica analisar o contexto histórico vigorante no momento da edição da lei. Assim, se nos idos de 1940 uma mulher fosse à praia trajando apenas o biquíni, provavelmente seria presa e processada com base no art. 233 transcrito, algo impensável para a atualidade.

Mas, em princípio, a pesquisa empírica pode ultrapassar o âmbito judicial. Em síntese, qualquer interação humana regida por uma norma jurídica é passível de ser analisada em seu aspecto dinâmico. Nessa linha, como exemplos: o cumprimento espontâneo de contratos, o respeito às leis de trânsito e inúmeras outras manifestações ocorridas sem a intervenção do Poder Judiciário.

O direito como fenômeno instável e não reproduzível em laboratório

Nota-se que, enquanto nos eventos naturais vige o princípio da universalidade, pelo qual um fenômeno qualquer ocorre da mesma maneira em todo e qualquer local do universo (*v.g.*, a velocidade da luz), quanto às normas jurídicas essa característica é totalmente ausente, pois é inegável que variam constantemente no tempo e no espaço, numa verdadeira plasticidade.

Então, as conclusões de uma pesquisa empírica em direito são eminentemente temporárias e, sobretudo, aplicáveis a determinado território, visto não ser possível falar ou admitir um direito universal ou natural.

A jurisprudência de hoje pode perfeitamente ser diversa da que estará em voga daqui a alguns anos. Apenas como exemplos, a seguir são transcritas ementas de julgamentos do Supremo Tribunal Federal acerca do mesmo tema.

Por primeiro, no que se refere ao direito de crédito de IPI (imposto sobre produtos industrializados) em relação a insumos submetidos a isenção (regime equivalente à não tributação), em 5 de maio de 1998, no Recurso Extraordinário nº 212.484, ficou decidido pela Corte Suprema o seguinte:

Não ocorre ofensa à CF (art. 153, §3º, II) quando o contribuinte do IPI credita-se do valor do tributo incidente sobre insumos adquiridos sob regime de isenção.

Passados quase 10 anos, em sentido diametralmente oposto, pelo julgamento de 25 de junho de 2007, no Recurso Extraordinário nº 353.657, a Corte Suprema decidiu:

IPI – INSUMO – ALÍQUOTA ZERO – AUSÊNCIA DE DIREITO AO CREDITAMENTO. Conforme disposto no inciso II do §3º do artigo 153 da Constituição Federal, observa-se o princípio da não cumulatividade compensando-se o que for devido em cada operação com o montante cobrado nas anteriores, ante o que não se pode cogitar de direito a crédito quando o insumo entra na indústria considerada a alíquota zero.

Outra questão é o fato de o direito não poder ser reproduzido em laboratório, como é corriqueiro nas ciências naturais (*v.g.*, a formulação de reações químicas e outros fenômenos repetíveis). É até admissível sua simulação (*v.g.*, uma audiência ou um júri encenado por alunos etc.), mas disso não passará, eis que a força coercitiva, ínsita ao direito, é exclusiva dos órgãos estatais. Portanto, quem pretender observar o direito *in concreto* deverá sair a campo para obter resultados.

A utilidade da pesquisa empírica em direito

Não obstante a fragilidade dos resultados da pesquisa empírica em direito, tanto em termos de perenidade (questão do tempo) quanto do âmbito de abrangência (questão do território), não se pode ignorar a enorme utilidade social desse tipo de investigação.

De fato, a observação do fenômeno normativo em sua compleição dinâmica, examinando, por exemplo, como determinada norma jurídica está sendo encampada pelos respectivos destinatários, majora consideravelmente a possibilidade de saber se os objetivos e finalidades que inspiraram sua criação estão sendo ou não atendidos.

Não dar esse passo, ainda que sob o pretexto de realizar-se uma ciência pura e expungida de elementos estranhos ao conhecimento jurídico, empobrece a análise que, evidentemente, não possui um fim em si mesma, mas, ao contrário, dentro de seu espectro investigativo deve servir para solucionar, da maneira menos onerosa possível, os problemas e conflitos reais que diuturnamente surgem na convivência humana.

Conclusões

A ciência gera apenas um dos tipos de conhecimento possíveis, sendo que terá a qualidade de científico o conhecimento embasado numa determinada metodologia, ou seja, com amparo em regras precisas de investigação e registros de resultados, predominantemente aceitas como idôneas e aplicadas pela comunidade de pesquisadores da área envolvida no respectivo exame.

O direito, conjunto de normas que visam regular a conduta humana, como fenômeno social, é passível de ser investigado por métodos como verificabilidade (indução/dedução), refutação, programas de pesquisas e revoluções científicas que derrubam paradigmas. No entanto, em face da constante possibilidade de, por métodos e argumentos razoáveis, juristas chegarem a resultados opostos ou, no mínimo, incompatíveis para um mesmo tema, mesmo diante da análise de elementos idênticos, é de pouca segurança qualificar uma proposição jurídica como verdadeira ou falsa. O máximo que se pode admitir são considerações do tipo "aceitável" ou "não aceitável".

Para além do campo estritamente teórico da análise do direito, nas academias tem sido cada vez mais aceita a importância de investigar o modo como o direito se manifesta *in concreto* dentro de determinado meio social, ou seja, numa perspectiva empírica.

A pesquisa empírica no direito pode operar-se sobre qualquer uma das suas formas de manifestação *in concreto* (*v.g.*, julgamentos diversos, celebração e cumprimento de contratos, respeito de certa comunidade às leis em geral etc.).

Com efeito, as normas jurídicas somente são editadas com vistas a produzirem certos resultados no mundo real, sendo fulcral levar em conta esse pressuposto para apreender-se com maior segurança o significado dos seus mandamentos.

Todavia, considerando o direito como fenômeno instável e não reproduzível em laboratório, as conclusões da pesquisa empírica serão temporárias (sem qualquer garantia de perenidade) e restritas a determinado território, visto não ser possível falar ou admitir um direito universal ou natural.

Mesmo diante dessas características, não se deve ignorar a enorme utilidade desse tipo de investigação, uma vez que é primordialmente a partir dele que se pode averiguar se os objetivos e finalidades que inspiraram a criação da norma estão sendo ou não atendidos.

As informações tiradas do exame empírico do direito poderão, então, ser aplicadas em propostas de ajuste ou modificações normativas, servindo, por conseguinte, para solucionar do modo menos oneroso possível os problemas e conflitos reais que diuturnamente surgem na convivência humana.

Referências

ALVAREZ, Alejandro Bugallo. Análise econômica do direito: contribuições e desmistificações. *Direito, Estado e Sociedade*, v. 9, p. 49-68, jul./dez. 2006.

AMARAL JR., Alberto do. *Proteção do consumidor no contrato de compra e venda*. São Paulo: Revista dos Tribunais, 1993.

AMARO, Luciano. *Direito tributário brasileiro*. 11. ed. São Paulo: Saraiva, 2005.

BARRETO, Túlio Velho. Positivismo *versus* teoria crítica em torno do debate entre Karl Popper e Theodor Adorno acerca do método das ciências sociais. *Robertexto.com*, Buenos Aires, 2001. Disponível em: <www.robertexto.com/archivo3/positivismo_pt.htm>. Acesso em: 30 jun. 2012.

BOBBIO, Norberto. *Sociedade e Estado na filosofia política moderna*. Trad. Carlos Nelson Coutinho. 2. ed. São Paulo: Brasiliense, 1987.

BORRADORI, Giovanna. *A filosofia americana*: conversações com Quine, Davidson, Putnam, Nozick, Danto, Rorty, Cavell, MacIntyre e Kuhn. São Paulo: Unesp, 2003.

BRYAN, Magee. *História da filosofia*. 3. ed. São Paulo: Loyola, 2003.

CARRAZZA, Roque Antônio. *Curso de direito constitucional tributário*. 20. ed. São Paulo: Malheiros, 2004.

CARVALHO, Cristiano. *Teoria do sistema jurídico*: direito, economia e tributação. São Paulo: Quartier Latin, 2005.

CHALMERS, Alan Francis. *O que é ciência afinal?* 5. reimpr. São Paulo: Brasiliense, 2006.

CHIBENI, Silvio Seno. *Kuhn e a estrutura das revoluções científicas*. Departamento de Filosofia (IFCH)/Universidade Estadual de Campinas, 2004. (Notas de aula elaboradas em 1990 e revistas em 2004.) Disponível em: <www.unicamp.br/~chibeni/textosdidaticos/structure-notas.htm>. Acesso em: 1 jul. 2012.

COÊLHO, Sacha Calmon Navarro. *Comentários à Constituição de 1988*: sistema tributário. 6. ed. Rio de Janeiro: Forense, 1996.

COULANGES, Fustel de. *A cidade antiga*. 8. ed. Lisboa: Clássica Ed., 1954. v. 1.

DANTAS, David Diniz. *Interpretação constitucional no pós-positivismo*. 2. ed. São Paulo: Madras, 2005.

FERRAZ JR., Tércio Sampaio. *A ciência do direito*. 2. ed. São Paulo: Atlas, 1980.

_____. *Introdução ao estudo do direito*. São Paulo: Atlas, 1988.

FRANÇA, Rubens Limongi. *O direito, a lei e a jurisprudência*. São Paulo: Revista dos Tribunais, 1974.

GOMES, Orlando. *Direitos reais*. 10. ed. Rio de Janeiro: Forense, 1993.

GRAU, Eros Roberto. *Direito posto e pressuposto*. 6. ed. São Paulo: Malheiros, 2005.

KELSEN, Hans. *Teoria pura do direito*. 2. ed. São Paulo: Martins Fontes, 1987.

LEWANDOWSKI, Ricardo. Direitos fundamentais: a formação da doutrina dos direitos fundamentais. In: MARTINS, Ives Gandra; MENDES, Gilmar Ferreira; TAVARES, André Ramos (Coord.). *Lições de direito constitucional em homenagem ao jurista Celso Bastos*. São Paulo: Saraiva, 2005. p. 168-179.

LIARD, Louis. *La science positive et la métaphysique*. Paris: Germer Baillère, 1893.

MAGEE, Bryan. *História da filosofia*. 3. ed. São Paulo: Loyola, 2001.

MARQUES, Claudia Lima. *Contratos no Código de Defesa do Consumidor*: o novo regime das relações contratuais. São Paulo: Revista dos Tribunais, 1992.

NOGUEIRA, Ruy Barbosa. *Curso de direito tributário*. 11. ed. São Paulo: Saraiva, 1993.

POPPER, Karl. *A lógica da pesquisa científica*. São Paulo: Cultrix, 1975.

RÁO, Vicente. *O direito e a vida dos direitos*. 3. ed. São Paulo: Revista dos Tribunais, 1991.

ROSS, Alf, *Direito e justiça*. Trad. Edson Bini. São Paulo: Edipro, 2003.

SERRANO, Pablo Jiménez. *Epistemologia do direito*. Campinas: Alínea, 2007.

SEVERINO, Antônio Joaquim. *Metodologia do trabalho científico*. 22. ed. São Paulo: Cortez, 2002.

SILVA, José Afonso da. *Curso de direito constitucional positivo*. 12. ed. São Paulo: Malheiros, 1996.

SILVEIRA, Fernando Lang da. *A metodologia dos programas de pesquisa*: a epistemologia de Imre Lakatos. *Caderno Catarinense de Ensino de Física*, Florianópolis, v. 13, n. 3,

p. 219-230, dez. 1996. Disponível em: <www.if.ufrgs.br/~lang/LAKATOS.pdf>. Acesso em: 3 jul. 2012.

ULEN, Thomas S. *A Nobel Prize in Legal Science*: theory, empirical work, and the scientific method in the study of law. Champaign, IL: University of Illinois College of Law, 2002. (Illinois Law and Economics Working Papers Series. Working Paper n. LE03-008.) Disponível em: <http://papers.ssrn.com/sol3/papers.cfm?abstract_id=419823>. Acesso em: 15 jul. 2012.

10. Projetos de reconstrução e pluralismo metodológico

GUSTAVO SAMPAIO A. RIBEIRO

Em meus breves comentários aqui, focarei na afirmação do professor Ulen de que estaríamos vivenciando um esforço visível e crescente de formulação de teorias amplamente aceitas na academia jurídica. Teorias positivas e normativas, em sua grande maioria consequencialistas, o que, por sua vez, teria como consequência um aumento no uso de métodos empíricos nas faculdades de direito. O professor Ulen parece acreditar que esses são passos necessários no sentido de tornar o conhecimento jurídico mais "científico".

Vou evitar maiores considerações sobre o uso insuficientemente qualificado dos termos "ciência" ou "científico" no artigo ou sobre o uso de expressões como "teorias de direito", ou "teorias sobre o direito" sem maiores explicações sobre seus significados para fins do artigo — algo bastante problemático. Meus comentários estão divididos em duas partes: uma descritiva e outra normativa. Na descritiva, que vai ocupar a maior parte dos meus comentários, argumento que o tipo de teorização identificada por Ulen como crescentemente dominante é apenas de um tipo entre diferentes "projetos de reconstrução" que visam salvar a aliança da razão liberal com a ciência jurídica, a qual fora severamente danificada pelo ataque dos realistas jurídicos. Tais projetos de reconstrução se apoderam de discursos normativos sofisticados (por exemplo, eficiência econômica, filosofia moral ou teoria democrática) a fim de salvar o raciocínio jurídico da possibilidade de ser reduzido a um mero debate ideológico em virtude de problemas de indeterminação (Kennedy, 2006).

Na parte normativa, argumento que a eventual preponderância de uma "teoria" e de um conjunto de métodos representaria uma transição para um cenário *inferior* à presente situação. Acredito ser uma grande vantagem das faculdades de direito no Ocidente justamente a ausência da preponderância extrema de uma teoria ou de um conjunto de métodos.

Para entendermos essas ideias, temos de dar um passo atrás. É importante explicitarmos, ainda que rapidamente, alguns dos importantes desafios postos pelos realistas jurídicos à academia jurídica de sua época, em especial no que tange ao ideal liberal de legalidade. Assim, poderemos entender por que, e em que medida, somos todos realistas, como argumenta Joseph Singer (1988:467-544).

Uma forma de entendermos a crítica realista é dividi-la em uma crítica metodológica e uma crítica substantiva.

O alvo da crítica metodológica era a crença (compartilhada por pensadores clássicos e alguns pensadores sociais) de que, implícitos no direito positivo, poderiam ser encontrados ideais gerais que tornavam o sistema jurídico um sistema normativo coerente. Enquanto pensadores clássicos entendiam esses ideais como princípios gerais estáveis (*e.g.*, liberdade contratual), os pensadores sociais os entendiam como propósitos que o sistema jurídico deveria concretizar (*e.g.*, adaptação aos novos cenários de interdependência entre atores sociais).[1]

A crítica realista aqui foi que esses princípios não poderiam operar como premissas de um silogismo porque eles eram puramente formais. Ou seja, caso tentássemos justificar nossas decisões com base nesses princípios exclusivamente, sempre cairíamos em problemas de subdeterminação.

O argumento de que princípios gerais não decidem casos concretos, aliado a uma crítica quanto à indeterminação inerente de regras (i.e., do material

---

[1] Por "pensadores clássicos" e "pensadores sociais", devem-se entender os conjuntos de autores associados, respectivamente ao pensamento jurídico clássico e ao pensamento jurídico social, tais como definidos por Duncan Kennedy (2006).

formal do direito), nos leva à conclusão de que precisamos de argumentos não formais para justificar nossas decisões. Para os realistas, esses argumentos não formais são *policies arguments* ou, numa tentativa frustrada de tradução, argumentos de política pública.

No fim, a única coisa que podemos esperar é estabelecer um compromisso entre essas considerações (entre *policies*) ao escolher entre diferentes regras, ou entre diferentes formulações da mesma regra. Cada decisão jurídica reflete um compromisso diferente entre diversas considerações normativas em conflito. A consequência é a exposição dos fundamentos políticos inerentes à argumentação jurídica.

Essas ideias foram altamente relevantes para as críticas substantivas, que tinham como alvo principal a distinção entre direito público e direito privado. Essa distinção estava baseada em duas principais premissas. Primeiro, de que o direito privado seria uma forma de regulação "mais leve", ou menos coercitiva, que o direito público. A segunda premissa era que o direito privado governaria relações horizontais e simétricas entre indivíduos livres e iguais, enquanto que o direito público governaria relações verticais e assimétricas entre o Estado e seus cidadãos.

O ataque dos realistas era de que não é verdade que o direito privado é menos coercitivo que o direito público, pois, no primeiro, o Estado apenas tem o papel de fazer valer contratos ou proteger direitos de propriedade, assim atuando sempre ao largo da liberdade das partes. Na realidade, o direito privado seria altamente coercitivo, pois, por exemplo, determina qual o poder de barganha das partes ao definir as regras de fundo perante as quais as negociações ocorrerão, os direitos e deveres das respectivas posições jurídicas e quais seriam os resultados caso uma barganha não fosse efetiva. Sob a mesma lógica, "liberdade" significaria apenas que um indivíduo poderia, ao perseguir seus próprios interesses, provocar dano em outro indivíduo sem sofrer uma sanção. Segue-se que o direito privado não é menos coercitivo do que o direito público, tampouco governa relações simétricas, uma vez que partes diferem em termos de poder de barganha, os quais, como dito, são definidos pelo próprio direito.

A consequência dessa crítica é que tal distinção entre direito público e privado não pode ser mantida. Direito privado é semelhante ao direito público em todos os aspectos relevantes que possam fundamentar adequadamente uma distinção. Essa crítica é central, pois a distinção entre direito público e direito privado fundamentava outra importante distinção: razão e política ou entre ciência do direito (direito privado) e política do direito (direito público).

Novamente, aqui a conclusão é parecida com a conclusão a que chegamos na crítica metodológica. A separação entre razão e política é posta em perigo.

Cabe, então, a pergunta: o que significa dizer que somos todos realistas jurídicos agora? Como Singer (1988:467-544) argumenta, os debates atuais sobre raciocínio jurídico são mais bem compreendidos como tentativas de responder à questão central que os realistas deixaram não respondida: como podemos nos engajar em argumentos jurídicos sem cair no formalismo clássico, ou sem reduzir todos os argumentos a demandas políticas por grupos de interesse?

A ansiedade em reestabelecer a distinção entre direito e política levou à proliferação de sofisticadas teorias normativas de adjudicação. Essas teorias podem ser encaradas como "projetos de reconstrução", uma vez que procuram reconstruir aquilo que os realistas destruíram: a separação entre direito e política (Kennedy, 2006). Um exemplo de tal projeto de construção é a ideia do direito como integridade, de Dworkin. Outro bem-sucedido exemplo é a análise econômica do direito. Diversos outros projetos podem ser mencionados, como discursos sobre direitos e teoria democrática.

Acredito que aquilo que o professor Ulen identifica como um movimento crescente de "teorização consequencialista" no direito na realidade vem a ser tão somente um esforço de sofisticação de projetos de reconstrução existentes. Entre esses, a proeminência da análise econômica do direito (e metodologias de pesquisa correlatas) é evidente, talvez apenas comparável ao trabalho de Dworkin. Contudo, *proeminência* não é *preponderância*. Não acredito haver evidência que nos permita argumentar, justificadamente, que a análise econômica do direito está se tornando *preponderante*, como argumenta Ulen. Ao menos não nos são oferecidas provas convincentes para suportar essa conclusão.

Na realidade, cada um desses projetos de reconstrução é altamente controverso. E, talvez ironicamente, eles falham precisamente por isso, uma vez que todos são demasiadamente controversos para atingir o *status* de aceitação universal que satisfaça imperativos centrais do ideal liberal de legalidade. Da mesma forma, eles não conseguem ampla aceitação para satisfazer os imperativos da "ciência", como o professor Ulen acredita ser necessário.

Agora passo à parte normativa de meus comentários. Acredito que a atual situação, identificada pelo professor Ulen, na qual não há a preponderância de nenhuma teoria ou de nenhum conjunto de métodos nas faculdades de direito seja *uma vantagem*. As faculdades de direito talvez sejam um dos poucos departamentos nas universidades que não são atualmente reféns de uma única teoria ou de um pequeno conjunto de teorias e métodos, diferentemente da realidade que ocorre claramente em departamentos de ciência política, economia, sociologia, e em diversas disciplinas das ciências naturais.[2]

Essa pluralidade metodológica permite a elaboração de projetos de pesquisa com objetos e objetivos vastamente diferentes. Nesse cenário, as possibilidades de inovação tendem a ser superiores, ainda que haja custos em termos de menor profundidade. Mas tais custos não implicam impossibilidade de avanços.

Além disso, pode-se argumentar que essa pluralidade metodológica é uma das ferramentas que possibilitam à academia jurídica lidar melhor com sua inexorável conexão com o debate político, algo em que as outras ciências (sociais e naturais) ainda engatinham para tentar compreender e ainda oferecem muita resistência para assumir.

Por fim, é prudente reafirmar a existência, pouco contestável, de diversos benefícios no uso maior e mais sofisticado de métodos empíricos para orientar pesquisas jurídicas e formulações de políticas públicas. O professor Ulen faz um bom trabalho em expor alguns dos principais benefícios. Nada em meus breves comentários deve ser interpretado como defendendo uma posição distinta nesse ponto. Aqui, apenas procurei argumentar que os vários

---

[2] Essa narrativa é feita tendo como base os EUA, mas acredito que ela seja aplicável, em grande medida e sem maiores complicações, ao Brasil.

benefícios decorrentes do uso de métodos empíricos são *independentes* da verificação de uma preponderância de teorias consequencialistas na acadêmica jurídica. Além de essa tendência ser duvidosa, sua verificação seria problemática.

Referências

KENNEDY, Duncan. Three globalizations of law and legal thought: 1850-2000. In: TRUBEK, David; SANTOS, Álvaro (Ed.). *The new law and economic development*: a critical appraisal. Cambridge: Cambridge University Press, 2006. p. 19-73.

SINGER, Joseph William. Legal realism now. *California Law Review*, v. 76, n. 2, p. 467-544, 1988.

11. Breves considerações sobre a contribuição da comparação para o desenvolvimento da ciência jurídica

EUGÊNIO BATTESINI

No artigo "A Nobel Prize in Legal Science: theory, empirical work, and scientific method in the study of law", Thomas Ulen realiza a espirituosa ficção da atribuição de Prêmio Nobel à ciência jurídica com o intuito de colocar em evidência relevante fenômeno contemporâneo, qual seja, o de que o estudo do direito está gradualmente se tornando mais científico, com a crescente utilização de métodos empíricos e experimentais.

A utilização de métodos empíricos e experimentais, Thomas Ulen destaca, permite superar uma dos principais obstáculos para o estudo científico do direito, a dificuldade de comunicação "transnacional" entre os juristas. Nas palavras do autor:

> Uma medida da falta de um elemento essencial no estudo científico do direito é a dificuldade de comunicação transnacional [...] é extremamente difícil para o estudioso de direito de um país se comunicar, de forma significativa e vigorosa, com os estudiosos de direito em outro país, como fazem outros cientistas [Ulen, 2002:20, trad. minha].

A explicação de tal fenômeno, de acordo com Thomas Ulen, é simples, "os juristas tendem a escrever artigos apenas sobre seus próprios sistemas jurídicos e dirigidos apenas àqueles que atuam com seu sistema jurídico". Dito de outra forma, "não há uma teoria do direito que seja aplicável a cada sistema jurídico e à qual os juristas de cada país possam recorrer para explicar as instituições ou regras particulares dos seus próprios sistemas" (Ulen, 2002:22, trad. minha).

Sem deixar de reconhecer a significativa contribuição proporcionada pela utilização de métodos empíricos e experimentais, em abordagem alternativa não excludente, o presente capítulo realiza breves considerações sobre a contribuição da comparação para o desenvolvimento da ciência jurídica, em especial para a resolução do problema da dificuldade de comunicação "transnacional" entre os estudiosos do direito, apontado por Thomas Ulen. A exposição é dividida em duas partes. Exploram-se, inicialmente, os fundamentos teóricos do direito comparado, em especial a contribuição de juscomparatistas clássicos, como René David, Rodolfo Sacco, Konrad Zweigert e Hein Kötz. Após, são apresentadas algumas evidências no campo da responsabilidade civil, em especial os consistentes estudos comparativos desenvolvidos pelo European Center of Tort Law and Insurance Law (Ectil), com o propósito de desenvolver "Princípios de direito europeu de responsabilidade civil".

Direito comparado

Em 1900, no 1º Congresso Internacional de Direito Comparado, promovido pela Société de Législation Comparée, Raymond Saleilles afirmou o caráter científico da comparação jurídica, proclamando que

> a ciência do direito comparado, no sentido jurídico do termo, tem como objeto extrair do conjunto das instituições particulares uma base comum, ou, pelo menos, pontos de contato capazes de trazer à luz a unidade fundamental da vida jurídica universal [Saleilles apud Sacco, 2001:29].

Autor francês contemporâneo a Raymond Saleilles, Édouard Lambert manifesta-se sobre a cientificidade do direito constatando, de forma análoga ao que o faz Thomas Ulen no artigo "A Nobel Prize in Legal Science: theory, empirical work, and scientific method in the study of law", que "a interpretação dos princípios jurídicos positivos, na forma como os tradicionalmente praticam os juristas, por si só, não merece a denominação de ciência". Indo além, destaca, contudo, que "é possível que os estudos de direito adquiram uma cientificidade autêntica quando se identificam os princípios reais de qualquer sistema jurídico nacional", sendo "precisamente o direito comparado que permite vislumbrar tais princípios gerais" (Lambert apud Zweigert e Kötz, 2002:5).

A necessidade de atribuir um caráter científico à pesquisa jurídica e de estabelecer a comunicação "transnacional" entre os juristas são temas também abordados por doutrinadores contemporâneos de direito comparado. Emblemática é a manifestação do consagrado juscomparatista francês René David no sentido de que

> a ciência do direito tem, pela sua própria natureza de ciência, um caráter transnacional [...], o desenvolvimento dos estudos do direito comparado servirá para este fim, ele situa-se dentro da linha de uma evolução que tende a promover, sobre todos os aspectos, uma melhor cooperação internacional [David, 1998:6-7].

De acordo com o juscomparatista italiano Rodolfo Sacco:

> A prática necessita categorias conceituais ordenadoras. Mas estas categorias ordenadoras são diferentes nos vários países e os seus respectivos juristas nada fazem para libertar-se desta diversidade [...] A tarefa da ciência é, então, relativizar e, depois, banir e exorcizar estas oposições conceituais absurdas. Saberá fazê-lo se adotar métodos de comparação sofisticados [Sacco, 2001:205].

Igualmente representativa é a manifestação dos consagrados juscomparatistas Konrad Zweigert e Hein Kötz que, reconhecendo que "nenhum estudo merece o nome de científico quando se limita a fenômenos que ocorrem dentro das suas fronteiras nacionais", apontam o direito comparado como "a

254

única opção para fazer do direito uma disciplina internacional, tornando-o uma ciência". Ainda de acordo com esses autores alemães:

> Se consideramos que a ciência do direito compreende não apenas as técnicas de interpretação dos textos, princípios, regras e normas de um sistema nacional, mas, também, o descobrimento de modelos para prevenir ou resolver conflitos sociais, então o método de direito comparado pode brindar uma gama de soluções muito mais ampla do que uma ciência consagrada a um só país, pela simples razão de que os diferentes sistemas do mundo podem aportar uma maior variedade de soluções do que poderia conceber em toda uma vida o jurista mais imaginativo e especializado no seu próprio sistema [Zweigert e Kötz, 2002:16-17].

Verifica-se, pois, que o direito comparado, em essência, desempenha a função de estabelecer a comunicação "transnacional" entre estudiosos do direito, de dinamizar o intercâmbio internacional de temas jurídicos, diluindo os prejuízos da nacionalidade e contribuindo para enriquecer o entendimento entre os juristas dos diversos países (Zweigert e Kötz, 2002:17).

Do ponto de vista operacional, o direito comparado atua nos planos micro e macrocomparativo. No plano microcomparativo, a análise volta-se para a comparação de institutos jurídicos e problemas jurídicos específicos, ou seja, efetiva-se a comparação dos princípios a que se recorre em cada sistema jurídico para resolver situações concretas, tais como critérios de responsabilização civil, critérios de definição e proteção dos direitos de propriedade, modalidades de contratação e formas de organização da atividade empresarial. No plano macrocomparativo a análise volta-se para a comparação do estilo e espírito dos diferentes sistemas jurídicos, destacando o papel desempenhado pelos agentes jurídicos e os procedimentos utilizados, por exemplo, diferentes técnicas legislativas, diferentes estilos de codificação, métodos de interpretação, a função atribuída aos precedentes judiciais e à doutrina, o papel desempenhado pelos juízes, advogados, legisladores e demais operadores do direito (Zweigert e Kötz, 2002:5-6).

Além do que, o direito comparado realiza análise comparativa estática e análise comparativa dinâmica. A análise comparativa estática objetiva verificar identidade e diferença entre os sistemas jurídicos em dado período, considerando os diversos formantes (legal, doutrinário, jurisprudencial...) e suas combinações. A análise comparativa dinâmica objetiva identificar convergência e divergência, considerando a mútua interação entre sistemas jurídicos no curso da história, centrando o foco no processo de mudança, em especial no transplante de institutos jurídicos e na integração e harmonização dos sistemas normativos (Sacco, 2001:69-91; Mattei, 1998:27, 102-105).

Assim, enquanto método de comparação de diferentes sistemas jurídicos, o direito comparado pode ser definido, de acordo com Vera Fradera, como:

> O conjunto de diligências e de processos, encadeados de forma racional, destinados a conduzir o jurista a constatar e a perceber, mediante um processo ordenado, metódico e progressivo de confrontação e de comparação entre os sistemas jurídicos, as semelhanças e as diferenças, neles existentes, assim como as suas causas, [isto é,] a comparação consistiria precipuamente em extrair as relações existentes entre as estruturas e as funções dos termos a serem comparados, pertencentes a ordens jurídicas diferentes [Fradera, 2001:5].

Princípio básico do direito comparado, enunciado por Konrad Zweigert e Hein Kötz, é que "os distintos sistemas jurídicos prescrevem soluções idênticas ou muito semelhantes aos mesmos problemas de vida, apesar das significativas diferenças na história, estrutura conceitual e estilo de operação" dos diversos sistemas jurídicos (Zweigert e Kötz, 2002:44). Nesse sentido, emblemático é o exemplo proporcionado pela responsabilidade civil (*tort law*), temática que se passa a considerar, atribuindo-se ênfase ao consistente estudo comparativo desenvolvido pelo European Centre of Tort and Insurance Law (Ectil).

Responsabilidade civil

Compreendendo o conjunto de normas jurídicas que determinam quando a pessoa que causa dano a outrem deve pagar a indenização correspondente, o direito à reparação de danos tem origem no instituto romano da *lex aquilia*, sendo que ao longo do tempo diferentes institutos jurídicos foram desenvolvidos no âmbito da *common law* e *civil law*. No âmbito da *civil law*, integrada à categoria jurídica mais ampla — o direito das obrigações — a responsabilização por danos articula-se em torno do conceito de responsabilidade civil, contemplando cláusula geral aplicável às diversas modalidades de inadimplemento de obrigações resultantes de condutas lesivas a outrem, na tradição francesa (art. 1.382 do Código Civil francês e congênere no Código Civil brasileiro de 2002, art. 927 combinado com art. 186) e listando os três tipos de responsabilidade, na tradição germânica (§823, 1 e 2, e §826 do Código Civil alemão). No âmbito da *common law*, a responsabilização por danos constitui categoria jurídica própria denominada *tort law*, direito dos ilícitos culposos ou ilícitos civis, categoria que compreende vasta gama de atos ilícitos que causam danos a outrem, sendo a regulação efetivada através de institutos jurídicos como *trespass on land, misrepresentation, defamation, nuisance e malicious prosecution* (Battesini, 2011:26).

Tradicionalmente, a teoria jurídica da responsabilidade civil é edificada em torno de duas categorias analíticas básicas: duas modalidades de responsabilidade quanto ao fundamento — responsabilidade subjetiva e responsabilidade objetiva — e três elementos ou pressupostos de responsabilização: a ação juridicamente qualificada (nexo de imputação), o dano infringido ao credor e a relação de causalidade entre a ação e o dano ao credor (nexo de causalidade). Na regra de responsabilidade subjetiva, o devedor responde por ato ilícito, constituindo-se a obrigação em razão da sua culpa pelo evento danoso, fazendo-se necessária a convergência dos três elementos: a conduta culposa, o dano e a relação de causalidade. Na regra de responsabilidade objetiva, a responsabilidade é constituída a despeito da culpa do devedor, constituindo-se a obrigação em virtude da ocorrência de um fato jurídico descrito no sistema normativo como ensejador da responsabilidade, fazendo-se necessária a presença de dois dos três elementos: o dano e a relação de causalidade (Pereira, 1998:35; Noronha, 2007:469).

Não obstante as diferenças estruturais, Konrad Zweigert e Hein Kötz destacam que, na tarefa de selecionar, entre a amplíssima gama de ocasiões cotidianas nas quais ocorrem danos, quais permitem a transferência do dano da vítima para o acusado, os sistemas jurídicos coincidem na adoção do princípio segundo o qual a responsabilidade do acusado depende, antes de tudo, de que não se tenham observado os cuidados razoáveis requeridos pela interação social ou de que não se tenha conduzido de maneira diferente de como teria feito um "homem racional", ou um *homme avisé* na mesma situação. Assim, respeitadas as diferenças estruturais dos sistemas da *common law* e *civil law*, vislumbra-se a existência de forte convergência no que tange ao direito de reparação de danos, com o *tort law* e o direito da responsabilidade civil operando de forma análoga em uma base material comum (Zweigert e Kötz, 2002:633-669).

Indo além, verifica-se que consistente estudo de direito comparado tem sido capitaneado pelo European Centre of Tort and Insurance Law, fundado em Viena, em 1999, e que possui duplo propósito: por um lado, criar uma base institucional segura para a elaboração de princípios de direito europeu de responsabilidade civil e, por outro lado, realizar projetos de pesquisa no campo da responsabilidade civil e do direito securitário. Conforme previsto em seus estatutos, o European Centre of Tort and Insurance Law (Ectil) tem por objetivos:

- realizar análise comparativa dos sistemas de responsabilidade civil e securitário de países da Comunidade Europeia e de países extracomunitários;
- realizar estudos voltados para a harmonização e unificação do direito Europeu de responsabilidade civil; e
- promover a cooperação entre estudiosos e instituições de pesquisa da responsabilidade civil e de seguros, desenvolvendo projetos conjuntos de pesquisa [Ectil, s.d., trad. minha].[1]

Os estudos comparativos do Ectil são conduzidos por um grupo de destacados doutrinadores, o European Group on Tort Law, que se reúnem regularmente para debater os problemas fundamentais, a evolução recente e as perspectivas futuras do direito da responsabilidade civil. O European Group on Tort Law é composto por especialistas provenientes de países da União Europeia, entre os

---

[1] *Statutes*. Disponível em: <www.ectil.org>. Acesso em: 2 set. 2012.

quais Itália, Bélgica, Suécia, Holanda, Grécia, Áustria, Alemanha, França, Espanha, Portugal, Suíça e Inglaterra, além de contar com a participação de juristas norte-americanos, australianos, canadenses, brasileiros, japoneses, israelenses e sul-africanos (European Group on Tort Law, 2001:Introdução).

O mais ambicioso projeto desenvolvido pelo Ectil é a elaboração do "Draft of Principles of European Tort Law" (European Group on Tort Law, 2005). O objetivo dessa ampla pesquisa comparativa é criar a fundação para discutir uma futura harmonização do direito da responsabilidade civil na União Europeia, sobretudo no que diz respeito a uma possível codificação do direito privado europeu. Além disso, os "princípios" constituem um estímulo para os acadêmicos e profissionais, podendo servir como um guia para os sistemas jurídicos nacionais, levando a harmonização jurídica gradual.[2]

O European Group on Tort Law passou mais de uma década realizando estudos comparativos preparatórios para a elaboração dos "Princípios de Direito Europeu de Responsabilidade Civil". Durante esse tempo, os elementos-chave da responsabilidade civil foram analisados separadamente e publicados na série Unification of Tort Law, publicada pela Kluwer Law International:

- v. 1: *J. Spier* (Ed.). *The limits of liability*: keeping the floodgates shut (1996);
- v. 2: *J. Spier* (Ed.). *The limits of expanding liability*: eight fundamental cases in a comparative perspective (1998);
- v. 3: *H. Koziol* (Ed.). *Unification of tort law*: wrongfulness (1998);
- v. 4: *J. Spier* (Ed.). *Unification of tort law*: causation (2000);
- v. 5: *U. Magnus* (Ed.). *Unification of tort law*: damages (2001);
- v. 6: *B. A. Koch; H. Koziol* (Ed.). *Unification of tort law*: strict liability (2002);
- v. 7: *J. Spier* (Ed.). *Unification of tort law*: liability for damage caused by others (2003);
- v. 8: *U. Magnus; M. Martín-Casals* (Ed.). *Unification of tort law*: contributory negligence (2004);
- v. 9: *W. V. H. Rogers* (Ed.). *Unification of tort law*: multiple tortfeasors (2004); e
- v. 10: *P. Widmer* (Ed.). *Unification of tort law*: fault (2005).[3]

---

[2] Ver *Publications*. Disponível em: <www.ectil.org>. Acesso em: 12 set. 2012.
[3] Ibid.

O trabalho do European Centre of Tort and Insurance Law não é, entretanto, voltado unicamente para a elaboração dos "Princípios de Direito Europeu de Responsabilidade Civil". Além disso, realiza outros estudos comparativos de pesquisa jurídica, cujos resultados são publicados nas séries "Tort and Insurance Law", publicados pela Springer (Viena/Nova York), até o final de 2009, e pela de Gruyter (Berlim/Boston), desde 2010. Publica, igualmente, o *Journal of European Tort Law* (JETL), revista dedicada à divulgação de artigos de direito comparado, mas que admite, também, estudos de responsabilidade civil em sistemas jurídicos específicos, além de abordagens como a análise econômica do direito. Adicionalmente, o European Centre of Tort and Insurance Law, desde 2001, é coeditor do *Tort and insurance law yearbook*, em conjunto com o Institute for European Tort Law, publicação anual que sumariza os mais importantes desenvolvimentos no campo da responsabilidade civil na Europa, apresentados na Annual Conference on European Tort Law, evento regularmente realizado em Viena.[4]

Conclusão

O exemplo proporcionado pelo European Centre of Tort and Insurance Law, ao promover a realização de análise comparativa de sistemas de responsabilidade civil com o objetivo de estabelecer uma base institucional segura para a harmonização e unificação do direito europeu de responsabilidade civil, bem evidencia a importância do direito comparado para o progresso da ciência jurídica. A cooperação entre pesquisadores e instituições de pesquisa de diversos países, realizada mediante a utilização do instrumental analítico disponibilizado pelo direito comparado, contribui para a resolução de um dos principais problemas da ciência jurídica: a dificuldade de comunicação "transnacional" entre os estudiosos do direito. Conclui-se, pois, que a atribuição de Prêmio Nobel à ciência jurídica, aventada por Thomas Ulen no artigo

---

[4] Ver *Conferences* e *Publications*. Disponível em: <www.ectil.org>. Acesso em: 9 jul. 2012.

"A Nobel Prize in Legal Science: theory, empirical work, and scientific method in the study of law", revela-se oportuna, eis que o estudo do direito está gradualmente se tornando mais científico, não apenas com a com a crescente utilização de métodos empíricos e experimentais, mas também com a consistente utilização de métodos comparativos.

Referências

BATTESINI, Eugênio. *Direito e economia*: novos horizontes no estudo da responsabilidade civil no Brasil. São Paulo: LTr, 2011.

DAVID, Renè. *Os grandes sistemas jurídicos contemporâneos*. Trad. Hermínio A. Carvalho. 3. ed. São Paulo: Martins Fontes, 1998.

EUROPEAN CENTRE OF TORT AND INSURANCE LAW. Sítio eletrônico, Viena, [s.d.]. Disponível em: <www.ectil.org>. Acesso em: 12 set. 2012.

EUROPEAN GROUP ON TORT LAW. *Principles of European tort law*: text and commentary. Viena/Nova York: Ectil, 2005.

_____. *Principes du droit europeen de la responsabilite civile*. Paris: Société de Législation Comparée, 2011.

FRADERA, Véra Maria Jacob de. Apresentação. In: SACCO, Rodolfo. *Introdução ao direito comparado*. Trad. Véra Maria Jacob de Fradera. São Paulo: Revista dos Tribunais, 2001.

KOCH, Bernhard A.; KOZIOL, Helmut (Ed.). *Unification of tort law*: strict liability. The Hague: Kluwer Law International, 2002. (European Centre of Tort Law and Insurance Law. Principles of European tort law, v. 6.)

MAGNUS, Ulrich; MARTIN-CASALS, Miquel (Ed.). *Unification of tort law*: contributory negligence. The Hague: Kluwer Law International, 2004. (European Centre of Tort Law and Insurance Law. Principles of European tort law, v. 8.)

MATTEI, Ugo. *Comparative law and economics*. Ann Arbor: The University of Michigan Press, 1998.

NORONHA, Fernando. *Direito das obrigações*. 2. ed. São Paulo: Saraiva, 2007. v. 1.

PEREIRA, Caio Mário da Silva. *Responsabilidade civil*. 8. ed. Rio de Janeiro: Forense, 1998.

SACCO, Rodolfo. *Introdução ao direito comparado*. Trad. Véra Maria Jacob de Fradera. São Paulo: Revista dos Tribunais, 2001.

SPIER, Jaap. (Ed.). *Unification of tort law*: causation. Cambridge: Kluwer Law International, 2000. (European Centre of Tort Law and Insurance Law. Principles of European tort law, v. 4.)

ULEN, Thomas S. *A Nobel Prize in Legal Science*: theory, empirical work, and the scientific method in the study of law. Champaign, IL: University of Illinois College of Law, 2002. (Illinois Law and Economics Working Papers Series. Working Paper n. LE03-008.) Disponível em: <http://papers.ssrn.com/sol3/papers.cfm?abstract_id=419823>. Acesso em: 15 set. 2012.

WIDMER, Pierre (Ed.). *Unification of tort law*: fault. The Hague: Kluwer Law International, 2005. (European Centre of Tort Law and Insurance Law. Principles of European tort law, v. 10, p. 331-377.)

ZWEIGERT, Konrad; KÖTZ, Hein. *Introducción al derecho comparado*. Trad. Arturo A. Vázquez. México, DF: Oxford University Press, 2002.

PARTE IV

Aplicação do método empírico ao estudo do direito

12. Regulação responsiva e efeito solapador das sanções*

LEANDRO MARTINS ZANITELLI

No que se refere à regulação, a literatura jurídica brasileira ocupa-se, mais comumente, com questões sobre o conteúdo das normas reguladoras. O discurso acerca desse conteúdo pode fazer-se tanto *de lege lata*, ou seja, à base das disposições constitucionais e legais atuais (quando se trata, então, eminentemente, de um discurso sobre a interpretação dessas disposições) como *de lege ferenda*, consistindo, nesse caso, em propostas para a reforma da legislação em vigor.

Tão importante quanto o debate sobre o conteúdo da regulação pode ser, contudo, o que diz respeito aos meios ou à maneira de regular. Como fazer, por exemplo, para que normas sobre a preservação do meio ambiente ou de combate à discriminação em locais de trabalho sejam seguidas? A solução é cuidar para que essas normas sejam acompanhadas de sanções e para que essas sanções se apliquem, tanto quanto possível, sempre que ocorram violações? Ou deve-se, ao contrário, preferir estratégias de persuasão por força das quais as normas regulativas terminem sendo "in-

---

* O autor agradece ao UniRitter e à Fundação de Amparo à Pesquisa do Estado do Rio Grande do Sul (Fapergs) o apoio financeiro.

ternalizadas" e, em consequência, seguidas independentemente da ameaça de punição?[1]

Não obstante a indiferença com que tem sido tratada, com raras exceções,[2] pela pesquisa jurídica brasileira, a questão dos meios da regulação não é nova. Há cerca de duas décadas, quando, ainda sob o impacto dos governos de Reagan e Thatcher, uma batalha era travada entre os defensores do "encolhimento" do direito regulatório e os que insistiam em alertar para as consequências funestas da dissolução do Estado de bem-estar, um trabalho de Ayres e Braithwaite (1992) procurava certa equidistância entre as duas partes ao sugerir que, em vez da questão do quanto regular (o "se" da regulação), isto é, da medida da interferência estatal, era preciso também dispensar atenção à maneira como essa interferência havia de ter lugar (o "como" da regulação). Os autores argumentaram, então, em favor de uma regulação responsiva (*responsive regulation*) ou "tanto por tanto" (*tit for tat*) caracterizada por uma variação das táticas de intervenção em consonância com o comportamento dos atores regulados.

Os meios da regulação também têm vindo ao primeiro plano, na última década, em um debate que tem em vista violações a direitos humanos perpetradas por agentes não estatais, em particular companhias multinacionais. Representada pelo projeto do Pacto Global das Nações Unidas, há aí, de um lado, a posição de quem acredite em meios persuasivos para a difusão de boas práticas empresariais (Ruggie, 2001), enquanto, de outro, encontram-se os que denunciam a ineficácia desses meios e salientam, por conseguinte, a necessidade de medidas coercivas que assegurem o respeito aos direitos humanos pelas corporações (Deva, 2006; Oshionebo, 2007).

---

[1] Um leitor rigoroso poderia observar que a sanção é parte da norma e que, portanto, o debate sobre a indispensabilidade da sanção não deixa de ser um debate sobre o conteúdo da regulação. Para maior clareza, acrescente-se então que o texto se refere às questões de conteúdo como questões restritas aos deveres primariamente impostos pelas normas reguladoras e já não, portanto, aos deveres (secundários) que surjam como decorrência da violação dos primeiros.

[2] Entre os poucos trabalhos dedicados aos meios (em contraposição ao conteúdo) da regulação no Brasil estão aqueles inspirados pela teoria dos sistemas de Niklas Luhman e pela teoria do direito autopoiético ou reflexivo de Gunther Teubner. Ver, para uma ideia sobre o estado atual dessa literatura, os ensaios reunidos em Schwartz (2012). Uma das dificuldades para o progresso da pesquisa sobre meios de regulação vem da falta de trabalho teórico sobre o modo como as normas jurídicas influenciam o comportamento dos atores. Sobre essa falta e a tendência a que ela seja paulatinamente suprida, ver Ulen (2002).

Tendo em vista os meios, ou o "como", da regulação, o presente capítulo propõe-se a examinar a teoria da regulação responsiva defendida por John Braithwaite no livro escrito com Ian Ayres e em outros trabalhos (Braithwaite, 2006, 2008) à luz de estudos que têm sido realizados acerca do efeito solapador (*undermining* ou *crowding out*) das sanções. Como efeito solapador entende-se, aqui, o de reduzir ou eliminar uma disposição "natural" (no sentido de não motivada pela ameaça de punição) dos agentes de se comportar do modo prescrito pelas normas jurídicas.

Embora a regulação responsiva caracterize-se pela moderação no uso das sanções, não se tem notícia de alguma tentativa de definir as possíveis implicações, para essa estratégia de regulação, do efeito solapador das sanções. Este texto se esforça para aproximar as mencionadas linhas de pesquisa e, em consequência, suprir essa lacuna.

As seções seguintes são assim organizadas. Em "Regulação responsável" faz-se uma breve apresentação da teoria da regulação responsiva, com ênfase para o papel exercido por sanções ou outras medidas coercivas nos sistemas de regulação descritos por essa teoria. A seção seguinte ("O efeito solapador das sanções") expõe a ideia do efeito solapador, distinguindo, a respeito dele, quatro hipóteses: a do efeito solapador como efeito de redução da motivação intrínseca; como efeito de configuração; como efeito de uma preferência pela igualdade; e como efeito de uma preferência pela reciprocidade. Em "Convergências e divergências" avalia-se, então, a teoria da regulação responsiva à base das evidências quanto ao efeito solapador. Nela se conclui, em suma, que os esquemas de regulação responsiva são provavelmente um antídoto ao efeito solapador verificado em razão de uma preferência pela reciprocidade, não havendo, em contrapartida, nada que dê a mesma robustez à hipótese de que a regulação responsiva sirva para a prevenção das demais causas do aludido efeito. Elaboram-se, ainda, algumas hipóteses a serem testadas a fim de estimar o efeito solapador que as sanções, não obstante o papel secundário que lhes é atribuído, são capazes de surtir em sistemas de regulação responsiva. Encerra-se o trabalho com uma reprodução das suas principais conclusões e sugestões para a pesquisa futura.

Regulação responsiva

Esta parte do texto apresenta a ideia de regulação responsiva (*responsive regulation*) tal como encontrada em trabalhos de John Braithwaite (Ayres e Braithwaite, 1992; Braithwaite, 2006, 2008). Depois de uma exposição das principais características dessa estratégia regulatória e de sua justificativa, especial atenção é dedicada à posição que nela ocupam as normas sancionadoras.

A regulação responsiva distingue-se, em primeiro lugar, pela sensibilidade às particulares circunstâncias e ao comportamento dos atores regulados (Ayres e Braithwaite, 1992:3). Sua ideia central é que a diversidade dessas circunstâncias e comportamentos demandam da autoridade reguladora diferentes respostas, umas mais e outras menos intrusivas. A fim de esclarecer sua proposta, Ayres e Braithwaite (1992:35-36) valem-se da figura de uma pirâmide regulatória que se compõe, na base, de medidas não sancionadoras destinadas a persuadir e que, então, progride em direção ao cume com outras medidas crescentemente mais severas, as quais podem ir assim desde uma carta de advertência até a sanção penal e, para o caso de firmas, a suspensão ou revogação da licença para atuar. Esse não é, frise-se, um conjunto de medidas a empregar necessariamente (em outras palavras, o conteúdo da pirâmide pode variar de caso para caso), mas, sim, a representação da ideia de que o arsenal regulatório deve ser constituído por estratégias variadas de intervenção, algumas das quais não sancionadoras. Além disso, a regulação responsiva define-se pela preferência por formas mais brandas de atuação (Ayres e Braithwaite, 1992:35-36), devendo-se, de maneira geral, lançar mão de penas gradualmente mais severas apenas quando as medidas encontradas na base da pirâmide se revelarem ineficazes.

Compondo-se, como dito, de formas variadas de intervenção, a regulação responsiva apresenta-se como solução para as falhas de estratégias simples baseadas exclusivamente na persuasão ou na aplicação de sanções. Em relação às primeiras, a alegada ineficácia deve-se ao comportamento "calculado", isto é, maximizador de uma utilidade egoísta, de alguns regulados. Para indivíduos ou firmas que se conduzam desse modo, meras medidas persuasivas, desacompanhadas da ameaça de sanção, resultarão inócuas (Ayres e Braithwaite, 1992:25), correndo ainda o risco de desmotivar, pelo sentimento de injustiça que provocam, agentes que estariam, sob outras condições, inclinados a cooperar (Ayres e Braithwaite, 1992:26). Por outro lado, uma atividade regulatória que consista apenas em medidas sancionadoras desconsidera o fato de que nem todos os agentes regulados, incluindo-se aí as corporações, comportamse à maneira calculada e egoísta do *homo economicus* e são capazes de reagir, portanto, apenas à ameaça de sanção. Quando essa suposição comportamental estreita não se confirma, seja pelo cuidado de um indivíduo ou firma com sua reputação, seja pela simples suscetibilidade dos agentes a serem persuadidos e a conformarem-se, assim, espontaneamente aos objetivos da regulação, uma estratégia puramente punitiva peca por lançar mão de um remédio mais custoso (a punição) quando outro (a persuasão) se mostra, ao menos, igualmente eficaz (Ayres e Braithwaite, 1992:26). Além disso, uma estratégia puramente punitiva é indesejável porque solapa a disposição de parte dos agentes regulados a obedecer espontaneamente. A ideia, nesse último caso, é que, empregada como primeira resposta, a punição pode ser encarada como injusta e provocar a má vontade dos regulados, os quais ficariam, então, mais propensos a desobedecer sempre que possível (Ayres e Braithwaite, 1992:25). Em um trabalho recente, Braithwaite (2008:94, trad. minha) pondera:

> Quando, ainda que com ameaças latentes, a punição é posta na linha de frente, pensar no outro se torna difícil, já que o ofensor é instado a deliberar com atenção a si mesmo para proteger-se, assim, da punição. Essa não é a maneira de engendrar empatia em relação à vítima, internalização dos valores do direito e da justiça restaurativa e a sequência de remorso, desculpa e perdão capaz de transformar vidas de um modo permanente.[3]

---

[3] No original: *"Where punishment is thrust in the foreground even by implied threats, other-regarding deliberation is made difficult because the offender is invited to deliberate in a self-regarding way — out of concern to protect the self from punishment. This is not the way to engender empathy with the victim, internalization of the values of the law and the values of restorative justice, the sequence of remorse, apology and forgiveness that can transform lives in permanent ways".*

A combinação de sanções e medidas persuasivas característica de sistemas de regulação responsiva se considera a mais adequada, portanto, para lidar com grupos de sujeitos heterogêneos, mostrando-se, por um lado, suficientemente respeitosa para assegurar a cooperação dos que a tanto estejam propensos e contando, por outro, com os meios de dissuasão apropriados àqueles cujo comportamento mais se assemelhe ao do "ator racional" maximizador de utilidade.[4] O valor desse duplo componente e, em particular, do potencial sancionador da regulação responsiva está em fazer com que, por uma razão ou outra, a aplicação de sanções ocorra excepcionalmente (Ayres e Braithwaite, 1992:39; Braithwaite, 2008:93-94). Enquanto em alguns casos a natureza benigna da regulação responsiva já bastará para que a cooperação se verifique, em outros o emprego sequencial de penalidades mais severas será evitado pela "sombra" mesma dessas penalidades, isto é, pela ameaça da sua aplicação. Pode-se compreender aí porque a figura piramidal é a escolhida para representação do método de regulação idealizado, uma pirâmide cuja base, mais larga, é constituída pelas medidas persuasivas aptas a solucionar a maior parte dos casos.

Ainda que como "sombra", a importância das partes mais altas da pirâmide justifica uma atenção especial para os casos em que essas partes, correspondentes às medidas repressoras, não estejam disponíveis. Tratando de aplicar a teoria da regulação responsiva a países menos desenvolvidos, Braithwaite sugere que, em face da debilidade estatal, a progressão característica desse método de regulação pode se dar não com medidas legais de severidade crescente, mas com a expansão de redes de controle constituídas por agentes não estatais (em particular, ONGs). A ideia, em outras palavras, é que as regiões mais altas da pirâmide possam ser ocupadas por formas não estatais ou mistas (estatais e não estatais) de controle, o que corresponderia, para algumas nações subdesen-

---

[4] Mais do que na diversidade de agentes, Ian Ayres e John Braithwaite insistem na diversidade de motivações como razão para uma estratégia de regulação complexa (isto é, composta de medidas de diferente natureza) como a da regulação responsiva (Ayres e Braithwaite, 1992:33-34). Essa diversidade vale também para firmas, nas quais a alternância de motivos pró-sociais e egoístas se verifica tanto para os participantes da organização (por exemplo, administradores) isoladamente considerados como entre seus departamentos. Assim, como exemplificam os autores (Ayres e Braithwaite, 1992:34), ainda que os diretores de uma companhia farmacêutica estejam predominantemente inclinados à maximização do lucro, esse pode não ser o objetivo precípuo dos cientistas empregados no departamento de pesquisa.

volvidas, a "saltar" a etapa da regulação eminentemente estatal e passar imediatamente de um estágio pré-regulatório à era da "governança em rede" (*networked governance*) (Braithwaite, 2006:890). Embora, nesse caso, o efeito dissuasório esperado não decorra da ameaça de sanção, mas sim a condenação moral (o *naming and shaming*) ou de outros meios que o desenvolvimento da referida rede faculta, a expectativa de que esses meios de dissuasão apenas excepcionalmente tenham de ser trazidos à luz do dia se mantém. Argumenta-se, assim, por exemplo (Braithwaite, 2006:893), que a perspectiva de uma greve de trabalhadores cumulada com a recriminação pública local e global (no último caso, graças ao trabalho coordenado de ONGs, Estados e agentes transnacionais) pode fazer com que corporações capazes de violar direitos de trabalhadores previnam e, quando for o caso, apressem-se a remediar tais violações espontaneamente.[5]

O efeito solapador das sanções

Esta seção é dedicada à revisão de trabalhos recentes sobre o efeito solapador (*undermining* ou *crowding out effect*) das sanções, entendendo-se como tal o efeito contrário ao cumprimento de uma norma sancionadora, isto é, o fato, paradoxal, de a cominação da sanção dificultar a obediência à norma que essa sanção acompanha. Trata-se de aludir, pois, em outras palavras, a uma disposição "natural" (no sentido de independente da sanção) a um comportamento que a norma sancionadora solapa, enfraquecendo ou dando-lhe fim.

---

[5] A teoria da regulação responsiva tem despertado interesse, é verdade que ainda bastante restrito, no Brasil. Em pesquisa sobre delegacias do trabalho, Pires (2009) encontrou apoio para a teoria de Braithwaite ao constatar que as formas de intervenção mais bem-sucedidas são geralmente as que combinam dois diferentes "estilos de implementação", isto é, aquelas em que os encarregados da fiscalização aliam medidas repressivas a outras mais brandas, instruindo e auxiliando os empresários a cumprir a legislação trabalhista. Em outro estudo, dedicado à atuação do Ministério Público, Coslovsky (2011) compara dois modos de atuação caracterizados, um pela aplicação implacável da lei, e outro pela maior atenção às particularidades de cada caso e por uma intervenção mais inventiva, ajustada a essas particularidades (que, em lugar de responsiva, o autor prefere denominar regulação "relacional"). Finalmente, é de se registrar o significativo interesse pela ideia de "justiça restaurativa" (Braithwaite, 2002, 2008:163-169), a qual corresponde, no quadro geral da regulação responsiva, às medidas educativas da base da pirâmide. No caso da justiça restaurativa, em particular, a aplicação da pena dá lugar a uma aproximação entre agente e vítima e à busca dialogada dos meios para remediar o mal causado. Ver, sobre a recepção da teoria da justiça restaurativa no Brasil, a coletânea de artigos publicada pelo Ministério da Justiça (Slakmon et al., 2005).

O efeito solapador concebe-se como efeito possivelmente simultâneo a outro, oposto e, portanto, favorável ao cumprimento, o qual, para simplificar, designar-se-á como efeito dissuasório.[6] Quando se verificam ao mesmo tempo, esses efeitos podem, ora um, ora outro, mostrar-se imperceptíveis, podendo constatar-se um aumento do cumprimento não obstante o efeito solapador ou, ao contrário, uma redução não obstante o efeito dissuasório. Para deixar mais claro, considere-se então que a realização de uma conduta c por determinado agente seja uma função (f) de duas variáveis: a disposição "natural" (independente da sanção) de atuar da maneira em questão (d) e uma norma sancionadora pela qual se prescreva esse comportamento (n), de modo que $c = f(n + d)$. Admitir o efeito solapador significa, em síntese, admitir a dependência da primeira variável em relação à segunda, de tal modo que uma alteração em n (mediante, por exemplo, a criação de uma norma sancionadora ou a elevação da sanção cominada) seja capaz de influir negativamente sobre d. Como o comportamento é uma função das duas variáveis, essa influência negativa (o efeito solapador) pode não se traduzir em menos obediência, mas, tão somente, em uma obediência menos provável do que aquela que se teria caso as duas variáveis fossem independentes.

O efeito solapador é importante, portanto, não porque resulte, necessariamente, em maior desacato, mas porque ao menos modera o efeito favorável à realização de certa conduta. Sua importância fica também evidente quando se adicionam, à hipótese geral do efeito solapador, as da persistência e do contágio. De acordo com a primeira, o efeito solapador oriundo de uma norma sancionadora permanece depois que essa norma é revogada. Isso significa, tendo em vista o modelo proposto no parágrafo anterior, que a redução causada em d por uma variação de $n(1)$ a $n(2)$ (por exemplo, pela promulgação de uma norma sancionadora) é capaz de persistir ainda que com um posterior retorno a $n1$.[7] A hipótese do contágio, por sua vez, é a de que a redução em d

---

[6] Trata-se de uma simplificação porque a obediência à norma não necessariamente é conseguida mediante a dissuasão (*deterrence*), isto é, como resposta, de agentes racionais e egoístas, à elevação do custo de uma atividade determinada pela norma sancionadora (Becker, 1968). No sentido amplo do texto, o efeito dissuasório também corresponde ao atendimento à norma decorrente de outros fatores, tais como a própria persuasão (ou "internalização").

[7] Aparente confirmação para a hipótese da persistência provém de um experimento de Gneezy e Rustichini (2000) com creches da cidade israelense de Haifa. Nesse experimento, pais que se

provocada por uma norma sancionadora estenda-se para outros comportamentos além daquele que essa norma prescreva (Mulder et al., 2006:161). Por exemplo, uma norma que sancione o não recolhimento dos dejetos de animais de estimação pelos seus donos poderia reduzir, entre essas mesmas pessoas, a disposição "natural" para a separação do lixo reciclável. Admitindo-se que uma variação em n só influencie positivamente a realização da conduta a que se refere a norma sancionadora, esse efeito contagiante redundaria, quase que fatalmente, em uma diminuição da frequência de outros comportamentos socialmente desejáveis.[8]

Diversas explicações têm sido apresentadas para o efeito solapador. Propõe-se, aqui, classificá-las da seguinte maneira: (a) a do efeito solapador como redução da motivação intrínseca; (b) a do efeito solapador como efeito de configuração (*framing effect*); (c) a do efeito solapador como efeito de uma preferência pela igualdade; e (d) a do efeito solapador como efeito de uma preferência pela reciprocidade.

O efeito solapador pode ser explicado, em primeiro lugar, como redução da motivação intrínseca para o desempenho de certa atividade. Essa explicação baseia-se em trabalhos de psicologia, iniciados com Deci (1971), nos quais se distinguem duas espécies de motivação: a intrínseca, das condutas às quais o agente atribui um valor em si, e a extrínseca, que se atrela não ao comportamento em si mas a algo que dele resulta. Um professor universitário pode estar intrinsecamente motivado, por exemplo, a participar de um jogo de futebol (isto é, joga pelo divertimento que o jogo lhe proporciona), mas apenas extrinsecamente motivado a corrigir provas (isto é, corrige-as apenas pelo salário que lhe é pago). Embora nada impeça, *a priori*, um agente de estar

---

atrasavam para buscar seus filhos começaram a ser submetidos ao pagamento de uma multa, em consequência do que os atrasos, ao invés de diminuírem, tornaram-se mais frequentes. Depois de algumas semanas, as multas foram suspensas, mas o volume de atrasos manteve-se inalterado e superior, portanto, ao que se verificava no início.

[8] Mesmo desconsideradas as hipóteses da persistência e do contágio, o efeito solapador é particularmente importante nos casos em que, apesar de prevista a sanção, haja dificuldade (por exemplo, pela escassez de recursos à disposição da autoridade reguladora) para sua aplicação. Ao menos para atores racionais e egoístas, o efeito dissuasório de uma norma é uma função da severidade da sanção combinada à probabilidade de sua aplicação. Assim, se o efeito dissuasório for, pela contumaz inaplicação da sanção, tímido, a ocorrência do efeito solapador pode bem levar a um nível de observância inferior ao que tinha lugar antes de a sanção ser cominada.

ao mesmo tempo intrínseca e extrinsecamente motivado a realizar certa atividade (isto é, motivado para realizá-la pelo valor que tem para si e também pelo resultado que espera obter), a hipótese estudada por Deci e outros autores é que determinadas formas de motivação extrínseca tenham o efeito de minar a motivação intrínseca.

A maneira como motivações intrínsecas e extrínsecas se relacionam depende de duas necessidades dos agentes: a de autodeterminação e a de competência, esta última entendida como capacidade (Deci e Ryan, 1985). Afirma-se que a motivação intrínseca para a realização de certas atividades deve-se a essas duas necessidades, isto é, que as atividades para as quais há motivação intrínseca são aquelas por meio das quais os agentes percebam-se livres e capazes. O que se cogita, então, é que a relação entre motivação intrínseca e extrínseca seja determinada pelo modo como o estímulo externo (isto é, o prêmio ou castigo extrinsecamente motivante) é percebido. Assim, se o estímulo passar a ser encarado como causa do comportamento, esse mesmo comportamento, agora externamente controlado, deixa de atender à necessidade de autodeterminação, verificando-se, em decorrência, um esmorecimento da motivação intrínseca. Em contrapartida, se o apoio externo é visto primariamente não como controlador da conduta, mas como ato de reconhecimento da competência do agente, vê-se reforçada a percepção de competência e, em consequência, a motivação intrínseca à realização da atividade.

A relação entre motivação intrínseca e necessidade de autodeterminação não apenas serve para explicar o efeito solapador das sanções, como embasa, ainda, a hipótese adicional da persistência desse efeito. Partindo-se da ideia de que um estímulo externo seja capaz de provocar uma alteração do *"locus de causalidade percebido"* do comportamento (Deci e Ryan, 1985:57-58), isto é, do que o agente entenda como causa do comportamento, a persistência do efeito solapador se verificaria à medida que, em razão do estímulo de origem externa (e mesmo depois da retirada desse estímulo), esse *locus* se mantivesse também externo, ou, em outras palavras, à medida que o agente continuasse a tratar a conduta em questão como conduta cuja causa lhe é alheia. Não parece haver, por outro lado, nenhuma relação entre a explicação do efeito solapador como efeito redutor da motivação intrínseca e a hipótese do contágio, já que, ao menos à primeira vista, o incentivo somente teria o condão de dar origem à percepção de controle (e, por conseguinte, enfraquecer a motivação intrínseca baseada na necessidade de autodeterminação) para a conduta à qual se refere.

Evidências sobre o efeito perverso de incentivos externos sobre a motivação intrínseca têm-se acumulado desde o trabalho pioneiro de Deci (1971), tal como demonstra um levantamento feito há alguns anos (Deci, Koestner e Ryan, 1999). Essas evidências, conseguidas por meio de experimentos, levam a atribuir a incentivos externos, como recompensas em dinheiro, uma diminuição da motivação intrínseca. Em contrapartida, atos de *feedback* positivo, como palavras de aplauso e encorajamento, parecem ter, em geral, um efeito motivador, o que se explicaria pela influência desses atos sobre a percepção de competência.

É importante, porém, salientar que a pesquisa aqui aludida não se refere particularmente ao cumprimento da lei, já que os experimentos mais comuns são com crianças ou jovens convidados a participar de atividades que podem lhes despertar um interesse intrínseco, como jogos. Além disso, o incentivo externo mais comumente usado é a recompensa, não o castigo.[9] Finalmente, é de se observar que mesmo a ideia fundamental da motivação intrínseca e do efeito negativo dos incentivos externos sobre ela é motivo de controvérsia.[10]

Outra explicação para o efeito solapador das sanções trata esse efeito como um exemplo de efeito de configuração (*framing effect*). Entende-se como efeito de configuração o efeito do modo como uma situação decisória é percebida pelo agente. Podem-se distinguir ao menos duas linhas de pesquisa sobre esse efeito. A primeira delas, relacionada à teoria dos prospectos (Kahneman e Tversky, 1979; Tversky e Kahneman, 1981), apresenta o efeito de configuração como violador de certas propriedades formais de preferências usualmente admitidas em modelos de escolha racional. Nos estudos de Tversky e Kahneman, o efeito de configuração é geralmente posto em

---

[9] Para uma exceção, ver Deci e Cascio (1972).
[10] Ver Cameron e Pierce (2002).

evidência por respostas diferentes a situações decisórias substancialmente idênticas, mas que são apresentadas (e, postula-se, percebidas pelos agentes) de maneiras diferentes.

Outra linha de investigação sobre o efeito de configuração é a que se baseia no modelo decisório da adequabilidade (*appropriateness*) (March, 1994; Messick, 1999). Esse modelo apresenta o processo de tomada de uma decisão como processo sujeito a regras (March, 1994:57-58) determinadas não apenas pelo meio e pelas qualidades idiossincráticas do agente, mas também pela maneira como a situação decisória é compreendida. O que se propõe aí, portanto, é que as regras de tomada de decisão variem de acordo com a espécie de situação que os indivíduos julguem enfrentar, de modo que o mesmo indivíduo seja capaz de aplicar, ainda que inconscientemente, critérios decisórios diferentes a situações que lhe pareçam pertencer a classes distintas. É importante ressaltar, assim, que, pela ótica da adequabilidade, o comportamento maximizador de utilidade do *homo economicus* é tido como apenas um entre inúmeros padrões de conduta a serem seguidos em conformidade com a percepção dos atores acerca das circunstâncias nas quais se encontram (March, 1994:59).

De acordo com a lógica decisória da adequabilidade, o efeito de configuração pode descrever-se como efeito de certa classificação cognitiva da situação decisória. Essa classificação pode ser determinada, como nos trabalhos de Kahneman e Tversky (1979), pelo simples modo como essa situação é apresentada, ou, ainda, por uma modificação em suas características, sendo uma hipótese para o efeito solapador das sanções a que diz respeito exatamente a esse último caso. À luz dos resultados de um teste feito em laboratório, Tenbrunsel e Messick (1999) concluíram que a aplicação de sanções pode levar a um comportamento egoísta. Esse resultado, eles sugerem, seria decorrência de uma reclassificação da situação decisória provocada pelo acréscimo das sanções, já que a ameaça de punição teria alterado o modo de perceber dos agentes acerca da decisão a tomar, a qual teria então passado a ser tratada como decisão para a qual uma regra de maximização do autointeresse seria apropriada.[11]

---

[11] O experimento envolveu alunos de um curso de pós-graduação em administração, e simulava a decisão de um empresário sobre uma medida de preservação ambiental. Para testar a hipótese do

Por fim, o efeito solapador das sanções pode também ser explicado como resultado de preferências "heterodoxas". As duas hipóteses a seguir examinadas são a da preferência pela igualdade (Fehr e Schmidt, 1999) e a da preferência pela reciprocidade (Falk e Fischbacher, 2006; Rabin, 1993).[12] Essas preferências são ditas heterodoxas porque destoam das que costumam ser atribuídas aos agentes em estudos de economia, seja por dizerem respeito a recursos alocados a outros que não o agente mesmo (caso da preferência por igualdade), seja por não se referirem exclusivamente a resultados materiais (caso da preferência por reciprocidade).

No sentido de Fehr e Schmidt (1999), a preferência pela igualdade faz com que, em vez de ter em vista exclusivamente seu quinhão, os agentes importem-se com a relação entre esse quinhão e o dos demais. Devido à preferência pela igualdade, um agente pode, por exemplo, sacrificar o próprio ganho em prol da coletividade desde que a totalidade ou boa parte dos demais também o faça, o que se designa como cooperação condicional (Fischbacher, Gächter e Fehr, 2001). A preferência em questão também desencadeia medidas de punição aos não cooperadores, medidas cujo custo para quem as aplica pode ser inclusive superior ao benefício que a punição é capaz de proporcionar, e que, portanto, não seriam jamais empregadas por indivíduos cujo comportamento se destinasse exclusivamente à maximização do próprio ganho. À punição aplicada sob tais circunstâncias se dá o nome de "punição altruísta" (Fehr e Gächter, 2002).

Da preferência pela igualdade chega-se ao efeito solapador mediante a seguinte hipótese: considerando-se que a realização do comportamento pres-

---

efeito de configuração, os pesquisadores pediram aos participantes que classificassem a decisão a tomar (entre outras alternativas) como decisão "negocial" ou "ética". Compararam-se, então, os resultados de duas versões do dilema, uma sem e outra com a cominação de sanção. Além de uma decisão favorável ao meio ambiente ter sido mais rara nesse segundo caso (uma evidência do efeito solapador em si), um número consideravelmente maior de participantes tratou a decisão a tomar como decisão negocial quando sujeito a sanção, o que revelaria o efeito de configuração. Um resultado similar foi encontrado por Irlenbusch e Sliwka (2005), mas aí já não para o caso de sanções, e sim para o de incentivos em relações de agente e principal. No caso em que a remuneração do agente variava de acordo com o desempenho, os autores notaram maior número de justificativas egoístas, supostamente como efeito de uma configuração da situação decisória na qual se incluía o incentivo. Também se encontraram, nesse estudo, evidências da persistência desse efeito depois que as condições do problema foram alteradas.

[12] Os termos usados por Fehr e Schmidt (1999) para designar o que se traduz aqui como igualdade são *"fairness"* e *"self-centered inequity aversion"*. *"Fairness"* é também a palavra com a qual Rabin (1993) se refere ao que se preferiu chamar aqui "reciprocidade".

crito por uma norma imponha abdicar de um ganho próprio em proveito do grupo, e que, em razão de uma preferência pela igualdade, alguns agentes estejam dispostos a obedecer, independentemente da ameaça de sanção, contanto que outros também o façam, o efeito solapador da norma sancionadora sobre essa disposição poderia decorrer de uma função sinalizadora exercida pela norma em questão (Mulder et al., 2006; Van der Weele, 2012). Em outras palavras, a cominação da sanção poderia ser entendida como sinal de que a população é composta, majoritariamente, por não cooperadores. Enquanto para um indivíduo atento apenas ao próprio ganho essa percepção é irrelevante (o que importa, para um indivíduo, é nada mais do que a relação entre o benefício e o custo esperado da violação), para um cooperador condicional, em contrapartida, o sinal negativo a respeito da conduta dos demais veiculado pela norma sancionadora teria um papel decisivo, induzindo a um comportamento egoísta.[13]

A hipótese de um efeito solapador provocado pela preferência por igualdade sujeita-se a, ao menos, duas ressalvas. A primeira, mais evidente, está em que a probabilidade do efeito solapador ficaria, nesse caso, atrelada à importância da sanção como fonte de informação sobre a conduta alheia. Em circunstâncias, por exemplo, nas quais os agentes conseguissem facilmente ob-

---

[13] Há uma complicação a ser considerada no que respeita à reação de cooperadores condicionais a uma norma sancionadora. Admitindo-se que esses indivíduos importem-se apenas com a conduta dos demais, e não com a respectiva motivação, o resultado a esperar da sanção é, ao menos à medida que essa sanção se perceba como eficaz, o aumento, e não a diminuição, da disposição a realizar a conduta exigida independentemente da ameaça de punição. É suficiente para um cooperador condicional, nessas condições, saber que a norma sancionadora produzirá um efeito dissuasório sobre seus parceiros egoístas, e que, portanto, esses cooperarão, ainda que apenas para evitar o castigo. Na literatura, esse efeito reflexo da sanção é chamado "efeito indireto" (Shinada e Yamagishi, 2007) ou transbordante (*spill-over*) (Eek et al., 2002). À primeira vista, portanto, o sinal emitido por uma norma sancionadora sobre a recusa a cooperar dos demais somente teria um efeito solapador em relação a cooperadores condicionais se, além de tratar essa norma como sinal negativo, esses agentes também duvidassem do seu poder dissuasório (devido, provavelmente, à insignificância da sanção ou à reduzida probabilidade de sua aplicação). Além disso, todavia, é preciso considerar que se a norma sancionadora leva a esperar um incremento da cooperação, é bem provável que esse incremento seja atribuído, não à boa vontade alheia, mas à sanção mesma (Mulder et al., 2006). Se essa desconfiança quanto à disposição dos demais em cooperar independentemente da ameaça de sanção se estende para outros domínios, o resultado é exatamente o sugerido pela hipótese do contágio, antes exposta, já que os agentes, como supõem o egoísmo de seus pares, deixarão de esperar cooperação naqueles casos em que falte a sanção, em que ela seja insuficiente ou tenha pouca chance de ser aplicada. Assim, no que se refere aos cooperadores condicionais, o efeito solapador teria lugar quanto a outros comportamentos que não aquele acerca do qual a sanção foi cominada.

servar o comportamento uns dos outros, a norma deixaria de ser o único meio de informação disponível, podendo, inclusive, tornar-se irrelevante como tal.

A segunda ressalva deve-se ao fato de que o mesmo sinal capaz de solapar a disposição para cooperar daqueles para os quais essa cooperação esteja condicionada à dos demais pode, de outra parte, incrementar a punição altruísta. Um estudo de Yamagishi (1986) revela que, em grupos nos quais a confiança é reduzida, um baixo nível de cooperação é acompanhado, um tanto paradoxalmente, por um aumento da inclinação a punir. O paradoxo reside em que os mesmos indivíduos cuja falta de confiança dá lugar, em geral, a um comportamento egoísta, mostram-se, a fim de castigar as infrações dos outros, mais propensos a incorrer em um sacrifício cujo resultado acaba por beneficiar o grupo inteiro. O efeito solapador que a informação transmitida pela sanção sobre a frequência da desobediência é capaz de provocar pode, por conseguinte, ser compensado por um aumento do empenho para punir condutas oportunistas.

Como preferência pela reciprocidade entende-se, aqui, a preferência por uma reação adequada à conduta alheia, isto é, por uma resposta amistosa ao que se entenda como comportamento também amistoso de outrem (tal como sugere o dito popular, "gentileza provoca gentileza") e, em contrapartida, pela hostilidade em reação ao que se perceba como conduta hostil da outra parte (Falk e Fischbacher, 2006; Rabin, 1993).[14] O modo como a conduta alheia é julgada depende não apenas da conduta em si ou do seu resultado para o agente, mas também da intenção que ela venha a revelar.

Admitindo-se sujeitos que nutram a preferência pela reciprocidade, o efeito solapador de uma norma sancionadora pode ser atribuído ao fato de a criação dessa norma, ou sua aplicação, ser encarada como um comportamento hostil

---

[14] A ideia de uma preferência pela reciprocidade não deixa de poder subsumir-se à de uma preferência pela igualdade, já que a primeira consiste em uma preferência a dispensar ao outro um tratamento igual (igualmente fraterno ou igualmente hostil) ao recebido. O texto mantém, não obstante, a distinção, e explora as implicações de cada uma dessas espécies de preferência para diferentes relações do domínio regulatório. A preferência pela igualdade é, pois, uma preferência que se considera dizer respeito à relação (horizontal) de um agente regulado com outros em situação similar à sua. Trata-se aí, por exemplo, do empresário para o qual o respeito aos direitos dos trabalhadores dependa do quanto esses direitos são respeitados pelos seus concorrentes. A preferência pela reciprocidade, em contrapartida, é uma preferência que se leva em conta quanto à relação (vertical) entre regulados e reguladores, isto é (no exemplo), entre o empresário e a autoridade que vela pela observância da legislação trabalhista.

a merecer resposta análoga (Fehr e Rockenbach, 2003). Chega-se aí facilmente não só ao efeito solapador em si, isto é, à diminuição da disposição a realizar o comportamento prescrito independentemente de sanção, mas também ao efeito de contágio, já que a medida de retaliação do agente que sofra com uma punição (aos seus olhos) iníqua pode muito bem ser, em vez da desobediência à norma sancionadora, outro comportamento que presuma indesejável pela mesma autoridade e para o qual a probabilidade de sanção seja menor ou até inexistente. Em conformidade, ainda, com essa hipótese, contribuiria para a amplitude do efeito de contágio o fato de o agente ver-se como vítima de uma injustiça perpetrada não apenas pela autoridade encarregada da aplicação da sanção, mas pelo grupo maior de pessoas que essa autoridade represente.

A importância da intenção para os modelos nos quais se inclua a preferência pela reciprocidade sugere que, para o efeito solapador de uma lei advindo dessa preferência, seja relevante, além do conteúdo da norma sancionadora, o modo como ela é estabelecida e aplicada. Evidências para a relação entre o efeito solapador e uma tal preferência pela reciprocidade seriam oferecidas, assim, quando se demonstra que a obediência à lei está relacionada não apenas à sanção ou ao conteúdo das normas, mas também à legitimidade das autoridades que as estabelecem e aplicam, legitimidade essa que pode se atrelar, no que respeita à promulgação da norma, à justeza do procedimento e, no que se refere à sua aplicação, à maior ou menor gentileza com que infratores são tratados (Tyler, 1997).

Convergências e divergências

Antes de iniciar uma análise sobre convergências e divergências entre a teoria da regulação responsiva e a literatura relativa ao efeito solapador, é conveniente chamar a atenção para a diversa qualidade daquilo que a seguir se confronta. Diferentemente da regulação responsiva, o que resulta dos trabalhos sobre o efeito solapador não é uma estratégia regulatória, já que não há, nesses trabalhos, nenhuma conclusão sobre como a regulação deva (ou não) ser, nem, tampouco, sobre o papel (se algum) que sanções devam nela exercer. Como se explicou acima, o efeito solapador é apenas um dos efeitos de normas sancionadoras, um efeito que, quando tem lugar, costuma ter lugar juntamente com o efeito oposto dissuasório. Considerando-se que o efeito dissuasório muitas vezes se sobreponha ao solapador, de tal maneira que, não obstante esse último, o resultado da cominação da sanção seja o aumento, e não a diminuição, da obediência, tudo o que as evidências sobre o efeito solapador de um modo geral oferecem é apenas um argumento contra a criação de sistemas de normas sancionadoras; não, por certo, um argumento irrefutável. O fato, assim, de uma estratégia de regulação responsiva incluir medidas sancionadoras não permite afirmar que a conveniência dessa estratégia seja desmentida pelo que se vem descobrindo acerca do efeito solapador.

Feita essa ressalva, pode-se começar a análise salientando o que parece ser o principal ponto de convergência entre a teoria da regulação responsiva de Braithwaite e a hipótese geral do efeito solapador. Tanto em uma quanto na outra, admite-se que a regulamentação jurídica seja capaz de influenciar as motivações ou preferências dos agentes, de tal maneira que essas motivações ou preferências deixam, em certo sentido, de ser tratadas como independentes da legislação e, portanto, como motivações ou preferências exógenas.[15] Esse ponto comum advém da explicação de Braithwaite para a diversidade de medidas característica de sistemas de regulação responsiva, diversidade essa cuja razão de ser não é meramente a disparidade de motivações dos agentes (alguns dispostos a atuar em prol do bem comum, outros irremediavelmente egoístas), mas antes o fato de que, dependendo da forma de intervenção, o mesmo agente, seja indivíduo, seja corporação, poderá ser levado a desenvolver motivações de diferentes espécies (Ayres e Braithwaite, 1992:25).

O maior foco de tensão entre o que se tratou aqui como efeito solapador e a ideia da regulação responsiva reside, em contrapartida, na virtual indispensabilidade, para esta última, de medidas sancionadoras. Como visto anteriormente, Braithwaite costuma se referir à importância, como "sombra", das sanções. É a ameaça latente provinda das partes mais altas da pirâmide,

---

[15] A endogeneidade de preferências é excepcionalmente evitada quando, de modo hábil, atribui-se o efeito solapador a preferências estranhas aos modelos tradicionais da escolha racional, tais como a preferência pela igualdade (Fehr e Schmidt, 1999) e a preferência pela reciprocidade (Falk e Fischbacher, 2006; Rabin, 1993).

nas quais estão as medidas de intervenção mais severas, que permite esperar sejam essas medidas aplicadas apenas excepcionalmente. É de maneira explícita, assim, que as sanções (ou algo que lhes faça as vezes, como a atividade de *naming and shaming* de Estados estrangeiros e ONGs) são incorporadas à estratégia da regulação responsiva, a qual se propõe a evitar, assim, tanto as falhas de sistemas invariavelmente repressivos como as daqueles dedicados exclusivamente à persuasão (Ayres e Braithwaite, 1992:25-26). O que resta indagar, então, é se as hipóteses sobre o efeito solapador servem, à medida que corroboradas, como objeção à regulação responsiva.

Uma primeira resposta para essa pergunta consiste em ressaltar uma certa afinidade entre as justificativas oferecidas por Braithwaite para a regulação responsiva e os trabalhos acerca do efeito solapador. Reconhecendo-se tal afinidade, poder-se-ia, quem sabe, redefinir o efeito solapador como efeito não de todas, mas apenas de algumas normas sancionadoras, justamente, aliás, aquelas que a regulação responsiva procura evitar. Ao que se alude aqui, mais precisamente, é à ideia de que o efeito solapador decorra de uma preferência dos regulados pela reciprocidade (Fehr e Rockenbach, 2003) e que, como tal, verificar-se-ia apenas à medida que a aplicação da sanção fosse encarada como ato hostil. Considerando-se, então, que uma das alegadas virtudes da regulação responsiva seja a de evitar, graças à preferência inicial por formas brandas de intervenção, a percepção de injustiça (Ayres e Braithwaite, 1992:25), concluir-se-ia que, embora não possam faltar sanções a um sistema regulador responsivo, essas sanções seriam as menos propensas a solapar a disposição "natural" para cooperar dos agentes.

Um teste empírico importante para a teoria da regulação responsiva consiste, portanto, em verificar se e em que medida os seus sistemas de regulação são vistos pelos atores regulados como um meio mais equânime de intervenção em comparação às formas de regulação tradicionais. Há, afora isso, questões a verificar acerca dos fatores que contribuem para essa mudança de percepção, por exemplo, a de saber se o sentimento de justiça advém do fato, puro e simples, de a aplicação de sanções ser postergada para as fases mais adiantadas do processo regulatório ou se, além disso, a gravidade das sanções e o tratamento pela autoridade reguladora precisam ser levados em conta.

Viu-se acima que a hipótese da preferência pela reciprocidade é, no entanto, apenas uma das que se propõem a explicar o efeito solapador. O que resta verificar, logo, é se, à luz das demais hipóteses, a verificação de um efeito solapador por conta de medidas repressivas que componham um sistema de regulação responsiva também se torna menos provável. Caso se considere, assim, o efeito solapador como um efeito de redução da motivação intrínseca atrelada às necessidades de autodeterminação e competência (Deci e Ryan, 1985), seria também de cogitar da prevenção desse efeito graças à posição que as sanções ocupam na regulação responsiva? Não há, à primeira vista, razão para pensar nisso, ao menos não à medida que, embora reservada para os casos de reincidência, a aplicação da norma sancionadora continue a ser considerada pelos sujeitos regulados como ameaça latente. Afora a chance de essa ameaça ser, graças à raridade do seu cumprimento, esquecida, não há nada no fato de ela ser posta em segundo plano que a impeça de ser encarada como controladora do comportamento e minar, tal como se cogita, a motivação a realizar, independentemente de sanção, a conduta legalmente prescrita.

Para exemplificar, considere-se o caso de um empresário que, durante muitos anos, nunca tenha deixado de contratar trabalhadores pertencentes a um determinado grupo racial. Imagine-se, também, que, ao longo desses anos, a raça tenha ocasionalmente levado esse empresário a eleger, entre os candidatos a uma vaga, algum que não lhe parecesse o mais preparado. Por fim, suponha-se que esse modo de seleção de empregados não faça parte de nenhuma estratégia destinada a melhorar a reputação da empresa com os trabalhadores ou o público e que, portanto, não seja motivado, em última análise, pela maximização do lucro, mas sim decorra, simplesmente, do que o empresário julga correto. Se a contratação de trabalhadores é, pois, intrinsecamente motivada, e se essa motivação estiver, como se postula (Deci e Ryan, 1985), relacionada a uma necessidade de autodeterminação, pode-se pensar como causa do efeito solapador de uma lei que sobrevenha para exigir a reserva de um certo número de vagas para trabalhadores do grupo racial em questão o fato de essa lei transformar a seleção de empregados em atividade externamente controlada e, como tal, insuscetível de satisfazer a referida necessidade. Uma vez submetido ao controle externo, o que se aventa é que o empresário poderia limitar-se, graças ao desaparecimento da motivação intrínseca, a contratar o número mínimo de trabalhadores legalmente prescrito.[16] Essa percepção do controle externo é atribuível à lei e, mais precisamente, à sanção que ela comina, e isso, ao que parece, independentemente de tal sanção aplicar-se à primeira transgressão ou reservar-se para casos de inobservância reiterada. Mesmo nessa segunda hipótese, característica de sistemas de regulação responsiva, o empresário saberia não lhe restar alternativa, ao fim e ao cabo, senão atender ao comando legal.

Uma vez que o efeito solapador seja um efeito redutor da motivação intrínseca, soluções a serem testadas a fim de evitar esse efeito são aquelas pelas quais se atenue a percepção de controle externo que uma norma sancionadora é capaz de provocar. Mais do que a combinação de medidas mais e menos intrusivas característica dos sistemas de regulação responsiva, meios promissores para o combate da referida percepção parecem ser aqueles que aumentem a participação dos agentes regulados na definição do conteúdo da regulação (Frey, 1997). Para fazer completa justiça, a deliberação não deixa de ter um lugar na teoria da regulação responsiva de Braithwaite, na qual se designam os estágios iniciais, não coercivos, de intervenção como ocasião para que as partes (autoridades reguladoras, regulados e até terceiros, como ONGs) dialoguem (Braithwaite, 2006:886). Esse diálogo sai de cena, contudo, à medida que a recalcitrância leva à aplicação das medidas mais próximas ao cume da pirâmide.

Uma dificuldade para relacionar a teoria da regulação responsiva a outra das explicações sugeridas para o efeito solapador — a desse efeito como efeito de configuração — é o estado incipiente da pesquisa sobre o poder configurador das sanções legais. Embora a capacidade das sanções e incentivos em geral para induzir a uma lógica de decisão egoísta tenha sido verificada em experimentos como os de Tenbrunsel e Messick (1999) e Irlenbusch e Sliwka (2005), há uma necessidade de reprodução desses experimentos, e isso não só com o intuito de

---

[16] Uma hipótese até aqui não considerada é que um resultado similar se verifique no caso em que, ao invés de intrinsecamente motivado, o empresário promovesse a diversidade racial no local de trabalho como parte de uma estratégia de melhora da reputação e, por meio disso, de maximização dos seus ganhos. A ideia é que o ganho reputacional esperado da contratação de trabalhadores decresça em razão da exigência legal, que levaria o público a atribuir essa contratação não mais à boa vontade do empresário, mas sim ao receio da sanção.

confirmar a hipótese geral do efeito de configuração das sanções como, também, para obter clareza sobre as condições nas quais esse efeito é mais provável.

No que se refere, em particular, à regulação responsiva, a hipótese a ser testada é se a influência das sanções sobre o modo como uma situação de decisão é percebida pode variar, no caso dessa regulação, em relação a estratégias nas quais as sanções constituam a única solução. Pode o fato de a aplicação de sanções ser deixada para o segundo plano servir como empecilho a que os indivíduos tratem as situações de decisão sujeitas à regulação como situações nas quais o que importa é reduzir, tanto quanto possível, o custo imposto pelas disposições regulatórias? Uma resposta afirmativa a essa questão levaria a reputar a regulação responsiva como meio de prevenção também para o efeito solapador advindo do impacto configurador dos meios de regulação de comando e controle.

Considere-se, por fim, a hipótese de que o efeito solapador esteja atrelado a uma preferência pela igualdade, de tal maneira que a disposição dos agentes a realizar, independentemente da ameaça de punição, a conduta normativamente requerida seja diminuída em razão do sinal negativo, emitido pela norma mesma, a respeito do comportamento dos demais sujeitos. Pode a regulação responsiva se opor, em tais circunstâncias, ao efeito solapador?

Há aqui duas hipóteses, de sentido contraditório, a serem examinadas. A primeira delas é a de que a regulação responsiva seja um óbice à interpretação que, aliada à preferência pela igualdade, desencadearia o efeito solapador. Os agentes podem interpretar a primazia dada a medidas brandas, não coercivas, característica dos esquemas de regulação responsiva como sinal da infrequência das infrações, interpretação essa capaz de aumentar, e não reduzir, a obediência entre cooperadores condicionais.[17] Como variante dessa hipótese, é de se cogitar ainda que os agentes alimentem uma expectativa positiva a respeito da conduta dos seus pares por acreditar na habilidade das normas responsivas para estimular a boa vontade dos regulados e levá-los, assim, à cooperação. Em outras palavras, ao esperar o sucesso da regulação responsi-

---

[17] A hipótese merece consideração, ainda que a justificativa para o emprego da regulação responsiva não seja, como observado, a raridade das violações. O que importa, para a conduta de cooperadores condicionais, não são as causas que levam a regulação a mostrar-se mais suave, mas o que os agentes submetidos à regulação reputem ser a causa dessa suavidade.

va, os sujeitos acabariam contribuindo para que esse sucesso se verifique ao cooperar independentemente da ameaça de sanção.

Outra hipótese, antagônica à primeira, é a de que a regulação responsiva surta um efeito solapador ao ser percebida pelos cooperadores condicionais como estratégia que, pela falta de uma reação coerciva imediata, venha a dar lugar à desobediência geral. Aqui não se trata, convém frisar, de ignorar as partes mais altas da pirâmide, essenciais, na proposta de Braithwaite, para a eficácia das formas de intervenção mais brandas. O que importa, no entanto, não é o quão repressivo um sistema de regulação responsiva seja, de fato, capaz de se mostrar, mas sim o quão repressivo ele pareça aos olhos dos regulados, e o impacto dessa sensação sobre a disposição a cooperar. A ideia, pois, é simplesmente a de que o escalonamento de medidas característico da regulação responsiva corra o risco de ser entendido como convidativo à desobediência, solapando, em razão de disso, as bases espontâneas da obediência entre aqueles cuja cooperação esteja condicionada à dos demais.[18]

Tem-se, em suma, que o efeito solapador da regulação responsiva sobre cooperadores condicionais depende do que essa espécie de regulação informa, bem como do modo como ela influencia a expectativa dos agentes a respeito da cooperação alheia. Dadas as particulares características da regulação responsiva, essa informação e influência tanto podem, à primeira vista, ser positivas (se a escolha de uma estratégia responsiva pelos reguladores for tida como sinal da baixa frequência das infrações ou como apta a reduzir essa frequência) como negativas (se a percepção dos regulados for, ao contrário, a de que o método responsivo tornará as violações mais comuns), dando margem, nesse último caso, ao efeito solapador.

---

[18] Note-se que essa percepção sobre a debilidade de uma ordem reguladora responsiva e seu efeito perverso sobre cooperadores condicionais não seriam necessariamente suprimidos pela aplicação de sanção a um desses agentes. Mesmo punido, o cooperador condicional pode considerar o seu como um caso excepcional e, por conseguinte, continuar desestimulado a cooperar pela suposta desobediência dos demais.

Considerações finais

Entre as possíveis causas do efeito solapador, viu-se que a estratégia de regulação responsiva concebida por Braithwaite é primariamente designada para fazer frente a uma delas. Assim, se o efeito solapador é resultado de uma preferência por reciprocidade e, como tal, consiste em uma reação hostil, infensa a cooperar senão sob a ameaça de punição, de quem se julga vítima, também, da hostilidade da autoridade reguladora, então a regulação responsiva, com seu uso moderado das sanções, pode apresentar-se aos olhos dos agentes regulados como forma de tratamento mais equânime e merecedora, por parte desses últimos, de uma resposta igualmente justa e amistosa.

A preferência pela reciprocidade não é, contudo, a única explicação aventada para o efeito solapador das sanções. A seção antecedente tratou, pois, de examinar as possíveis relações entre as demais causas do efeito solapador e a regulação responsiva, a fim de, a partir desse exame, levantar hipóteses a serem testadas empiricamente. Observou-se, assim, que a indispensabilidade da coerção (exercida à base de normas legais sancionadoras ou, à falta dessas, de meios como o abalo à reputação) para os sistemas de regulação responsiva leva a supor que esses sistemas, não obstante o fato de não se valerem da coerção de imediato, sejam capazes de controlar externamente o comportamento dos agentes e em consequência reduzir, nesses últimos, eventual motivação intrínseca a atuar da maneira desejada. Outra questão é a de verificar em que medida, se alguma, o feitio peculiar de um esquema de regulação responsiva pode evitar que as sanções influenciem negativamente o modo como a situação decisória relativa ao cumprimento da norma é percebida pelos agentes regulados e induzam-nos, devido a essa percepção, a atuar egoisticamente. Há, por fim, algumas hipóteses a considerar quanto a um efeito solapador que decorra da preferência dos agentes pela igualdade e da sua disposição, devido a essa preferência, para cooperar apenas se os demais também o fizerem. Trata-se de descobrir aí, resumidamente, se, ao relegar as sanções para um segundo plano, um sistema de regulação responsiva acaba tido como sinal de que as violações são pouco comuns (uma interpretação de efeitos benéficos, em se tratando de cooperadores condicionais) ou se, ao contrário, a recusa em aplicar de imediato medidas mais duras aumenta a desconfiança quanto à obediência alheia (desconfiança essa que levaria, entre cooperadores condicionais, ao efeito solapador).

Além de submeter essas hipóteses à prova, a pesquisa futura tem como desafio o de replicar estudos sobre o efeito solapador tendo-se em vista não apenas o comportamento individual, mas também o organizacional. Na literatura relativa à regulação, o fato de os atores sujeitos à regulação serem, com muita frequência, organizações e não indivíduos não tem sido, por óbvio, ignorado. Os experimentos sobre o efeito solapador de sanções e outros incentivos, em contrapartida, costumam atentar apenas para o comportamento de indivíduos. Há a necessidade, portanto, de estudos sobre o efeito solapador nos quais se tenha em vista a ocorrência desse efeito em organizações, estudos esses que, se de um lado poderão contar com descobertas gerais acerca do efeito solapador, de outro terão a tarefa de reexaminar essas descobertas à luz de teorias e modelos do comportamento organizacional. Uma vez que se dê o progresso articulado desses dois campos de pesquisa, é provável que as potencialidades e riscos de esquemas de regulação como o da regulação responsiva de Braithwaite se tornem mais bem-conhecidos.

Referências

AYRES, Ian; BRAITHWAITE, John. *Responsive regulation*: transcending the deregulation debate. Oxford: Oxford University Press, 1992.

BECKER, Gary S. Crime and punishment: an economic approach. *Journal of Political Economy*, v. LIIVI, n. 2, p. 169-217, 1968.

BRAITHWAITE, John. *Restaurative justice and responsive regulation*. Oxford: Oxford University Press, 2002.

_____. Responsive regulation and developing economies. *World Development*, v. XXXIV, n. 5, p. 884-898, 2006.

_____. *Regulatory capitalism*: how it works, ideas for making it work better. Cheltenham: Edward Elgar, 2008.

CAMERON, Judy; PIERCE, W. David. *Rewards and intrinsic motivation*: resolving the controversy. Westport: Bergin & Garvey, 2002.

COSLOVSKI, Salo V. Relational regulation in the Brazilian Ministério Público: the organizational basis of regulatory responsiveness. *Regulation & Governance*, v. V, p. 70-89, 2011.

DECI, Edward L. Effects of externally mediated rewards on intrinsic motivation. *Journal of Personality and Social Psychology*, v. XVIII, n. 1, p. 105-115, 1971.

_____; CASCIO, Wayne F. *Changes in intrinsic motivation as a function of negative feedback and threats.* Nova York: Rochester University, 1972. (Trabalho apresentado no Eastern Psychological Association Meeting, em Boston, em 19 abr. 1972.) Disponível em: <http://eric.ed.gov/PDFS/ED063558.pdf>. Acesso em: 29 nov. 2011.

_____; KOESTNER, Richard; RYAN, Richard M. A meta-analytic review of experiments examining the effects of extrinsic rewards on intrinsic motivation. *Psychological Bulletin*, v. CXXV, n. 6, p. 627-668, 1999.

_____; RYAN, Richard M. *Intrinsic motivation and self-determination in human behavior.* Nova York: Plenum, 1985.

DEVA, Surya. Global compact: a critique of the UN's "public-private" partnership for promoting corporate citizenship. *Syracuse Journal of International Law and Commerce*, v. XXXIV, n. 1, p. 107-151, 2006.

EEK, Daniel et al. Spill-over effects of intermittent costs for defection in social dilemmas. *European Journal of Social Psychology*, v. XXXII, n. 6, p. 801-813, 2002.

FALK, Armin; FISCHBACHER, Urs. A theory of reciprocity. *Games and Economic Behavior*, v. LIV, n. 2, p. 293-315, 2006.

FEHR, Ernst; GÄCHTER, Simon. Altruistic punishment in humans. *Nature*, v. CDXV, n. 6.868, p. 137-140, 2002.

_____; ROCKENBACH, Bettina. Detrimental effects of sanctions on human altruism. *Nature*, v. CDXXII, n. 6.928, p. 137-140, 2003.

_____; SCHMIDT, Klaus M. A theory of fairness, competition, and cooperation. *Quarterly Journal of Economics*, v. CXIV, n. 3, p. 817-868, 1999.

FISCHBACHER, Urs; GÄCHTER, Simon; FEHR, Ernst. Are people conditionally cooperative? Evidence from a public goods experiment. *Economics Letters*, v. LXXI, n. 3, p. 397-404, 2001.

FREY, Bruno S. A constitution for knaves crowds out civic virtues. *The Economic Journal*, v. CVII, n. 443, p. 1043-1053, 1997.

GNEEZY, Uri; RUSTICHINI, Aldo. A fine is a price. *The Journal of Legal Studies*, v. XXIX, n. 1, p. 1-17, 2000.

IRLENBUSCH, Bernd; SLIWKA, Dirk. *Incentives, decision frames, and motivation crowding out:* an experimental investigation. Londres: London School of Economics & Political Science/Department of Management/Institute for the Study of Labor, 2005. (IZA Discussion Paper n. 1.758.) Disponível em: <http://papers.ssrn.com/sol3/papers.cfm?abstract_id=822866>. Acesso em: 29 nov. 2011.

KAHNEMAN, Daniel; TVERSKY, Amos. Prospect theory. *Econometrica*, v. XLVII, n. 2, p. 263-291, 1979.

MARCH, James G. *A primer on decision making:* how decisions happen. Nova York: The Free, 1994.

MESSICK, David M. Alternative logics for decision making in social settings. *Journal of Economic Behavior & Organization*, v. XXXIX, n. 1, p. 11-28, 1999.

MULDER, Laetitia B. et al. Undermining trust and cooperation: the paradox of sanctioning systems in social dilemmas. *Journal of Experimental Social Psychology*, v. XLII, n. 2, p. 147-162, 2006.

OSHIONEBO, Evaristus. The UN Global Compact and accountability of transnational corporations: separating mith from realities. *Florida Journal of International Law*, v. XIX, n. 1, p. 1-38, 2007.

PIRES, Roberto Rocha C. Estilos de implementação e resultados de políticas públicas: fiscais do trabalho e o cumprimento da lei trabalhista no Brasil. *Dados*, v. LII, n. 3, p. 735-769, 2009.

RABIN, Matthew. Incorporating fairness into game theory and economics. *American Economic Review*, v. LXXXIII, n. 5, p. 1281-1302, 1993.

RUGGIE, John. global_governance.net: The Global Compact as a learning network. *Global Governance*, v. VII, n. 4, p. 371-378, 2001.

SCHWARTZ, Germano (Org.). *Juridicização das esferas sociais e fragmentação do direito na sociedade contemporânea*. Porto Alegre: Livraria do Advogado, 2012.

SHINADA, Mizuho; YAMAGISHI, Toshio. Punishing free riders: direct and indirect promotion of cooperation. *Evolution and Human Behavior*, v. XXVIII, n. 5, p. 330-339, 2007.

SLAKMON, Catherine et al. *Justiça restaurativa*. Brasília: Ministério da Justiça/Programa das Nações Unidas para o Desenvolvimento (Pnud), 2005.

TENBRUNSEL, Ann E.; MESSICK, David M. Sanctioning systems, decision frames, and cooperation. *Administrative Science Quarterly*, v. XLIV, n. 4, p. 684-707, 1999.

TVERSKY, Amos; KAHNEMAN, Daniel. The framing of decisions and the psychology of choice. *Science*, v. CCXI, n. 4.481, p. 453-458, 1981.

TYLER, Tom R. Procedural fairness and compliance with the law. *Journal of Economics*, v. CXXXIII, p. 219-240, 1997.

ULEN, Thomas S. A Nobel Prize in Legal Science: theory, empirical work, and the scientific method in the study of law. *Illinois Law Review*, v. MMII, p. 875-920, 2002.

VAN DER WEELE, Joël. The signaling power of sanctions in social dilemmas. *Journal of Law, Economics & Organization*, v. XXVIII, n. 1, p. 103-126, 2012.

YAMAGISHI, Toshio. The provision of a sanctioning system as a public good. *Social Psychology*, v. LI, n. 1, p. 110-116, 1986.

13. Impacto da lei de consentimento presumido na taxa de doação de órgãos de doadores cadáveres

EVERTON NUNES DA SILVA
ANA KATARINA CAMPELO
GIACOMO BALBINOTTO NETO

A demanda por órgãos para transplantação é grande e tem crescido muito ao longo das últimas décadas. Em contrapartida, a oferta de órgãos não tem sido suficiente para equilibrar essa relação, causando aumentos expressivos nas listas de espera por órgãos humanos na grande maioria dos países do mundo. De fato, a escassez de órgãos é um tema que tem pressionado bastante os gestores da saúde e formuladores de políticas públicas. Como consequência, esse tema tem motivado pesquisadores a estudar os fatores determinantes da doação, bem como seus respectivos impactos quantitativos na oferta de órgãos.

Nesse contexto, tem crescido o debate sobre a possível influência da legislação que regula a doação de órgãos de doadores cadáveres na tomada de decisão acerca da doação em si. Alguns pesquisadores têm investigado a relação entre o tipo de legislação e o número de órgãos disponíveis para transplantação, principalmente depois das experiências bem-sucedidas de países como a Espanha, Áustria, Itália e Bélgica, os quais adotaram a lei de consentimento presumido (Gundle, 2004; Gnant et al., 1991; Michielsen, 1996; Matesanz e Miranda, 2001; Kaur, 1998; Kennedy et al., 1998). Sob a lei de consentimento presumido, todos os cidadãos são considerados potenciais doadores de órgãos caso eles não expressem formalmente sua vontade contrária em vida. Quanto à lei de consentimento informado, os cidadãos precisam expressar formalmente suas respectivas vontades de se tornarem potenciais doadores, pois, caso contrário, assume-se que eles não consentem a retirada de seus órgãos.

Fevrier e Gay (2004) e Gill (2004) têm argumentado que os dois tipos de lei que regulam a doação de órgãos não respeitam a vontade da população como um todo, particularmente a dos indivíduos que não a registram. No entanto, por um lado, os defensores da lei de consentimento presumido argumentam que haveria mais doadores quando essa lei fosse instituída; por outro, oponentes ao consentimento presumido são enfáticos em afirmar que essa lei não é ética nem moralmente aceitável.

Na prática, entretanto, a grande maioria dos países com lei de consentimento presumido permite à família o direito de fazer a decisão final sobre a doação de órgãos, enfraquecendo, assim, o argumento dos defensores da lei de consentimento informado. Segundo Healy (2005), a principal vantagem em ter a lei de consentimento presumido refere-se à forma como a questão é colocada à família do falecido. No caso de países com consentimento presumido, essa questão seria algo como: "Você teria algum motivo para invalidar a doação?". Já no caso de países com lei de consentimento informado, a questão seria do tipo: "você nos concede a permissão para procedermos à doação?" Tende a ser mais fácil obter o consentimento familiar à doação de órgãos de um familiar morto no primeiro caso, visto que a expectativa coletiva é de se tornar um doador sob a lei de consentimento presumido. Entretanto, sob a lei de consentimento informado, a família deve tomar uma decisão especial, desde que o padrão é não ser doador de órgãos. A carga da decisão é colocada exclusivamente na família do doador, enquanto sob a lei de consentimento presumido a responsabilidade é do doador.

Há uma ampla discussão sobre esse tema, tanto nas comunidades médica e política quanto nas instituições internacionais da saúde. Recentemente, o Parlamento britânico conduziu um debate sobre a possibilidade de instituir a lei de consentimento presumido no Reino Unido, não obtendo sucesso. A Argentina, em 2005, mudou sua lei de doação de órgãos, implementando a lei de consentimento presumido. O Brasil, depois de três anos com a lei de consentimento presumido, retornou à lei de consentimento informado em 2001.

Apesar da importância dessa questão, poucos estudos buscam estimar quantitativamente a relação entre a lei de consentimento presumido e a taxa de doação de órgãos. Desses poucos, a maioria apresenta resultados baseados em análises simples, sem controlar por outros determinantes da doação de órgãos (ver, por exemplo, Michielsen, 1996; Thomson, 2001). Contudo, para que os resultados sejam válidos e robustos, é necessário o emprego de modelos econométricos multivariados, no intuito de controlar características específicas dos países, tais como renda, crença religiosa, tipo de sistema legal, além de outras especificamente relacionadas à doação de órgãos, como potenciais doadores que foram a óbito devido a doenças cérebro-vasculares e acidentes de trânsito.

Entre os estudos que utilizaram a abordagem econométrica para estimar o impacto da lei de consentimento presumido na taxa de doação de órgãos, destacam-se os trabalhos de Abadie e Gay (2006), Healy (2005), Rithalia, McDaid e Suekarran (2009) e Bilgel (2012, 2013). Ambos encontraram uma relação positiva entre as variáveis. Entretanto cabe ressaltar algumas limitações de seus resultados. Primeiro, as estimativas são baseadas na média amostral. Essa questão torna-se relevante devido ao fato de existirem observações discrepantes (*outliers*), particularmente relacionadas à Espanha. Modelos baseados na média amostral são bastante afetados por *outliers*, gerando estimativas enviesadas (Wooldridge, 2003). Para contornar esse problema, Abadie e Gay (2006) e Healy (2005) estimaram regressões incluindo e excluindo as observações sobre a Espanha, obtendo melhores ajustes com a exclusão. Contudo, essa não é a forma mais adequada de proceder, visto que, ao excluir a Espanha, joga-se fora uma informação importante, pois é o país com o sistema de captação de órgãos mais eficiente do mundo.

Segundo, os resultados obtidos por Abadie e Gay (2006) e Healy (2005) são válidos para uma amostra restrita de países, todos pertencentes à OCDE. Países latino-americanos, ou mesmo países com baixa taxa de doação de órgãos, não são analisados em seus modelos. Assim, os resultados não podem ser extrapolados para um conjunto de países mais heterogêneo.

Dadas essas considerações iniciais, o presente capítulo busca estimar o impacto da lei de consentimento presumido na taxa de doação de órgãos de doadores cadáveres, levando em consideração as limitações dos estudos precedentes. Para tal, é utilizada uma nova técnica, desenvolvida por Koenker (2004), que lida melhor com os problemas citados anteriormente, a qual é denominada "regressão quantílica para dados de painel". Essa técnica combina a abordagem de dados de painel com foco na estimação dos efeitos nos quantis condicionais da distribuição da variável resposta. Ela é robusta a *outliers*, o que possibilita estimar o modelo econométrico sem excluir as observações relacionadas à Espanha, por exemplo. Outra vantagem consiste na possibilidade de utilizar uma amostra mais heterogênea, incluindo países latino-americanos ao modelo. Isso é possível dado que é estimado um coeficiente para vários pontos da distribuição da variável dependente. No caso dessa aplicação, são estimados três coeficientes para os quantis: 0,25 (países com baixa taxa de doação de órgãos), 0,50 (países com taxa mediana de doação) e 0,75 (países com alta taxa de doação).

A amostra analisada neste estudo consiste em 34 países, dos quais 24 são europeus, seis latino-americanos, dois norte-americanos e dois oceânicos. Os dados referem-se ao período 1998-2002.

Método econométrico: regressão quantílica para dados de painel

Baltagi (2001) indica as principais vantagens da abordagem de dados de painel: (i) capta heterogeneidade individual, ou seja, características intrínsecas das unidades sob investigação, as quais podem ou não ser constantes ao longo do tempo; (ii) analisa um volume maior de informação, permitindo maior variabilidade dos dados, pois lida com dados de corte transversal e séries temporais. Tal variabilidade dos dados tende a reduzir a eventual multicolinearidade entre as variáveis do modelo, visto que quando as covariáveis variam em duas ou mais dimensões, a probabilidade de elas serem correlacionadas é menor; (iii) aumenta a eficiência da estimação, pois modelos de dados de painel captam efeitos não detectáveis em modelos estritamente de corte transversal ou temporal; (iv) é uma boa forma de analisar dinâmicas de ajuste.

No entanto, a abordagem de dados de painel é um método baseado na média condicional. Em outros termos, assume apenas a mudança de local na distribuição da variável dependente, não permitindo mudança de escala.

Koenker e Bassett (1978) desenvolveram um método chamado "regressão quantílica", que lida melhor com essa limitação dos modelos baseados na média condicional, visto que os autores estenderam o modelo de regressão para os quantis condicionais da distribuição da variável dependente. Isso significa que mais informação pode ser obtida, particularmente quando os coeficientes estimados dependem do posicionamento de cada quantil, isto é, quando há efeitos assimétricos ao longo da distribuição condicional da variável resposta. Outras vantagens no uso de regressão quantílica são: (i) não é feita nenhuma suposição sobre a distribuição do termo erro; (ii) é robusta a valores discrepantes (*outliers*); (iii) usa a totalidade dos dados para estimar o coeficiente de cada quantil.

Em contrapartida, a regressão quantílica é um método específico para dados de corte transversal que não capta efeitos individuais específicos (heterogeneidade individual). Assim, os pesquisadores devem escolher qual característica é mais importante para seus estudos, heterogeneidade individual ou assimetria dos impactos, para optar pelo método mais apropriado, que seria a abordagem de dados de painel e regressão quantílica, respectivamente.

Koenker (2004) introduziu um novo método que busca solucionar esse dilema: a regressão quantílica para dados de painel. Para tal, uma classe de estimadores penalizados (*penalized estimators*) é sugerida para obter estimativas dos quantis condicionais da distribuição da variável resposta. A penalização (*penalty*) serve para reduzir (*shrinkage*) o vetor de efeitos individuais específicos a um valor comum, sendo o grau da redução gerado por um parâmetro de afinação (*tuning parameter*) λ (Lamarche, 2005).

De acordo com Koenker (2004), partindo-se de um modelo linear de efeitos aleatórios, tem-se:

$$(1) \qquad y_{it} = x'_{ij}\beta + \alpha_i + u_{ij} \qquad\qquad j = 1...m_i \qquad i = 1, ..., n$$

em que o índice i indica indivíduos e o índice j indica as mensurações distintas (m_i) obtidas para o i-ésimo indivíduo; y_i é a variável resposta; x_{ij} é o vetor de covariáveis; α_i representa a heterogeneidade não observada; e u_{ij} é o termo erro relacionado as variáveis observadas. Esse modelo pode ser estendido às funções quantílicas condicionais, assumindo a seguinte forma:

$$(2) \quad Q_{y_{ij}}(\tau \mid x_{ij}) = \alpha_{ij} + x'_{ij}\beta(\tau) \qquad j=1,...,m_i \qquad i=1,...,n.$$

Uma característica importante dessa formulação é que o efeito das covariáveis depende do quantil (τ) de interesse, permitindo, assim, haver mudança de escala ao longo da distribuição da variável dependente. Entretanto, essa característica não é estendida aos α's, visto que eles têm um efeito de locação puro. Koenker (2004) argumenta que essa limitação vem da natureza das aplicações empíricas, as quais geralmente têm um número pequeno de observações para cada indivíduo, ou seja, m_i é pequeno em relação ao número observações de corte transversal n. Assim, segundo o autor, é praticamente irreal tentar estimar o efeito de α condicional a cada quantil. Por causa disso, α é construído para ter apenas um efeito de mudança local, ou seja, um valor para toda a distribuição condicional.

Para resolver o modelo da equação 2, Koenker (2004) usou uma classe de estimadores penalizados para estimar vários quantis simultaneamente, tendo a seguinte forma:

$$(3) \quad \min_{(\alpha,\beta)} \sum_{k=1}^{q} \sum_{j=1}^{n} \sum_{i=1}^{mi} \omega_k \, \rho_{t_k}(y_{ij} - \alpha_i - x'_{ij}\beta(\tau_k)) + \lambda \sum_{i=1}^{n} \mid \alpha_i \mid$$

em que $\rho\tau(u) = u\,(\tau - I\,(u \le 0))$ é a função perda, e ω_j é o peso relativo dado pelo τ-ésimo quantil. O último controla a influência dos quantis na estimação dos efeitos individuais, α_i. Por um lado, quando a penalização é maior do que zero ($\lambda>0$), os efeitos fixos penalizados são estimados. Por outro lado, quando a penalização é igual a zero ($\lambda=0$), significa que nenhuma penalização está sendo aplicada; assim, é obtido um estimador simples de efeito fixo.

Descrição dos dados analisados

As fontes de dados para construir a amostra deste texto foram: Transplant Procurement Management (TPM), Organização Mundial da Saúde (OMS), Banco Mundial (BM) e Sociedade Latino-Americana de Nefrologia e Hipertensão. A amostra é composta de 34 países, analisados ao longo de cinco anos (1998-2002). A escolha dos países seguiu o critério de disponibilidade de dados. As variáveis usadas nesta aplicação são baseadas nos modelos propostos por Abadie e Gay (2006), Healy (2005) e Anbarci e Caglayan (2005). A seguir, são descritas as variáveis que compõem o modelo econométrico desta aplicação:

(a) *variável dependente*:
• logaritmo natural do número de doadores de órgãos por milhão de pessoas;

(b) *variáveis independentes*:
• *dummy* para país que adota a lei de consentimento presumido (=1 se o país adota a lei de consentimento presumido);
• logaritmo natural do número de mortes por doenças cérebro-vasculares por 100 mil habitantes;
• logaritmo natural do número de mortes por acidente de trânsito por 100 mil habitantes;
• logaritmo natural do PIB *per capita*;
• logaritmo natural do gasto total em saúde *per capita*;
• logaritmo natural da porcentagem da população com acesso à internet;
• *dummy* para país católico (=1 se 50% ou mais da população forem católicos);
• *dummy* para *common law* (=1 se o sistema legal do país for baseado no direito comum — *common law*).

A variável de interesse desse estudo é a variável dicotômica referente à lei de consentimento presumido. A partir dela, será estimado se o tipo de legislação que regula a doação de órgãos influencia o número de doações. Os potenciais doadores de órgãos são representados pelas duas variáveis que representam as causas de óbitos, doenças cérebro-vasculares e acidentes de trânsito. Também foram acrescidas variáveis socioeconômicas ao modelo econométrico, com o intuito de controlar características distintas dos países quanto à renda (PIB *per capita*), ao investimento em saúde (gasto total em saúde *per capita*) e ao acesso à informação (internet). Os aspectos institucionais também foram inseridos no modelo, que correspondem à crença religiosa (católica) e sistema legal (*common law*).

O gráfico que se segue mostra a taxa de doação de órgãos por milhão de pessoas (pmp) em 2002. As colunas escuras representam países com lei de consentimento presumido, os quais totalizam 19 dos 34 países analisados neste estudo. As colunas claras representam países com consentimento informado. A Espanha tem a maior taxa de doação, próxima a 35 por milhão de habitantes, seguida pela Áustria (22,1), Portugal (21,7) e Estados Unidos (21,5). Os três primeiros são países que adotam a lei de consentimento presumido. Os EUA foram o país com maior taxa de doação entre os países com consentimento informado. Em 2002, a taxa média dos países com consentimento presumido foi de 14,9 doadores por milhão de habitantes, enquanto que, nos países com consentimento informado, essa taxa foi de 10,5.

Taxa de doação por milhão de pessoas em 2002

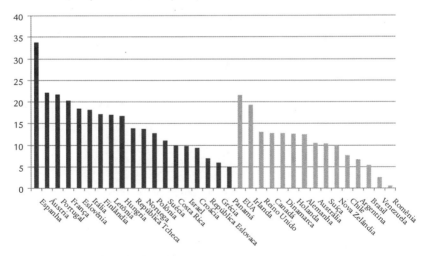

Fonte: Elaboração dos autores.

Entre 1998 e 2002, houve um aumento médio de 12% na taxa de doação dos países com consentimento presumido. Entre os países com consentimento informado analisados nessa amostra ocorreu situação inversa: um decréscimo de 12% na taxa de doação no mesmo período. Em valores absolutos, a Itália foi o país que mais aumentou a taxa de doação, a qual passou de 12,3 em 1998, para 18,1 em 2002 — uma melhora de quase 50% em cinco anos.

Apesar de o Brasil ser um dos países que mais realizam transplantes no mundo, sua taxa de doação é uma das menores, cerca de cinco doadores por milhão de habitantes. O Brasil também foi o único país da amostra a mudar a lei que regula a doação de órgãos no período analisado neste estudo. Em 1998, começou a vigorar a lei de consentimento presumido no Brasil, Lei nº 9.434, de 4 de fevereiro de 1997 (Brasil, 1997). Nesse período, todo cidadão brasileiro tornou-se um potencial doador de órgãos, salvo manifestação de vontade contrária, registrada em documentos oficiais de uso pessoal (carteira de identidade e carteira nacional de habilitação). Entretanto, a lei foi alvo de fortes críticas por diferentes instituições. Devido a essa pressão, o governo brasileiro revogou a lei em 2001, por força da Medida Provisória nº 2.083-32, de 22 de fevereiro de 2001 (Brasil, 2001).

Os principais problemas relacionados à experiência brasileira com a lei de consentimento presumido foram: (i) a falta de uma ampla discussão na sociedade sobre aspectos associados à doação de órgãos, particularmente com respeito ao conceito de morte encefálica, que causou apreensão, por parte da população, de que órgãos poderiam ser removidos antes de o indivíduo estar efetivamente morto; (ii) a hesitação de parte representativa dos cirurgiões em remover órgãos sem a autorização de um familiar; (iii) a existência de um número considerável de brasileiros de baixa renda sem documentos oficiais de identificação, inexistindo, assim, mecanismos para registrar oposição à doação de órgãos, caso fosse desejada.

Infelizmente, a instituição responsável pela coleta de dados sobre temas relacionados à transplantação no Brasil, o Sistema Nacional de Transplantes, foi instituída somente em 1997, não havendo dados oficiais sobre doação de órgãos relativos ao período anterior a sua criação. Entretanto, há uma crença comum da comunidade médica brasileira de que a lei de consentimento presumido teve um efeito negativo na doação de órgãos no Brasil. Em 1998, o Brasil teve sua mais baixa taxa de doação (2,6 pmp). Como resultado, nesse mesmo ano, o governo brasileiro adicionou um novo parágrafo à lei de consentimento presumido, estabelecendo aos médicos a solicitação de uma autorização de um familiar do falecido para proceder à remoção dos seus órgãos (Csillag, 1998). No ano seguinte, a taxa de doação de órgãos apresentou um aumento expressivo, o qual foi de 4,1 doadores por milhão de pessoas. Um pequeno incremento foi verificado no ano seguinte e, em 2002, essa taxa foi de 5,4 pmp.

A tabela 1 mostra as estatísticas descritivas das variáveis do modelo econométrico. Aproximadamente 60% dos países da amostra adotam a lei de consentimento presumido. Desses países, 65% são católicos e apenas 10% têm sistema legal baseado na *common law*. Para o mesmo grupo de países, 40% têm PIB *per capita* acima da renda média da amostra (US$ 1.879,22). Somente três países gastaram mais de 10% dos seus respectivos PIBs no setor saúde: Estados Unidos (13,5%), Alemanha (10,7%) e Suíça (10,6%); os países da amostra com a menor proporção foram: Venezuela (5,4%), Letônia (5,5%), Eslováquia (5,8%), Chile (5,8%) e Polônia (5,9%). Essa análise foi feita a partir de valores médios para o período de 1998 a 2002.

Tabela 1 | Estatísticas descritivas — valores médios (1998-2002)

País	[1]	[2]	[3]	[4]	[5]	[6]	[7]	[8]	[9]
Argentina	6,94	1	62,43	9,80	12.163,80	1.080,80	6,55	1	0
Austrália	9,88	0	64,35	9,20	26.375,60	2.411,80	35,91	0	1
Áustria	22,92	1	108,30	10,52	27.394,80	2.112,60	30,57	1	0
Brasil	4,16	0	49,71	16,90	7.394,40	568,60	3,88	1	0
Canadá	13,94	0	50,85	8,92	27.961,40	2.581,20	39,67	0	1
Chile	8,66	0	50,19	11,74	10.456,60	612,60	13,28	1	0
Costa Rica	10,40	1	26,18	15,64	7.623,60	647,80	8,15	1	0
Croácia	5,78	1	190,90	6,78	7.819,20	639,20	8,88	1	0
República Tcheca	16,56	1	163,75	6,03	14.910,00	1.005,20	12,15	0	0
Dinamarca	12,66	0	93,98	9,05	27.819,00	2.378,80	37,34	0	0
Finlândia	18,06	1	95,15	7,56	25.070,60	1.745,80	37,78	0	0

País	[1]	[2]	[3]	[4]	[5]	[6]	[7]	[8]	[9]
França	17,64	1	40,19	8,04	26.063,00	2.455,40	17,53	1	0
Alemanha	12,84	0	101,44	7,54	24.720,60	2.645,00	28,41	0	0
Grécia	4,50	1	173,91	20,56	16.878,80	1.609,20	8,39	0	0
Hungria	13,36	1	185,10	13,36	12.109,80	896,20	9,53	1	0
Irlanda	19,23	0	69,03	12,81	28.018,60	1.862,20	17,66	1	1
Israel	10,96	1	40,78	5,60	20.656,80	1.827,00	20,24	0	1
Itália	15,30	1	117,83	13,43	24.515,40	1.985,40	20,80	1	0
Letônia	19,57	1	274,20	26,38	7.750,20	429,40	6,86	0	0
Holanda	12,06	0	76,19	6,26	26.966,00	2.206,60	40,95	0	0
Nova Zelândia	10,60	0	69,35	12,88	20.332,80	1.629,20	36,36	0	1
Noruega	15,36	1	103,24	7,25	33.048,00	2.857,60	35,87	0	0
Panamá	2,08	1	39,80	16,58	6.335,60	546,60	3,57	1	0
Polônia	10,10	1	107,80	14,69	10.166,80	602,00	9,92	1	0
Portugal	19,44	1	204,90	17,71	16.992,20	1.529,60	19,47	1	0
Romênia	0,68	0	241,46	10,19	6.671,00	390,80	4,61	0	0
R. Eslovaca	10,08	1	89,77	15,18	10.823,40	627,40	9,21	0	0
Eslovênia	13,48	1	103,71	14,41	17.217,00	1.382,40	21,07	1	0
Espanha	33,04	1	93,61	15,10	20.070,20	1.508,00	12,54	1	0
Suécia	12,14	1	115,29	5,68	25.863,00	2.239,40	45,87	0	0
Suíça	13,48	0	65,98	8,50	29.597,60	3.159,40	25,71	1	0
Reino Unido	12,96	0	109,23	5,62	25.475,80	1.868,60	27,25	1	1
EUA	22,36	0	59,60	15,33	34.085,00	4.616,00	43,38	0	1
Venezuela	1,72	0	33,32	17,30	5.946,80	324,00	3,47	1	0
Média	**12,73**	**0,59**	**102,10**	**11,84**	**1.8979,22**	**1.617,11**	**20,67**	**0,56**	**0,24**

Fonte: Elaboração dos autores.

Nota: [1] Número de doações de órgão de doador cadáver por milhão de pessoas (pmp); [2] países que adotam a lei de consentimento presumido; [3] número de mortes por doenças cérebro-vasculares por 100 mil habitantes; [4] número de mortes por acidente de trânsito por 100 mil habitantes; [5] PIB *per capita* (US$); [6] gasto total em saúde *per capita* (US$); [7] porcentagem da população que tem acesso à internet; [8] países que adotam a religião católica como principal crença religiosa; e [9] países que adotam o sistema de *common law* como sistema legal.

O número de mortes por doenças cérebro-vasculares é maior em países da OCDE. Foi verificado, também, que nesses países as mulheres são as principais vítimas dessa enfermidade. Em contrapartida, os países latino-americanos apresentaram maior número de mortes por acidentes de trânsito, sendo os homens responsáveis pela maioria dos casos. Em geral, esses indivíduos possuem órgãos saudáveis, os quais podem ser utilizados para fins de transplantação. Por esse motivo, são variáveis importantes para analisar os determinantes da taxa de doação de órgãos.

O acesso à internet aumentou em todos os países analisados neste estudo no período 1998 a 2002, com exceção da Noruega. Essa variável é usada como *proxy* de informação, visto que a internet é um dos meios mais eficientes em disseminar informação.

Segundo Anbarci e Caglayan (2005), os aspectos institucionais tendem a ter algum efeito na doação de órgãos. Baseado nisso, foram adicionadas ao modelo econométrico duas variáveis dicotômicas: (i) uma para captar o possível efeito da crença religiosa na doação de órgãos, separando a religião católica das demais; (ii) outra para testar se a origem do sistema legal pode influenciar a tomada de decisão quanto à doação de órgãos, distinguindo países com raízes legais atreladas à *civil law* e à *common law*.

A crença religiosa pode impactar a doação de órgãos pelo fato de ela influenciar as atitudes e a forma de pensar dos indivíduos sobre temas diversos, inclusive sobre integridade física e espiritual após a morte e o comportamento altruísta e solidário. Em outros termos, a religião pode incentivar o ato de doação, mostrando-o como uma demonstração de amor ao próximo, ou proibi-lo.

Há dois tipos de sistemas legais sendo utilizados pelos países analisados nessa amostra: *common law* e *civil law*. A principal diferença entre os dois sistemas legais é que o primeiro sistema coloca mais ênfase em direitos individuais, enquanto o segundo, em direitos do Estado. Assim, essas duas formas distintas de organizar os direitos dos agentes de uma economia podem contribuir, de certa forma, para a percepção sobre doação de órgãos.

Resultados

Além das estimativas de regressão quantílica para dados de painel, também foram estimados coeficientes aplicando o método baseado na média amostral, com o intuito de comparar os resultados. Para esse último, foi utilizada a abordagem de dados de painel por mínimos quadrados generalizados factíveis (MQGF), com correção para erro heterocedástico. Essa especificação se faz necessária porque, geralmente, o conjunto de dados como o analisado nesta aplicação (dados de países) não possui variância constante entre as unidades.

As tabelas 2 e 3 mostram que os coeficientes estimados por regressão quantílica para dados de painel são assimétricos ao longo da distribuição condicional da variável resposta. A grande maioria dos coeficientes estimados por dados de painel é estatisticamente significante ao nível de 1%, e suas respectivas magnitudes são maiores que as estimativas por regressão quantílica para dados de painel.

A principal especificação do modelo estabelece que o logaritmo natural da taxa de doação de órgãos é uma função de: (i) *dummy* para lei de consentimento presumido; (ii) *ln* do número de mortes por doenças cérebro-vasculares; (iii) *ln* do número de mortes por acidente de trânsito; (iv) *ln* do PIB *per capita*; (v) *ln* da porcentagem da população com acesso a internet; (vi) *dummy* para países católicos; e (vii) a *dummy* para *common law*. O mesmo modelo foi usado incluindo o *ln* do gasto total em saúde *per capita* e excluindo o *ln* PIB *per capita*. Optou-se por não colocar as duas variáveis no mesmo modelo porque elas são fortemente colineares, com um coeficiente de correlação de 0,93. As tabelas 2 e 3 reportam os principais resultados.

Tabela 2 | Efeito da lei de consentimento presumido
na taxa de doação de órgãos de doadores cadáveres

Estimação por dados de painel (GLS) e regressão quantílica para dados de painel (modelo 1)

Variável dependente: *ln* taxa de doação de órgãos	PD-GLS	0,25	0,50	0,75
Dummy consentimento presumido	**0,4039**	**0,2230**	**0,2440**	**0,2150**
	(0,000)	(0,000)	(0,000)	(0,000)
ln cérebro-vascular	**0,1417**	**-0,0030**	**0,0590**	**0,0390**
	(0,003)	(0,479)	(0,160)	(0,262)
ln acidente de trânsito	**0,3078**	**0,2350**	**0,2170**	**0,2390**
	(0,000)	(0,000)	(0,000)	(0,000)
ln PIB per capita	**0,9546**	**0,8180**	**0,7420**	**0,6420**
	(0,000)	(0,000)	(0,000)	(0,000)
ln acesso à internet	**0,1156**	**0,0680**	**-0,0116**	**0,0200**
	(0,004)	(0,009)	(0,196)	(0,033)
Dummy país católico	**0,1722**	**0,1550**	**0,0480**	**0,0240**
	(0,001)	(0,000)	(0,054)	(0,235)
Dummy common law	**0,1281**	**0,0700**	**0,1230**	**0,1230**
	(0,001)	(0,001)	(0,000)	(0,000)
Constante	**-8,9367**	**-6,6620**	**-5,7550**	**-4,706**
	(0,000)	(0,000)	(0,000)	(0,000)

Fonte: Elaboração dos autores.
Nota: Coeficientes em negrito e *p-values* entre parênteses.

As estimativas geradas pela regressão quantílica para dados de painel mostram um efeito positivo da lei de consentimento presumido na taxa de doação de órgãos de doadores mortos, mesmo controlando por outros determinantes da variável resposta. Os mesmos resultados qualitativos são verificados a partir de diferentes especificações, o que pode ser visto como uma medida de robustez do modelo. Todos os coeficientes são estatisticamente significativos ao nível de 1%. A magnitude deles encontra-se entre 21% e 24% quando o PIB *per capita* é usado como *proxy* para renda, e entre 24% e 26% quando o gasto total em saúde *per capita* é usado para mesma finalidade. Há uma pequena variação entre os coeficientes estimados. Em ambos os modelos (ver tabelas 2 e 3), a mediana apresentou um efeito positivo maior que nos demais quantis. Vale notar, ainda, que essas estimativas são menores do que as geradas por dados de painel, as quais são de aproximadamente 40%.

Tabela 3 | Efeito da lei de consentimento presumido
na taxa de doação de órgãos de doadores cadáveres

Estimação por dados de painel (GLS) e regressão quantílica para dados de painel (modelo 2)

Variável dependente: *ln* taxa de doação de órgãos	PD-GLS	0,25	0,50	0,75
Dummy consentimento presumido	0,3829	0,2540	0,2630	0,2370
	(0,000)	(0,000)	(0,000)	(0,000)
ln cérebro-vascular	0,1990	0,1430	0,1430	0,1020
	(0,000)	(0,017)	(0,012)	(0,044)
ln acidente de trânsito	0,1772	0,2260	0,1830	0,2200
	(0,001)	(0,000)	(0,000)	(0,000)
ln gasto total em saúde *per capita*	0,6180	0,5210	0,4710	0,4240
	(0,000)	(0,000)	(0,000)	(0,000)
ln acesso à internet	0,1812	0,1220	0,0250	0,0400
	(0,000)	(0,000)	(0,053)	(0,001)
Dummy país católico	0,2439	0,1110	0,0460	-0,0010
	(0,000)	(0,000)	(0,011)	(0,480)
Dummy common law	0,1970	0,1100	0,1740	0,1520
	(0,000)	(0,000)	(0,000)	(0,000)
Constante	-4,2819	-3,1480	-2,2660	-1,7370
	(0,000)	(0,000)	(0,002)	(0,004)

Fonte: Elaboração dos autores.
Nota: Coeficientes em negrito e *p-values* entre parênteses.

A variável que teve maior impacto na taxa de doação de órgãos foi o PIB *per capita*. Países situados na cauda inferior da distribuição condicional da variável resposta apresentaram um impacto maior da variável PIB *per capita*: de aproximadamente 81% no quantil 0,25 e de 74% na mediana. Esse padrão corrobora a hipótese de que a lei dos rendimentos decrescentes, visto que a contribuição marginal da renda é menor quando se desloca ao longo da distribuição. O coeficiente do gasto total em saúde *per capita* também mostra um padrão semelhante, como pode ser visto na tabela 3.

Quanto aos potenciais doadores, apenas a variável número de mortes por acidente de trânsito foi estatisticamente significativa para os níveis convencionais de significância, tendo um efeito positivo na taxa de doação de órgãos, como era esperado. Entretanto, no modelo da tabela 3, as duas varáveis foram estatisticamente significativas, mostrando efeito positivo na variável resposta. Assim, tanto o número de mortes por acidente de trânsito quanto o número de mortes por doenças cérebro-vasculares são importantes determinantes da taxa de doação de órgãos.

A crença religiosa também parece ter um efeito positivo na taxa de doação de órgãos, pelo menos nos países que compõem a cauda inferior da distribuição da variável resposta. As tabelas 2 e 3 mostram que, no quantil 0,25, a magnitude dos coeficientes foi de 11-15%, sendo, para a mediana, em ambas as especificações, esse efeito de aproximadamente 5%. Anbarci e Caglayan (2005) encontraram um efeito negativo para crença religiosa, mas a *dummy* construída para captar esse impacto foi definida para o judaísmo e para o islamismo. Não foi possível testar essa variável, porque a amostra dessa aplicação tem apenas um país que segue essa orientação religiosa (Israel — judaísmo). Por um lado, enquanto a maioria dos países que tem o judaísmo ou o islamismo como principal religião não estimula a doação de órgãos, países católicos, por outro lado, reconhecem que o transplante de órgãos é uma nova forma de promover o bem-estar das famílias. O papa João Paulo II (John Paul II, 1991), por exemplo, em discurso à comunidade médica, expressou sua aprovação no que concerne à doação de órgãos, desde que essa prática seja feita em um contexto de amor, comunhão, solidariedade e absoluto respeito à dignidade do ser humano.

Também foi testado o impacto da origem do sistema legal na taxa de doação de órgãos usando uma *dummy* para país com origem legal na *common law*. Esta foi estatisticamente significativa ao nível de 1%, em todos os quantis. Os maiores efeitos foram obtidos no modelo da tabela 3, quando se utilizou o gasto total em saúde com *proxy* para renda. A magnitude desse efeito variou entre 11% e 17%. Baseando-se nesses resultados, parece haver uma tendência de os indivíduos que vivem em países que colocam mais ênfase em direitos individuais doarem mais órgãos. Contudo, são necessárias mais pesquisas nessa área para que haja um entendimento mais completo da relação das duas variáveis.

Conclusões

O objetivo deste capítulo foi discutir temas relacionados à lei de consentimento presumido, bem como trazer evidências empíricas do impacto desse tipo de legislação na doação de órgãos de doadores mortos. Para tal, foi conduzida uma revisão na literatura sobre o tema. Na parte empírica, foi analisada uma amostra de 34 países ao longo de cinco anos. O método empregado foi uma aplicação de regressão quantílica para dados de painel. Acredita-se que esse método é a forma mais adequada para investigar essa relação, uma vez que a amostra é constituída por países com forte heterogeneidade, além de ter a presença de observações discrepantes (*outliers*), particularmente as relacionadas à Espanha, que consiste no modelo de captação de órgãos mais eficiente do mundo.

Argumentou-se, neste trabalho e em outros, que os dois tipos de legislação são imperfeitos, pois sempre haverá indivíduos em que a verdadeira vontade não será executada. Assim, os formuladores de políticas públicas em saúde devem ponderar os prós e os contras de ambas as leis. Os resultados obtidos nesta aplicação podem contribuir para clarificar os benefícios da lei de consentimento presumido, o qual tem um efeito positivo sobre a taxa de doação de órgãos quando comparada à lei de consentimento informado.

Vale notar ainda que o método usado neste estudo também trouxe evidências sobre um tema bastante controverso na literatura. Segundo alguns defensores da lei de consentimento informado, haveria um efeito positivo da lei de consentimento presumido na taxa de doação de órgãos devido essencialmente ao caso espanhol, que, por ter taxas de doação extremamente altas, se comparadas aos demais países, enviesaria as estimativas, no sentido de superestimá-las. Contudo, os resultados obtidos neste estudo não corroboram essa argumentação, pois mesmo na cauda inferior da distribuição da variável resposta (países com baixa taxa de doação de órgãos) é verificada uma relação positiva entre as variáveis, mesmo controlando por outras características observadas.

Outra questão importante que os dados deste estudo revelaram é a possibilidade do aumento da escassez de órgãos devido à significativa redução dos potenciais doadores. O número de mortes por acidente de trânsito e doenças cérebro-vasculares tem apresentado taxas decrescentes ao longo dos últimos anos (-5,2% e -8,6%, respectivamente, de 1998 a 2002), decorrentes de políticas específicas nessas áreas. Com base nisso, a tendência da contribuição dessas variáveis para a taxa de doação de órgãos será cada vez menor. Assim, os formuladores de políticas públicas devem estar conscientes desse potencial problema. A lei de consentimento presumido pode ser uma alternativa, não para resolver o problema como um todo, mas pelo menos para reduzir o hiato entre oferta e demanda no que se refere a órgãos.

Há outras formas de aumentar a oferta: aumentando o gasto total em saúde e intensificando a disseminação de informação sobre doação de órgãos. Encontrou-se uma forte relação entre gasto em saúde e a taxa de doação de órgãos, particularmente em países situados nos quantis inferiores da distribuição. Essa variável parece ser a forma mais efetiva de aumentar a taxa de doação de órgãos para países que não pretendem adotar a lei de consentimento presumido, ou mesmo para os países que já a adotam, pois o formulador de políticas públicas em saúde tem o controle do gasto em saúde, diferentemente de outras variáveis, como crença religiosa e sistema legal.

Apesar de as campanhas educacionais não terem sido explicitamente incluídas no modelo, elas têm um papel importante no processo como um todo, visto que uma parte significativa da população tem pouco ou nenhum conhecimento sobre a legislação que regula a doação de órgãos. Como a variável acesso à internet (*proxy* para informação sobre o processo de doação de orgãos) mostrou, há um efeito positivo na variável dependente. Dessa forma, deve haver esforços no sentido de disponibilizar mais informação acerca do processo de doação nos meios de comunicação. Campanhas educacionais também podem evitar problemas como os verificados na experiência brasileira com a lei de consentimento presumido. Alguns autores têm argumentado que esse insucesso deveu-se pela ausência de uma ampla discussão sobre a referida lei e de temas relacionados ao transplante, tais como os rígidos procedimentos para diagnosticar morte encefálica e a coordenação de listas de espera.

Assim, as recomendações apresentadas neste capítulo podem reduzir significativamente o tamanho das listas de espera por um órgão no Brasil, possibilitando a um maior número de indivíduos os benefícios do transplante.

Referências

ABADIE, A.; GAY, S. The impact of presumed consent legislation on cadaveric organ donation: a cross country study. *Journal of Health Economics*, v. 25, n. 4, p. 599-620, 2006.

ANBARCI, N.; CAGLAYAN, M. Cadaveric *vs.* live-donor kidney transplants: the interactions of institutions and inequalities. *Working Paper*, Miami, Florida International University, 2005. Disponível em: <http://economics.fiu.edu/research/working-papers/2005/05-17/05-17.pdf>. Acesso em: 4 nov. 2006.

BALTAGI, B. H. *Econometric analysis of panel data*. 2. ed. West Sussex: John Wiley & Son, 2001.

BECKER, G. S.; ELÍAS, J. J. Introducing incentives in the market for live and cadaveric organ donations. *Journal of Economic Perspectives*, v. 21, n. 3, p. 3-24, 2007.

BILGEL, Firat. The impact of presumed consent laws and institutions on deceased organ donation. *European Journal of Health Economics*, v. 13, p. 29-38, 2012.

_____. The effectiveness of transplant legislation, procedures and management: cross-country evidence. *Health Police*, v. 110, p. 229-242, 2013.

BRASIL. Sistema Nacional de Transplantes. *Lei nº 9.434/1997*: dispõe sobre a remoção de órgãos, tecidos e partes do corpo humano para fins de transplante e tratamento e dá outras providências. Disponível em: <www.planalto.gov.br/ccivil_03/leis/l9434.htm>. Acesso em: 13 mar. 2006.

_____. Sistema Nacional de Transplantes. *Medida Provisória nº 2.083-32 de 22 de fevereiro de 2001*: altera dispositivos da Lei nº 9.434, de 4 de fevereiro de 1997, que dispõe sobre a remoção de órgãos, tecidos e partes do corpo humano para fins de transplante e tratamento. Disponível em: <www.dji.com.br/medidas_provisorias/mp-002083-032-22-02-2001.htm>. Acesso em: 13 mar. 2006.

CSILLAG, C. Brazil abolishes "presumed consent" in organ donation. *The Lancet*, v. 352, n. 9.137, p. 1367-1367, 1998.

FEVRIER, P.; GAY, S. Presumed consent versus informed consent: the role of the family in organ donations. *EconPapers* 2004. Disponível em: <http://econpapers.repec.org/paper/wpawuwphe/0509007.htm>. Acesso em: 12 mar. 2006.

GILL, M. B. Presumed consent, autonomy, and organ donation. *Journal of Medicine and Philosophy*, v. 29, n. 1, p. 37-39, 2004.

GNANT, M. F. X. et al. The impact of the presumed consent law and a decentralized organ procurement system on organ donation: quadruplication in the number of organ donors. *Transplantation Proceedings*, v. 23, n. 5, p. 2685-2686, 1991.

GUNDLE, K. Presumed consent for organ donation: perspectives of health policy specialists. *Stanford Undergraduate Research Journal* p. 28-32, 2004.

HEALY, K. The political economy of presume consent. *eScholarship*, Los Angeles, Department of Sociology, University of California, 2005. (Working paper.) Disponível em: <http://repositories.cdlib.org/uclasoc/trcsa/31>. Acesso em: 14 mar. 2006.

JOHN PAUL II, Pope. Address to the participants of the Society for Organ Sharing. *Transplantation Proceedings*, v. 23, n. 5, p. 17-18, 1991.

KAUR, M. Organ donation and transplantation in Singapore. *Transplantation Proceedings*, v. 30, p. 3631-3632, 1998.

KENNEDY, I. et al. The case for "presumed consent" in organ donation. *The Lancet*, v. 351, 30 maio 1998.

KOENKER, R. Quantile regression for longitudinal data. *Journal of Multivariable Analysis*. n. 91, p. 74-89, 2004.

_____; BASSETT, G. Regression quantile. *Econometrica*, n. 46, p. 33-50, 1978.

LAMARCHE, C. On quantile regression for panel data. In: ROBERT BOHRER MEMORIAL STUDENT WORKSHOP IN STATISTICS ANNUAL MEETING, 2005, Champaign, IL. *Proceedings...* Champaign, 2005.

MATESANZ, R. A decade of continuous improvement in cadaveric organ donation: the Spanish model. *Nefrologia*, v. 11, n. 5, p. 59-67, 2001.

_____; MIRANDA, B. Expanding the organ donor pool: the Spanish model. *Kidney International*, v. 59, 2001.

MICHIELSEN, P. Presumed consent to organ donation: 10 year's experience in Belgium. *Journal of Royal Society of Medicine*, v. 89, p. 663-666, 1996.

RITHALIA, Amber; MCDAID, Catriona; SUEKARRAN; Sara. Impact of presumed consent for organ donation on donation rates: a systematic review. *British Medical Journal*, 337, p. 1-8, 2009.

THOMSON, L. Organ donation: is a change to legislation the answer? *Scottish Journal of Healthcare Chaplaincy*, v. 4, n. 1, p. 7-9, 2001.

TRANSPLANT PROCUREMENT MANAGEMENT. *International registry organ donation transplantation*, 2006. Disponível em: <www.tpm.org/registry/reg_mondo.htm>. Acesso em: 23 mar. 2006.

UNITED STATES RENAL DATA SYSTEM. *Annual Report*, 2003. Disponível em: <www. usrds.org/adr_2003.htm>. Acesso em: 23 abr. 2006.

WOOLDRIDGE, J. M. *Introductory econometrics*: a modern approach. 2. ed. Mason: Thomson South-Western, 2003.

WORLD BANK. *Countries and regions*, [s.d.]. Disponível em: <http://web.worldbank. org/WBSITE/EXTERNAL/COUNTRIES/0,,pagePK:180619~theSitePK:136917,00. html>. Acesso: 13 mar. 2006.

WORLD HEALTH ORGANISATION. *Health topics*, [s.d.]. Disponível em: <http://www3. who.int/whosis/en/>. Acesso em: 13 mar. 2006.

Autores

ANTÔNIO MARISTRELLO PORTO (ORG.)

Professor da Escola de Direito do Rio de Janeiro da Fundação Getulio Vargas (FGV Direito Rio) e coordenador do Centro de Pesquisa em Direito e Economia (CPDE) da mesma instituição. Doutor (J.S.D.) e mestre (LL.M) pela Universidade de Illinois. Graduado em direito pela Fundação de Ensino Octavio Bastos.

PATRÍCIA SAMPAIO (ORG.)

Professora da Escola de Direito do Rio de Janeiro da Fundação Getulio Vargas (FGV Direito Rio) e pesquisadora do Centro de Pesquisa em Direito e Economia (CPDE) da mesma instituição. Doutora e mestre pela Faculdade de Direito da Universidade de São Paulo (USP). Bacharel em direito pela Pontifícia Universidade Católica do Rio de Janeiro (PUC-Rio).

ANA KATARINA CAMPELO

Graduada em ciências econômicas pela Universidade Federal de Pernambuco (UFPE), onde é professora, com mestrado em economia e em estatística e doutorado em economia, os três cursos pela University of Illinois at Urbana Champaign. Atua principalmente em economia da família, economia da saúde, economia do idoso, mercado de trabalho.

BRUNO MEYERHOF SALAMA

Professor da Escola de Direito de São Paulo da Fundação Getulio Vargas (Direito GV) e diretor de seu Núcleo de Direito, Economia e Governança. Mestre (LL.M.) e doutor (J.S.D.) em direito pela UC Berkeley Law School e bacharel em direito pela Universidade de São Paulo (USP). Conselheiro titular do Conselho de Recursos do Sistema Financeiro Nacional (CRSFN).

CRISTIANO CARVALHO

Livre-docente em direito tributário pela Universidade de São Paulo (USP). Mestre e doutor em direito tributário pela Pontifícia Universidade Católica de São Paulo (PUC-SP). Pós-doutor em direito e economia pela UC Berkeley. Advogado.

EUGÊNIO BATTESINI

Professor do curso de especialização em direito e economia da Universidade Federal do Rio Grande do Sul (UFRGS), pela qual é doutor em direito. *Visiting research fellow* na Columbia University (Nova York). Prêmio Robert D. Cooter — Microsoft em Direito e Economia. Autor do livro *Direito e economia: novos horizontes no estudo da responsabilidade civil no Brasil*. MBA em direito da economia e da empresa pela Fundação Getulio Vargas (FGV). Bacharel em direito pela Pontifícia Universidade Católica do Rio Grande do Sul (PUCRS). Bacharel em administração de empresas e em economia pela UFRGS. Procurador federal da Advocacia-Geral da União (AGU).

EVERTON NUNES DA SILVA

Economista formado pela Pontifícia Universidade Católica do Rio Grande do Sul (PUCRS), com mestrado — pela Universidade Federal de Pernambuco (UFPE) — e doutorado — pela Universidade Federal do Rio Grande do Sul (UFRGS) — em economia. Professor adjunto da Universidade de Brasília (UnB), do curso de saúde coletiva da Faculdade de Ceilândia (FCE). Membro do Comitê Científico da Rede Brasileira de Avaliação de Tecnologias em Saúde (Rebrats) e do Comitê Consultivo da Biblioteca Virtual em Saúde/Economia da Saúde (BVS-Ecos).

GIACOMO BALBINOTTO NETO

Professor associado de economia do Programa de Pós-Graduação em Economia da Universidade Federal do Rio Grande do Sul (PPGE/UFRGS), universidade na qual se graduou e cursou o mestrado em economia. Doutor em economia pela Universidade de São Paulo (USP).

GUSTAVO SAMPAIO A. RIBEIRO

Doutorando em direito pela Universidade de Harvard. Bacharel em direito pela Escola de Direito do Rio de Janeiro da Fundação Getulio Vargas (FGV Direito Rio) e colaborador do Centro de Pesquisa em Direito e Economia (CPDE) da mesma instituição.

LEANDRO MARTINS ZANITELLI

Doutor em direito pela Universidade Federal do Rio Grande do Sul (UFRGS), com estágio de pós-doutorado no Instituto de Direito e Economia da Universidade de Hamburgo, Alemanha. Professor e coordenador do Programa de Pós-Graduação *Stricto Sensu* — Mestrado Acadêmico em Direito do Centro Universitário Ritter dos Reis (UniRitter).

LUCIANA YEUNG

Professora de economia e de análise econômica do direito do Insper Instituto de Ensino e Pesquisa. Doutora em economia pela Escola de Economia de São Paulo da Fundação Getulio Vargas (Eesp/FGV). Graduada em economia pela Universidade de São Paulo (USP), mestre em economia aplicada e em relações industriais pela University of Wisconsin, Madison. Coordenadora dos cursos de graduação do Insper. Membro fundadora da Associação Brasileira de Direito e Economia (ABDE).

MARCELO GUERRA MARTINS

Graduado em direito pela Universidade de São Paulo (USP), pela qual é mestre em direito civil e doutor em direito do Estado. Juiz Federal desde novembro de 1997. Atual titular da 9ª Vara Federal de Execuções Fiscais de São Paulo. Juiz auxiliar e instrutor no Supremo Tribunal Federal (STF), junto ao ministro Ricardo Lewandowski, de 2009 a 2012. Autor de artigos principalmente na área de direito financeiro e tributário. Publicou os seguintes livros: *Tributação, propriedade e igualdade fiscal* (Elsevier, 2010); *Direito tributário* (MB, 2008); *Impostos e contribuições federais* (Renovar, 2004); *Lesão contratual no direito brasileiro* (Renovar, 2001).

MARCIA CARLA PEREIRA RIBEIRO

Doutora em direito das relações sociais. Pós-doutora pela Escola de Direito de São Paulo da Fundação Getulio Vargas (Direito GV) e pela Faculdade de Direito da Universidade de Lisboa. Professora titular de direito societário na Pontifícia Universidade Católica do Paraná (PUCPR) e professora associada de direito comercial na Universidade Federal do Paraná (UFPR). Procuradora do estado do Paraná.

MARIA TEREZA LEOPARDI MELLO

Advogada, doutora em economia pela Universidade estadual de Campinas (Unicamp). Professora do Instituto de Economia da Universidade Federal do Rio de Janeiro (IE/UFRJ), integrando o corpo docente do Programa de Pós-Graduação em Políticas Públicas e Desenvolvimento.

MARIANA PARGENDLER

Professora na Escola de Direito de São Paulo da Fundação Getulio Vargas (Direito GV) e diretora de seu Núcleo de Direito, Economia e Governança. É bacharel e doutora em direito pela Universidade Federal do Rio Grande do Sul (UFRGS), bem como mestre (LL.M.) e doutora (J.S.D.) em direito pela Yale Law School.

PAULO EDUARDO ALVES DA SILVA

Professor da Faculdade de Direito de Ribeirão Preto da Universidade de São Paulo (FDRP/USP). Pesquisador visitante do Instituto de Pesquisa Econômica Aplicada (Ipea, 2009-2013). *Visiting scholar* do Global Law Studies Institute, da Universidade de Wisconsin, EUA (2012). Articulador e coordenador da Rede de Pesquisa Empírica em Direito (reedpesquisa.org.br).

PAULO FURQUIM DE AZEVEDO

Professor da Escola de Economia de São Paulo da Fundação Getulio Vargas (Eesp/FGV). Foi conselheiro do Conselho Administrativo de Defesa Econômica (Cade) de 2006 a 2009, *visiting professor* no Massachusetts Institute of Technology (MIT) e *visiting scholar* na University of California at Berkeley. É autor de diversos artigos e capítulos de livros sobre defesa da concorrência, contratos, organização dos mercados e da firma, economia institucional e estudos empíricos em direito. Formado em administração pública pela Fundação Getulio Vargas (FGV) e doutor em economia pela Universidade de São Paulo (USP).

THOMAS S. ULEN

Alumni distinguished professor da Faculdade de Direito da Universidade de Illinois em Urbana-Champaign. Possui mestrado no St. Catherine's College, Oxford, e PhD em economia na Stanford University. É titular da Swanlund Chair, um dos mais altos títulos do *campus* de Urbana-Champaign, e foi diretor do Law and Economics Program da faculdade até 2010. É também pesquisador afiliado do Environmental Council, membro do Campus Honors Faculty, e do Departamento de Economia do Institute for Government and Public Affairs.

Esta obra foi produzida nas
oficinas da Imos Gráfica e Editora na
cidade do Rio de Janeiro